행복하여라! 하느님나라의 사람들

문명의 전환과 복음의 기쁨

박경미 지음

이 도서의 국립중앙도서관 출판예정도서목록(CIP)은 서지정보유통지원시스템 홈페이지(http://seoji.nl.go.kr)
와 국가자료공동목록시스템(http://www.nl.go.kr/kolisnet)에서 이용하실 수 있습니다.
(CIP제어번호 : CIP2015011140)

머리말

지난 몇 년간 쓴 글들을 추려서 책 한 권이 되게 모아보았다. 다시 읽어보니 글을 쓸 당시의 절박했던 심정이 새삼스럽다.

조지 오웰은 자신의 글쓰기의 출발점은 언제나 당파성, 부당함에 대한 인식이라고 했다. 감히 조지 오웰에 빗댈 처지는 아니지만, 삶을 파괴하는 것들에 대한 분노와 파괴되는 것들에 대한 연민, 아마도 그런 것이 내가 책을 읽고 글을 쓰게 만든 힘이었던 것 같다. 그리고 그걸 글로 풀어내는 방식은 언제나 성서의 인간들의 이야기와 관련시키는 것이었다. 그것만이 내가 할 줄 아는 방식이었기 때문이다.

성서의 인간들의 이야기를 읽다보면 마치 오늘의 이야기를 읽고 있는 것과 같은 착각을 일으킬 때가 많다. 국가의 건설과 유지, 거기에 수반되는 끔찍한 폭력, 그 폭력의 소용돌이 한가운데서 기적처럼 이루어지는 인간 정신의 고양. 이러한 것들은 성서적 종교의 기원에 닿아 있는, 근간이 되는 인간 경험들이다.

국가와 제국은 허리 굽혀 일하는 농민들의 손에서 무엇이든 빼앗아 갈 궁리만 한다. 세금이든, 부역이든, 징병이든 땀 흘려 추수한 곡식을 농민의 손에서 빼앗아갈 합리적인 구실을 만들어내고, 가난하든 부자든 내 땅에서 내 힘으로 일해 먹고사는 데서 비롯되는 농부의 자유를 제한하려고 한다. 소위 관료화된 지식인들, 전문가들은 장밋빛 미래와 안락한 삶에 대한 감언이설로 농민들에게 자립적인 삶을 포기하는 선택을 강요한다.

그러나 농부가 농사짓기를 거부한다면 세상은 돌아가지 않는다. 도시의 초입마다 서 있는 높은 기념비도, 말탄 장군이 뽐내며 그 앞에 선 개선문도, 목이 뻣뻣한 사제와 서기관들이 지나다니는 저잣거리도 농부가 계속해서 농사를 짓기 때문에 유지된다. 누군가 땅에 바짝 붙어 겸손하게 일하지 않으면 세상은 돌아가지 않는다. 성서는 이 관점을 분명하게 견지하고 있다. 농부가 일하니 하느님도 일하신다.

성서는 분명하게 아래로부터의 관점을 견지한다. 그러나 이것은 특정한 계급적·이념적 관점이 아니다. 성서는 역사의 진보와 발전에 대한 이념을 모르며, 도덕주의를 내세우지도 않는다. 그저 대지에 뿌리박고 살아간 사람들의 살아 있는 삶 자체를 옹호한다. 상처 받아 쓰러지기도 하고 다시 일어서기도 하면서 그들이 느꼈을 삶의 두려움과 경이로움, 희망에 대해 이야기한다. 성서는 그런 방식으로 나를 넘어 내 자식과 또 내 자식의 자식에게까지, 피조세계 전체에까지 확대될 삶의 지속성과 연대성을 옹호한다.

그래서 우리는 성서의 이야기들을 읽으면서 무언가 신비로운 생명의 지속성과 연대를 느끼며, 무언가 좋은 것, 더할 나위 없이 선한 것이 나약하고 부서지기 쉬운 나를 넘어 앞으로도 계속 이어지리라는 희망을 가지게 된다. 그것은 삶이 은혜로 지금 이 순간 나에게 주어졌고, 지금까지 그래왔듯이 앞으로도 계속 되리라는 믿음이요, 희망이다. 성서에 나타나는 지나간 삶의 행렬들은 이 점을 우리에게 가르쳐준다. 그리고 이러한 생명의 영속성과 연대성, 자발성에 나의 삶을 일치시키는 것이 성서가 가르쳐주는 '올바름에 대한 감각'이다. 이렇게 해서 성서의 이야기들은 점잔 빼는 설교나 사람들을 동원하려는 구호가 아니라, 생기 넘치며 삶의 경이로움으로 가득 찬 기쁜 소식으로 우리에게 다가온다.

그런데 이 시대의 진정한 위기는 이러한 삶의 영속성 자체가 위협받고 있다는 데 있다. 성서 시대의 사람들이 코끼리 다리처럼 확실하게 땅에 발딛고 있다고 여겼던 것들이 지금은 흔들리고 있다. 이른바 과학과 기술의 진보라는 이름으로 우리가 지금 누리고 있는 물질적 삶의 수준은 실은 생명의 영속성을 담보로 한 것이다. 그래서 이 시대의 예민한 정신들, 예언자들은 한결같이 생명의 위기에서 비롯되는 문명사적 전환을 이야기하고 있다. 우리가 속해 있는 복잡하고 다양한 생명세계의 균형이 무너져 다시 균형을 잡기 위해 요동칠 때 어떤 일이 벌어질까? 그것은 어떤 미래일까? 자연에서 거룩함과 경이로움의 광채를 벗겨내고 자연을 조각내서 던져버리고 나면 그것들을 다시 주워 모아야 할 필사적인 상황이 도래했을 때 우리는 무얼 할 수 있을까? 성서의 인간들이 가졌던 희망을 과연 우리도 가질 수 있을까?

이 책의 근저에는 대체로 위에서 말한 것과 같은 질문과 생각들이 깔려 있다. 그리고 위의 마지막 질문에 대해서는 선뜻 답을 못하겠다. 다만, 문명의 전환기, 위기의 시대에 우리가 필요로 하는 사상가와 예술가들, 즉 예언자들의 음성을 대신 전하고 싶었다. 왜냐하면 그들은 우리가 절망에 빠지지 않고 새로운 길을 찾도록 전복적인 이야기를 해줄 수 있기 때문이다. 다시 말해 상상력을 불러일으킬 수 있기 때문이다.

성서의 예언자들은 우리 자신을 숭배하지 말고 저열한 인간적 감정인 탐욕 앞에 무릎 꿇지 말라고 끊임없이 외쳤다. 이들의 희망은 자기기만이 아니라 신성한 것들에 대한 존경에 근거했다. 예수 역시 마찬가지였다. 자신과 타자 안에 존재하는 신성한 차원에 대한 존경이야말로 우리로 하여금 사랑할 수 있게 하는 힘이다. 기독교를 비롯해서 인류의 모든 위대한 종교적 전통은 인간은 신이 아니라 인간이며, 결코 전체로부터 분리된 독립된 존재인 것처럼 오만을 부려서는 안 된다는 것을 거듭 말하고 있다. 인간은 '전체'의 일부로서 특정 시간과 장소에 뿌리내리고 주어진 삶의 필연, 즉 유한한 인간 조건 안에서 사랑하고 희망하는 방법을 찾아가야 한다. 그리고 현재의 위기 상황에서 그것을 가능하게 하는 것은 경제성장에 대한 환상이 아니라 이웃과 함께 하는 가난한 삶에 대한 믿음과 상상력이다. 지금이야말로 "행복하여라! 가난한 사람!"이라는 복음의 선포가 필요한 때다.

책을 내면서 과연 이 책을 읽을 사람이 얼마나 될까 걱정이 되면서도 흩어져 있던 글들을 하나로 모아보고 싶다는 욕심이 앞섰다. 요즘처럼 출판계가 불황으로 허덕일 때 책 한 권을 세상에 또 내놓았으니, 부디 많이 읽히면 부담이 덜하겠다. 어려운 출판을 결정해준 한울출판사 김종수 사장님을 비롯해서 김시원 선생, 편집부 직원 분들께 감사의 마음을 전하며, 원고를 읽어준 제자 정혜진에게도 고마움을 전하고 싶다.

2015년 3월
박경미

6

차 례

머리말 _ 3

제1부 이야기와 하느님나라

이야기와 하느님나라 _ 11
행복하여라, 가난한 사람들! _ 35
들에 핀 백합꽃을 보라? _ 52
농부와 제국 _ 70

제2부 문명의 종말과 시인의 상상력

문명의 종말과 시인의 상상력 _ 89
교회, 권력, 종말론적 상상력 _ 106
죄는 어디에서 오는가 _ 129

제3부 하느님의 사람들, 국가를 묻다

권력과 인간 _ 149
국가의 역사, '하느님의 백성'의 역사 _ 173
라헬의 통곡 _ 194

제4부 문명의 전환과 복음의 기쁨

"하느님이 그들을 남자와 여자로 창조하셨다"(창세 1:27)
　　－이반 일리치의 『젠더』를 읽고 _ 213
복음의 기쁨: 가난한 사람들을 위한 우선적 선택 _ 236
역사의 빈 들, 마음의 빈 들 _ 252

제1부

이야기와 하느님나라

이야기와 하느님나라

1

이야기를 좋아하지 않는 아이가 있을까? 모든 아이들은 이야기를 좋아한다. 나는 어릴 적 한방에 같이 자던 식모들에게서 이야기를 들었다. 그들은 이를 옮겨주었지만, 이야기도 옮겨주었다. 다섯 시 해가 기울 무렵이면 라디오에서 어린이 방송 시작을 알리는 실로폰 소리가 들리고, 식모언니는 마당에 나가 빨래를 걷는다. 내 귀는 라디오를 향해 있고, 눈은 창문 너머 빨래를 걷는 언니를 향해 있다. 언니가 빨래를 안고 마루에 오른다 싶으면 잽싸게 달려가 치마꼬리를 잡으며 옛날얘기를 해달라고 조른다. 저녁 무렵부터 졸라서 약속을 받아내야 잠잘 때 이야기를 들을 수 있다. 물론 공짜는 없고, 빨래를 개라든가 방을 치우라든가 요구가 있지만, 그런 건 아무것도 아니다. 옛날얘기만 들을 수 있다면.

온갖 잡동사니가 들어찬 좁은 방에 식모와 네 명의 아이들이 다닥다닥 붙어 누우면 난민촌이 따로 없지만, 이불 속에서 야단법석 발길질을 하다가도 누군가 "쉿! 옛날얘기 들어야지!" 하면 기다렸다는 듯 눈 밑까지 이불을 뒤집어쓰고 조용해진다. 그러면 식모언니들은 "애들은 맨날 무슨 얘기래……" 하면서도 무슨 얘기를 할지 잠시 생각한다. 왜 그랬는지 모르지만 그때 우리는 무서운 얘기를 좋아했다. 장화홍련 이야기가 엽기적인 줄은 그때 이미 들어서 알았다. 무서운 데다 지저분하기까지 하면 금상첨화다. 변소귀신, 공동묘지 이야기는 인기가 있어서 듣고 또 듣고 했다. 하지만 식모들은 가족과 효심에 대한 이야기를 많이 했다. 바리데기 공주 이야기도 그때 들었던 것 같다. 죽은 사람을 살린다는 저승 약수, 도화원 이야기도 그들에게서 들었다. 언젠가는 중학교를 중퇴한 하이칼라 식모가 잠시 우리 집에 있으면서 모차르트의 '반짝반짝 작은 별'을 영어로 가르쳐줘서 "트윙클 트윙클" 하며 따라 불렀다. 예쁘장한 그 언니에게 우리는 열광했지만 얼마 안 있어 딴 데로 가버렸다.

여러 명의 식모가 우리 집을 거쳐 갔고, 지금은 그들이 했던 이야기와 희미한 얼굴만 기억날 뿐 이름은 잘 떠오르지 않는다. 우리는 그냥 '언니', 아니면 '밥하는 언니'라고 불렀다. 1960~1970년대 농촌마을을 떠나 막막한 도회지에서 남의집살이를 했던 그들은 기껏해야 열대여섯 살짜리 어린 계집아이들이었을 것이다. 그 아이들은 겨울이면 늘 볼이 빨갛게 얼어 있었고, 손이 부르터서 피가 나 있었다. 그 시절 식모살이가 얼마나 힘들고 외로웠을까 지금이야 짐작이 가지만 그때 그 식모들을 불쌍하다고 여겼던 기억은 없다. 물론 아이 특유의 잔인함 때문일 수도 있지만, 당시 주인집 아이들인 우리 역시 그들과 크게 다르지 않은 몰골이었고, 무엇보다도 뛰어난 이야기꾼이었던 그들이 내게는 강자였기 때문이다. 신기하게도 그들은 다들 이야기를 정말 잘했다. 그래서 나와는 불과 대여섯 살 차이밖에 나지 않았을 그들을 나는 어른으로 생각했다. 다만 밥을 태우고 '너 아줌마한테 이르면 죽어'라며 종주먹질 할 때의 그

까만 눈동자는 기억난다. 그녀의 이름은 '애령이'였다.

거리에 몰려다니는 비둘기 무리를 보며 저것들은 다 어디 가서 죽을까 문득 궁금해지듯이 그녀들에 대해서도 갑자기 궁금해질 때가 있다. 그 식모들은 지금 무얼 하며 어디서 어떤 모습으로 살고 있을까. 어릴 적 나는 그들의 이야기를 들으면서 상대방의 말에 귀를 기울이는 법을 배웠고, 언어가 만들어내는 이미지와 느낌을 좋아하고 즐기게 되었다. 못 배우고 헐벗은 아이들이었겠지만 내 기억 속에 그들은 오랜 시간에 걸쳐 수많은 사람들이 만들어낸 이야기 전통과 연결된 이들이었고, 땅과 땅에 뿌리내린 삶, 우리가 과거, 전통이라 부르는 그 모든 풍부한 것과 결부된 사람들이었다. 말하자면 고향으로부터 뿌리 뽑혀 낯설고 물설은 서울살이를 하던 그 어린 이야기꾼 소녀들이 역설적이게도 내게는 '고향'과 잃어버린 '땅'의 이미지를 형성해주었던 것이다. 근대화와 산업화의 파도에 밀려 우리 집 부엌까지 흘러들어온 가련한 아이들이었지만, 내게 그들은 자신이 살아온 고향과 고향마을 사람들의 삶과 꿈, 기쁨과 슬픔을 자기 안에 육화하고 있는 존재들이었다. 나는 그때까지 '고향'이라는 것은 가져본 적도, 생각해본 적도 없었지만, 그녀들이 하는 이야기와 함께 그 어지럽고 비좁은 방안에 뭔가 다른 세계가, 고향이라고 부를 만한 것이 내려앉는 느낌이었다. 그리고 아무리 어린 아이더라도 갖기 마련인 느낌, 이해받지 못했었다는 복받치는 느낌이 따뜻한 슬픔의 감정으로 어깨와 목덜미까지 밀려오고, 그 슬픔 속에서 신기하게도 행복하고 편안해지는 것이었다. 나는 그들을 통해 언어에 반응하는 나 자신의 감각을 키워 나가기 시작한 것이다.

그러나 이 어린 이야기꾼들은 맥없이 사라졌는데, 집에 더 이상 식모를 두지 않게 되었기 때문이기도 하지만, 실은 그보다 전에 집에 텔레비전 수상기가 들어오면서부터였다. 저녁상을 물리고 나면 시시각각 화면이 바뀌는 이 기계 앞에 다들 따개비처럼 달라붙어 앉았다. 특히 그녀들은 애국가가 흘러나올 때까지, '동해물과 백두산이 마르고 닳도록' 텔레비전 앞에 붙어 있었다. 당연히 그들은 더 이상 이야기를 하지 않게 되었고, 이야기를 들어줄 청중도 사라졌다. 이 새로 나온 이야기 상자는 고향과 전통과 과거를 불러오지 못하는 대신 미키 마우스와 도널드 덕을 우리에게 소개했고, 월트 디즈니의 꿈과 환상의 세계로 우리를 안내했다. 그것은 언어를 통해 우리 스스로 다른 세계를 상상하게 하는 것이 아니라 눈앞에 별세계를 직접 보여주었다. 그것은 상상의 세계가 아니라 환상의 세계였고, 우리는 고향이나 전통, 과거의 사람들과는 무관하게 펼쳐지는 꿈과 환상의 미래세계로 빠져들었다.

2

이야기는 삶으로부터 나오고, 삶이란 자신이 속한 장소와 공동체에 뿌리를 내리는 일이다. 1960~1970년대 서울 변두리에서 자란 내게 그 시절의 풍경이라면 어디를 보나 나무 없는 야트막한 민둥산들, 주택가에 연이은 논과 밭, 여기저기 흩어져 있는 무연고 무덤들, 드문드문 머리를 맞대고 선 소나무숲 같은 것들이 떠오른다. 길가 밭에는 무꽃이 흐드러지게 피어 있고, 보랏빛 윤기 나는 가지가 매달려 있다. 호박은 덩굴째 뒹굴고, 질경이는 지천으로 흩어져 풀밭을 이루고, 껑충한 피마자와 해바라기는 뙤약볕 아래 미동도 않고 서 있다. 그 길을 심심찮게 소나 말이 끄는 달구지가 지나갔고, 어떤 때는 친구 아버지가 술에 취해 아침 등굣길에 쓰러져 있기도 했다. 나는 그 길을 걸어서 집과 학교와 교회를 다녔다.

그 시절 교회는 다닐 만했다. 특히 아이들에게는 그랬다. 교회에는 숙제도 없고 야단치는 사람도 없었다. 게다가 성경은 재미있었다. 구약의 역사서와 신약의 복음서들이 재미있었고, 복음서에 나오는 예수님이 좋았다. 지금 생각하면 예수가 말하는 방식, 무슨 말이든 아주 쉽고 단순하고 구체적인 언어를 사용해서 정곡을 찌르는 것이 재미있었던 것 같다. 복음서와 복음서에서 예수가 말하는 방식은 언어에 대한 나의 취향과 생각의 습관에 결정적인 영향을 끼쳤다. 나중에 성서를 공부하면서 어릴 적 내가 좋아했던 것이 예수의 비유들이었다는 사실을 알게 되었다.

예수는 쉽게 말할 줄 알았다. 예수는 알아듣지 못할 추상적이고 관념적인 언어로 듣는 사람을 괴롭히지 않았다. 그는 대부분 농부들이나 어부들이었던 자신의 청중의 삶 속에서 날마다 일어나는 일들을 이야기 소재로 삼았다. 들판 어디서나 볼 수 있는 백합, 참새, 어미 닭과 병아리, 맷돌을 돌리는 여인, 그물에 걸린 물고기, 잃은 동전 한 닢을 찾아 온 집안을 뒤지는 여인, 씨를 뿌리는 농부, 포도나무와 가지. 이런 것들은 당시 농부들이나 어부들의 일상적인 삶 속에 널려 있는 것들이었다. 따라서 은유로 사용되었을 때 그것들은 나날의 삶 속에서 재현되고 체험됨으로써 그들의 상상력을 살아 있고 풍부하게 하며, 도덕적 품성을 형성할 수 있는 것들이었다. 예수는 이처럼 일상적이고 익숙한 삶의 언어를 사용해서 고단한 그들의 일상 속에 유쾌한 삶의 가능성이 현존하고 있음을 보여주었다.

예수는 비유를 통해 하느님이 다스리는 세상을 그렸다. 그는 그 세상을 하느님나라라고 불렀다. 그런데 그는 하느님나라가 어떤 것인지 청중들에게 단순히 설명한 것이 아니라 자신의 이야기를 통해 그 나라를 불러오고, 청중들이 스스로 그 나라를 경험하게 했다. 그것은 예수가 비유로 말했기 때문에 가능했다. 비유에는 예수가 말하고자 했던 하느님나라라는 내용과 그것을 전달하는 언어 형식이 하나로 녹아들어 있다. 그런 의미에서 비유는 당시 갈릴리 농부들이 예수가 전한 하느님나라에 접근할 수 있는 거의 유일한 길이었다고 할 수 있다. 그리고 그것이 가능했던 것은 비유가 시적 체험과 아주 유사한 체험을 일으켰기 때문이다.

예수의 비유는 아무리 짧아도, 설사 한 줄짜리 비유라 할지라도 기본적으로 이야기이다. 물론 구전전승에서 비롯되었기 때문에 복잡한 이야기 구조는 아니지만, 그래도 분명히 이야기 구조를 가지고 있다. 그래서 등장인물이 있고, 사건이 있고, 줄거리가 있다. 간단히 말해 예수의 비유는 하느님나라라는 눈에 보이지 않는 실재를 눈에 보이는 구체적인 언어와 허구적인 이야기를 통해 청중들로 하여금 생생하게 경험하도록 제시한다. 그렇게 함으로써 하느님나라라는 쉽게 설명하기 어려운 내용을 구상적인 언어를 통해 쉽고 인상적으로 전달하는 효과를 지닌다.

그러나 예수의 비유는 단순한 언어적 도구에 머무르지 않는다. 만일 비유가 예수의 하느님나라 선포를 위한 효과적인 문학적 도구에 머무르거나 문학적 장식에 불과하다면, 그것은 없어도 되는 것으로서 일단 청중이나 독자가 그 의미를 이해하고 나면 버려도 된다. 그러나 예수의 비유는 실제로 그것이 지시하는 대상 자체를 형성한다. 가령 우리가 시를 읽을 때 그 의미만을 파악하고 시의 은유적 언어를 버린다면, 그것은 시 자체를 참살하는 행위이다. 시에서 시적 은유를 제거하고 났을 때 남는 것은 의미가 아니라 죽은 문자들이 묻힌 무덤이기 때문이다. 시적 은유 없이 시가 말하려는 내용을 이야기할 수는 없다. 이런 의미에서 시적 은

유야말로 시 자체다. 마찬가지로 예수의 비유는 단순히 하느님나라에 대한 통찰을 제시하는 것이 아니라, 청중들 가운데 하느님나라를 가져오고 그것을 경험하게 한다. 시적 은유가 독자의 상상력을 자극하여 독자들 내면에 시적 현실 자체를 도래시키듯이, 예수의 비유도 듣는 사람들 가운데 하느님나라를 가져온다. 따라서 비유와 예수가 전하는 하느님나라는 분리할 수 없으며, 그 둘은 깊이 일치되어 있다. 시가 도저히 언어로 표현할 수 없는 것을 표현하고 경험하게 하듯이, 예수의 비유 역시 말로 표현할 수 없는 하느님과 하느님의 통치를 표현하고 경험하게 한다. 이 점에서 예수의 비유는 보이지 않는 것을 보게 하고, 아직 오지 않은 것을 미리 경험하게 하는 급진적 상상력의 전달자이다. 비유는 듣는 자들 가운데서 '언어 사건'을 일으킨다.

그러므로 좋은 이야기는 단순히 이야기에 머무르지 않고 하나의 현실을, 다른 세상을 실제로 가져온다. 마치 어린 식모아이의 고단한 육신을 통해 흘러나온 이야기가 일찍이 내가 경험하지 못했던 '고향'과 '고향 사람들'을, 40년도 더 전에 나와 내 형제자매가 누웠던 그 비좁은 방안에 가져왔듯이 말이다. 어릴 적 내가 그들에게서 들었던 이야기는 그들 자신만이 아니라 그들이 속했던 땅과 공동체의 기억이었고, 그 공동체가 구체적인 장소에서 오랜 시간에 걸쳐 영위해온 삶의 진실과 연결되는 것이었다. 그래서 나는 그들이 하는 이야기를 들으면서 그 이야기를 탄생시킨 공동체의 오랜 경험과 연결되었고, 이야기가 만들어내는 세상과 친숙해지는 내 인생의 여행을 시작할 수 있었던 것이다. 그것은 보이는 세상이 전부가 아니라 실재를 경험하는 또 다른 방식이 있다는 것을 어렴풋이 깨달아가는 과정이었고, 상대방의 말에 귀를 기울이면서 진정한 의미에서 타자를 발견하고 나 자신의 감각으로 다시 돌아오는 긴 여행의 시작이었던 것이다.

그러므로 비유는 사유의 한 방식이며, 비유의 논리는 추상적인 사고의 논리와 다르다. 중요한 것은 추상적인 일반화가 아니라 구체적이고 개별적인 것이다. 가령 누룩 비유에는 빵을 굽기 위해 반죽을 준비하는 한 여인이 등장한다.

> 하느님의 나라를 무엇에다가 비길까? 그것은 누룩과 같다. 어떤 여자가
> 그것을 가져다가 가루 서 말 속에 숨기니, 마침내 온통 부풀어 올랐다.
> _ 누가 13:20-21

이 비유를 읽어가노라면 여인이 밀가루를 풀고 누룩을 넣고 물을 부어가며 반죽을 빚는 장면이 자연스럽게 머릿속에 떠오른다. 당시 유대 사회에서 누룩은 결코 긍정적인 종교적 상징이 아니었다. 누룩의 일차적인 기능은 발효를 시킨다는 데 있고, 발효와 부패는 기본적으로 동일한 과정이라고 여겨졌다. 누룩을 넣은 반죽이 부풀어 오르듯이 썩어가는 시체도 부풀어 오른다. 이 때문에 일반적으로 누룩이라는 은유는 부패와 관련된 부정적 은유였고, 발효의 과정은 흔히 도덕적 타락에 대한 은유로 사용되었다. 버나드 스콧Bernard B. Scott에 따르면,[1] 누룩은 신약성서나 구약성서에서도 부정적인 은유로 사용되었다(마가 8:15; 마태 16:12; 누가 12:1; 갈라 5:9; 1고린 5:6-8). 구약성서에서 누룩 넣지 않은 빵은 거룩함을 상징한다. 반면 누룩을 넣은 빵은 그 반대이고, 그 때문에 유월절

----

1   Bernard Brandon Scott, *Hear then the Parables: A commentary on the Parables of Jesus* (Minneapolis: Fortress Press, 1989) 참조.

에는 누룩을 넣은 빵을 모두 집안에서 없애야 했다. 당시 유대인들의 종교문화 전통에서 누룩이 지니는 이러한 상징적 의미와 관련해서 볼 때 누룩은 결코 하느님나라에 대한 적절한 상징이 될 수 없었을 것이다.

그런데 이 비유에서는 하느님나라가, 하느님이 부정하고 더러운 것과 동일시되고 있다. 신적인 것이 부정한 것과 관련된다고 해서 부정한 것이 정결한 것으로 되지는 않는다. 여기서는 신적인 것이 부정한 누룩과 관련되었고, 끝까지 부정한 채로 남는다. 하느님이 누추해진 것이다. 스콧에 따르면 이 점은 이 비유를 이해하는 데 대단히 중요하다. 이것은 이 비유의 또 다른 중요한 요소인 '여자'와 관련해서도 마찬가지다. 고대 세계에서 일반적으로 사회적 약자가 종교적으로 부정적인 상징으로 사용되는 관례를 따라, 유대 정결법에서 여성은 부정한 존재로 여겨졌다. 따라서 하느님나라 비유인 이 비유에서 여성이 거룩함에 대한 상징으로 기능하는 것은 상당히 의외로 여겨졌을 것이고, 귀에 거슬렸을 것이다. 그리고 이 여자가 가루 서 말에 누룩을 숨긴다. 여기서 '숨긴다'는 말로 누가복음에서는 크립토(krypto), 마태복음에서는 엔크립토(enkrypto)가 사용되었는데, 이 단어들은 '은폐하다'라는 부정적인 함축 의미를 지닌다.

예수의 청중 대부분은 누룩이라는 첫 마디를 듣고 깜짝 놀랐을 것이다. 왜냐하면 하느님나라는 절대로 누룩 같을 수 없고, 누룩을 넣지 않은 것이어야 했기 때문이다. 게다가 어떻게 '여자'가 하느님나라와 관련될 수 있는가? 또 서 말은 적어도 100명이 먹을 만큼의 빵을 구울 수 있는 양이다. 여자가 서 말이라는 엄청난 양의 가루에 누룩을 몰래 숨겼다. 어떻게 그것이 드러나지 않을 수 있는가? 결국은 누룩이 스며들어 반죽 덩어리 전체를 부풀게 할 것이다. 청중은 아마도 이 여자가 큰 잔치를 준비하고 있다고 상상했을 것이다. 그리고 이러한 잔치에 대한 상상을 통해, 평소 예수가 자신을 따르는 무리와 함께 벌였던 밥상공동체를 떠올렸을 것이다. 예수는 자신을 따르는 무리와 더불어 밥과 뜻을 함께 나누는 흥겨운 잔치를 자주 벌였다. 예수는 이러한 잔치자리를 통해 민중들이 밥을 먹고 삶을 나누는 지금 현재 삶의 한가운데서 하느님나라를 경험하게 했다. 그러므로 가루 서 말로 빵을 구우려는 여자는 어쩌면 예수가 민중과 더불어 벌이는 흥겨운 잔치를 준비하는 것인지도 모른다. 아마도 청중은 그러한 연상을 했을 것이다.

하느님나라는 마치 누룩이 몰래 스며들어 반죽 덩어리 전체를 부풀게 하는 것과 같다. 하느님나라는 누룩을 넣지 않은 거룩한 빵이 아니라 누룩을 넣은 부정한 빵과 같다. 아마도 이 비유를 이해하는 데 관건이 되는 것은 '누룩'이라는 부정적인 종교적 상징이 하느님나라를 위한 적극적 상징으로 전도될 때 누가 그것을 즐겁게 키득거리며 받아들였겠느냐는 점일 것이다. 물론 이 비유에 분개하는 사람들도 있었을 것이다. 당시 지배층에 속한 사람들이나 정결법 체계를 보통 사람들의 일상적인 삶에까지 확대 적용하는 데 몰두했던 바리새인들로서는 참을 수 없었을 것이다. 과연 누가 이 비유를 즐겁고 기쁘게 받아들였을까? 아마도 당시 사회 속에서 누룩에 해당하는 사람들에게 이 비유는 기쁜 소식이었을 것이다. 그중에서도 가장 먼저 기쁘게 받아들였을 사람들은 아마도 이 비유의 주인공인 여자들이었을 것이다. 이 비유에 따르면, 보통 여자들이 하는 일상적인 행위, 빵을 굽기 위해 반죽에 누룩을 넣는 것과 같은 행위를 통해서 하느님나라는 실현된다. 하느님이 부정하게 되었다는 것은 예수의 활동에서 여성들이 특별히 중요한 위치를 차지하고, 또한 예수가 소외자들, 나병환자들, 죄인들과 어울렸다는 사실과 관련이 있다. 이 사람들은 구태여 정결하고 명망 있는 사람이 되지 않고도 있는 그대로 받아들여질 수 있었다. 여자는 남자가 되지 않아도, 가난한 사람은 부자가 되지 않아도 하느님나라에 들어갈 수 있었을 것이다. 산상수훈의 복선언도 이와 마찬가지다. 거기서는 축복받지 못한 사람들을 축복하고 있다. 가령 가난한 사람들은 부자가 될 것이기 때문이 아니라 가난하기 때문에, 그리고 하느님의 나라에 속하기 때문에 축복을 받는다. 이것은 가난과 질병은 죄에 대한 하느님의 벌이라는 당시 유대교의 통념을 뒤집어엎는다.

사실 예수가 살던 사회에서 절대다수는 누룩 같은 사람들이었다. 이런저런 이유로 그들은 사회경제적으로 밑바닥에 놓여 있었고, 복잡한 종교 계명이나 정결법 같은 것들을 준수할 수 없었을 것이다. 오늘날의 중산층 같은 것이 존재하지 않았던 당시 사회에서 극소수의 부유한 지배층을 제외한 대부분의 사람들이 그런 민중들이었고, 그들은 사회의 누룩이 되었을 것이다. 예수의 이 비유는 로마제국의 간접 지배체제 아래서 이중삼중으로 수탈당하며 하루하루 힘든 노동에 시달리던 대다수 가난한 사람들을 향해 누룩으로서의 그들의 존재 자체를 은근히 긍정해주고, 하느님나라와 관련시킴으로써 그들로 하여금 터져 나오는 웃음을 참을 수 없게 만들었을 것이다. 미래에 그들이 도덕적으로 정당화되거나 축복받을 것이기 때문이 아니라, 있는 그대로 현재 그들의 삶 자체가 하느님나라와 관련됨으로써 긍정되고 있는 것이다. 연못에 파문이 일듯 이 비유를 듣는 사람들 가운데 빙그레 웃음이 번져 나갔을 것이다. 자신들을 불쌍한 희생자로서 동정의 대상이 아니라 주체적으로 느끼고 생각하고 행동하는 존재로 인정해줌으로써 '스스로 함'의 나라, 하느님나라의 주인으로 끌어들이고 있음을 알아들었기 때문이다. 예수는 그들을 향해 의인이 되라고 도덕설교를 하지도 않았고, 그들의 처지가 마술적으로, 기적적으로 나아지리라고 약속하지도 않았다. 다만 있는 그대로 그들의 존재를 밑바닥에서부터 긍정해주었다. 어떤 방식으로든 하느님은 더러운 누룩인 그들 편에 계시다. 삶의 희망은 그런 방식으로 솟아날 수 있었을 것이다. 그리고 그들은 하느님나라가 어느 틈엔가 자신들 한가운데 이미 와 있음을 느낄 수 있었을 것이다. 하느님나라는 미래에 대한 휘황찬란한 청사진이 아니라 소박하고 조촐한 그들의 삶의 이야기 가운데, 삶의 의미를 재구성해주는 이야기 가운데 있다. 그들은 결국 이야기가 인간을 구원한다는 사실을 어렴풋이 깨달을 수 있었을 것이다.

3

러시아 작가들에게서 나타나는 특이한 현상들 가운데 하나는 작가로서 원숙한 시기에 종교적인 성자, 혹은 예언자로 변신하려고 한다는 것이다. 예를 들어 고골은 과거 자신이 썼던 희곡의 주인공들이 자기 안에 존재하는 악마를 묘사한 것이라고 생각하고, 깊은 회의에 빠져 더 이상 글을 쓸 수 없게 된다. 어느 날 밤 그는 하느님을 위해 문학을 희생시키기로 결심하고 촛불을 들고 방을 서성이다가 『죽은 혼』의 2부 원고를 벽난로의 불길 속에 던져 넣었다. 성자가 되지 못한 그의 영혼은 안식을 취하지 못했던 것 같다. 이와 비슷한 종교적 고민은 도스토예프스키와 솔제니친에게서도 나타난다. 그러나 이 점에서 단연 두드러진 인물은 톨스토이다.

톨스토이는 대단히 복잡한 인물이었다. 한편으로 톨스토이는 지칠 줄 모르는 생명 본능의 소유자로서 삶이 주는 즐거움과 아름다움에 열광하고 삶 자체에 열중했다. 작가로서 톨스토이가 인간과 사물을 그렇게 강력하고 손에 잡힐 듯이 묘사할 수 있었던 것도 바로 그러한 이유 때문이었을 것이다. 이 다혈질 톨스토이에게 삶의 의미 따위는 아무래도 상관없었다. 그러나 그 안에는 도덕을 추구하는 또 다른 톨스토이가 있어서 이 도덕 추구자 톨스토이는 의미 없는 삶을 도저히 받아들일 수 없었다. 삶에 도취하는 것은 이 또 하나의 톨스토이에게 끔찍한 악으로 보였고, 그는 격렬하게 거기 맞서 싸웠다. 이 두 명의 톨스토이는 화해하지 못하고 평생 그의 삶과 문학 속에서 요동치며 싸웠다. 그래서 50세가 넘어 결정적인 회심을 하고 난 후에도 단순히 도덕 추구자 톨스토이가 정열가 톨스토이를 이기는 것으로 싸움이 끝난 것이 아니라, 오히려 자기 안에서 더욱 심하게 요동치는 모순을 극복해야만 했던 것으로 보인다. 회심 이후 종교와 사회, 특히 예술에 대한 그의 발언들이 그렇게 격렬하고 극단적이었던 것은 아마 그 때문이었을 것이다. 회심 이후에도 내적으로는 계속해서, 더욱 격렬하게 싸워야만 했던 것이다.

따라서 말년의 그의 가르침과 설교 대부분은 자신의 내적 갈등과 모순을 극복하기 위한 부단한 노력의 결과물이었다고 할 수 있다. 뛰어난 귀족가문 출신으로 자기 의지를 관철하려는 경향이 강했던 톨스토이에게 그 싸움은 매우 힘들었을 것이다. 로맹 롤랑이 "톨스토이는 그 성격이 아니라 의지의 힘으로 기독교적이 되었다"고 말한 것도 이러한 맥락에서였을 것이다. 그는 간디와 톨스토이에 대한 타고르의 견해를 인용했다. "간디에게는 모든 것이 자연스럽다. 온화하고 단순하며 순수하다. 그의 투쟁은 종교적 평온으로 인해 성스럽다. 반면 톨스토이에게는 모든 것이 자만에 대한 오만한 혁명이고, 증오에 반대하는 증오, 열정에 반대하는 열정이다. 톨스토이 안에서는 모든 것이 광폭하고 심지어 비폭력에 관한 그의 가르침마저도 광폭하다."[2]

말년의 톨스토이의 가르침에 나타나는 이러한 '광폭함', 심지어 공상적이라고까지 할 수 있는 발언들을 보면 그의 내면에서 일어났을 격심한 투쟁과 그 과정에서 그가 겪었을 상처와 불화를 떠올리게 되며, 82세의 노인이 결국에는 집을 떠나 작은 시골역 아스포보에서 객사할 수밖에 없게 만들었던 것이 무엇인지, 그리고 한 작가의 삶에서, 아니 한 인간의 삶에서 진정성이라는 것이 무엇인지 생각해보게 된다. 회심 이후 톨스토이는 산상수훈에 근거한 비폭력과 '사랑의 법'을 자신의 도덕철학의 핵심으로 삼았고, 근대문명의 전반적인 경향에 대해 철저한 반대입장에 섰다. 오로지 양심의 법만을 따르고 인간이 만든 법이나 규정이 아니라 삶의 윤리적 토대로 돌아갈 것을 근대인에게 요구했다. 또한 단순히 반군사주의를 말한 것이 아니라 국가의 본질에 대해 근원적인 비판을 가함으로써 포괄적인 시민불복종 운동의 이념과 토대를 마련했다.

그런데 이러한 그의 사상적 전환의 근저에는 러시아의 농민에 대한 그의 한없는 애정이 있었다. 톨스토이는 자신의 종교적 질문을 추구하는 과정에서 러시아의 농민을 새롭게 발견한다. 삶과 죽음, 신의 존재에 대한 질문으로 고뇌에 빠져 있던 톨스토이가 고개를 들어 밖으로 시선을 향했을 때 그의 눈에 들어온 것은 언제나 그랬듯이 한없이 순박하고 선량한 모습으로 그의 옆에 있던 러시아의 농민이었다. 앞서 말한 러시아의 예민한 작가들이 삶의 어느 시점에 이르러 성자의 단계로 비약하려 했던 것도 어쩌면 그들 옆에 순한 눈빛을 하고 있던 러시아의 농민들

---

2 Janko Lavrin, "Tolstoy and Gandhi", *Russian Review*, Vol. 19, No. 2 (Apr., 1960), pp. 133~134에서 재인용.

때문이 아닌가 생각된다. 평생 짐승처럼 당하기만 하면서도 러시아 농민들이 순박함과 선량함이라는 원초적인 인간성을 간직하면서 살아갈 수 있게 해준 것으로 그들의 기독교 신앙을 발견했던 것이 아닌가 생각된다.

유럽의 다른 나라들과 달리 러시아에서는 19세기 중반 이후까지 농노제도가 존속했고, 당시 많은 러시아의 젊은 지식인들에게 이것은 러시아의 후진성의 증거이자 수치로 여겨졌다. 그래서 그들은 서유럽의 발전한 제도와 민주주의 이념을 이식해 새로운 사회개혁을 이루고자 했다. 그러나 톨스토이는 서구적 휴머니즘을 거부했다. 그는 자유주의적이고 민주적인 생각을 전파함으로써 보편적인 형제애를 가져오고자 했던 비기독교적 서구 휴머니즘을 신뢰하지 않은 대신, 러시아 농민과 민중의 삶의 근저에 흐르고 있는 기독교 신앙을 보다 확고하게 신뢰했다. 톨스토이는 오직 하느님의 사랑과 그리스도의 가르침에 대한 믿음만이 더욱 나은 세상을 만들 수 있게 한다고 생각했다. 이 점에서는 도스토예프스키도 톨스토이와 마찬가지였다.

그런데 도스토예프스키가 신앙은 궁극적으로 모든 관념적인 논리를 깨부수는 신적 신비에 근거한다고 본 반면, 톨스토이는 이성적인 접근을 고집했다. 도스토예프스키는 조상 대대로 전해져온 러시아 정교를 고수했고, 그것이 러시아인의 정신의 핵심이라고 보았다. 그러나 톨스토이는 점점 러시아 정교에서 벗어나 자신의 종교관을 확립했다. 원래 톨스토이는 정교회 신앙의 틀 안에서 성장했고 결혼 첫 해까지 거기 머물렀다. 그는 미사에도 참여했고 성사도 행했다. 그러나 러시아 정교의 신앙과 관행에 대해 점점 의심이 커져갔다. 다만 죽음에 대한 두려움 때문에 의심을 눌러두었을 뿐이었다. 그러나 어느 날 사제가 성만찬을 분

배하고 있을 때 톨스토이는 갑자기 혐오감에 사로잡혀 더 이상 성만찬을 받을 수 없었다.[3]

그는 교회를 떠나 그리스도의 가르침이 지니는 참된 의미를 명철하게 밝히는 것을 자신의 임무로 삼게 되었다. 그 후 거의 4년 동안 그는 신학 연구에 몰두했다. 성서의 다양한 번역본들을 비교하고, 신약성서를 단어 하나하나 희랍어로부터 번역했으며, 4복음서의 이야기들을 비교했다. 그 결과 그는 교회가 세상의 권력과 야합하고 맹세와 전쟁, 처형을 묵인함으로써 그리스도의 가르침을 거짓되게 만들었다고 고발했다. 그리고 성서영감설, 속죄론, 기도와 은총을 통한 구원의 교리, 교회의 성사, 성령과 삼위일체 등 신앙의 많은 요소들을 전면적으로 공격하기 시작했다. 그는 정교회의 제의(祭儀)는 "이교적 왜곡"이며, 성례전은 "신비주의적 넌센스이고, 오로지 민중에게 최면을 걸고 속이기 위한 것"이라고 했다. 그는 오직 몇몇 농민 종파들, 특히 사유재산과 폭력을 포기했던 몰로카네파와 두호보르파만이 하느님의 뜻에 따라 복음서의 참된 가르침을 실천하고 있다고 주장했다.[4]

나아가서 복음서를 더 상세히 검토하게 되면서 그는 신약성서 안에서도 그가 보기에 불합리하거나 상식과 논리에 맞지 않는 것들을 거부하게 되었다. 그는 그리스도의 신성을 부정하고 부활도 부정했다. 결국 그는 그리스도의 메시지를 산상수훈의 주요 교훈만으로 한정했다. 즉, 악에 저항하지 말고 모든 사람을, 원수까지도 사랑하라는 것이다. 그는 기독교 신앙의 모든 상징적·전통적 진리를 걷어내고 자신의 선택과 해

---

3 레프 니콜라에비치 톨스토이, 『참회록』, 박형규 옮김 (서울: 범우사, 1983), 112쪽.

4 Rene Fueloep Miller, "Tolstoy the Apostolic Crusader", *Russian Review*, Vol. 19. No. 2 (Apr., 1960), p. 111.

석에 근거한 도덕적·윤리적 원칙만을 남겨두었다. 「하느님의 나라는 너희 가운데에 있다」[5]라는 글에서 그는 산상수훈과 신앙의 상징 중에서 선택할 필요가 있다고 했다. 이 둘을 다 믿을 수는 없다고 했다.

사실 이 대목은 예술에 대한 톨스토이의 극단적인 견해와 마찬가지로 받아들이기 어렵다. 상징이 예술만이 아니라 모든 종교적 언어의 모태이고, 인간의 영적 삶의 뗄 수 없는 일부라는 사실을 어떻게 그렇게 무시할 수 있는지 거의 불가사의할 지경이다. 그러나 톨스토이는 이렇게 합리적인 종교로 기독교와 예수의 가르침을 완전히 재구성해놓고는 자신이 예수의 참된 가르침의 발견자이자 복구자라고 느꼈다. 1882년에 이미 그는 이렇게 쓰고 있다. "이제 내게는 만일 그리스도와 그의 가르침이 없었더라면 나 스스로 이 진리를 발견했을 것이라고 생각한다. 이 진리는 내게 너무도 분명하다." 자신의 진리가 하나이자 유일한 진리이며, 자신이 기독교 사상의 참된 의미를 발굴해낸 최초의 인물이라고 확신했던 그는 "새로운 종교"를 세웠다고 주장했다. 그것은 교리와 상징을 일소하고 오로지 논리와 이성에 근거한, 따라서 모든 인간에게 받아들여질 수 있는 "새로운 종교"라는 것이다.

여기까지 보면 종교와 관련해서 톨스토이는 확실히 이성의 한계 안에 있고, 빈곤해 보인다. 그리고 이 점에서 그는 자신이 열렬히 찬양해 마지않았던 러시아 농민의 종교적 심성에 진정으로 다가가지 못했다고 할 수 있다. 그런데 참으로 역설적인 것은, 그렇게 이성적인 종교를 부르짖으면서도 회심 이후 자신의 종교관을 확립한 톨스토이가 쓴 작품은

....

5   레프 니콜라예비치 톨스토이, 『국가는 폭력이다』, 조윤정 옮김 (서울: 달팽이, 2008),
    24~25쪽.

거의 종교적인 러시아 민담을 그 나름으로 고쳐 쓴 것들이었고, 그것들은 신화와 상징적 언어로 도배되어 있었다는 점이다. 거기에는 러시아 농민의 전통적인 신앙과 전설, 도깨비, 기적 같은 것들이 넘쳐난다. 이와 함께 흥미로운 것은, 전통적인 러시아 농민의 신앙으로 신비주의적인 러시아 정교를 내세웠던 도스토예프스키는 러시아 농민의 민담이 아니라, 근대문학의 역사상 가장 유려하고 심오한 기독교사상의 표현이라고 할 수 있는 『카라마조프가의 형제들』을 썼다는 사실이다. 이것은 이성의 종교를 주창했던 톨스토이가 합리성과는 거리가 먼 농민들의 민담을 통해 자신의 사상을 표현했던 것과 뚜렷이 대비된다. 말하자면 이 두 사람 모두에게서 이야기가 이야기꾼을 배반하고 있는 셈이다.

그러나 톨스토이가 보이고 있는 이 모순과 갈등이야말로 그를 신뢰할 수 있게 한다. 왜냐하면 이 모순과 갈등은 그가 러시아 민중과 그들의 삶에 다가가고자 하는 과정에서 생겨난 것이기 때문이다. 그의 이야기가 그의 사상을 배반한 것은 실은 그의 삶이 러시아 민중에게 그렇게 절박하게 다가가고자 한 결과이다. 그러므로 그 모순은 그의 삶의 진실성에 대한 증거이다. 이야기가 이야기꾼을 넘어서 오히려 진실을 이야기해주고 있는 것이다. 이야기의 신비라고 말하지 않을 수 없다.

4

톨스토이가 말년에 민담을 작품화한 것들 가운데 가장 분명하게 그의 사상을 표현하고 있는 것이 「바보 이반」이라고 할 수 있다. 잘 알려진 이 이야기는 톨스토이가 생각했던 기독교적 인간과 이상적인 사회의 모습을 보여준다.

톨스토이는 "바보 이반과 그의 두 형인 무관 세묜과 배불뚝이 따라스, 벙어리 누이 말라니야와 큰 도깨비, 작은 세 도깨비의 이야기"라고 첫머리에 써놓았다. 그러니 대문호가 대가다운 역량을 발휘해서 야심만만하게 쓴 작품이 아니라 민중 사이에 떠돌던 구전 민담을 전하는 것일 텐데, 그래도 읽어보면 역시 톨스토이라는 말이 절로 나온다. 그의 묘사에 의해 생명을 부여받은 주인공들은 생생하게 살아 움직이며, 우리는 톨스토이가 땅과 농사와 농부들을 잘 알았다는 것을 알게 된다. 한편에는 세 형제들 사이의 우애와 평화를 망쳐놓고 싶어 하는 도깨비들이 있고, 다른 한편에는 각기 제 욕심밖에 모르는 형들, 그리고 농부 이반이 있다.

두 형 세묜과 따라스는 각자 군인과 장사꾼으로 성공하지만 만용과 욕심 때문에 도깨비의 술수에 넘어가 망하고 만다. 그들은 농부 이반의 도움을 받아야만 살 수 있다. 도깨비들은 이렇게 말한다. "만약 그 바보가 남아서 농사를 짓게 되면 그들은 별로 곤란을 받지 않게 될 거거든. 그 녀석이 두 형들을 부양하게 될 테니 말이야."[6] 그래서 도깨비들은 셋째 이반도 망하게 하려고 들지만 바보 이반만은 어떻게 해볼 도리가 없다. 도깨비들이 땅을 돌처럼 굳혀놓아도, 배가 아프게 해도, 쟁기를 부숴놓아도 이반은 집으로 돌아가 딴 보습으로 갈아 끼우고 배가 아파 끙끙 앓으면서도 여전히 밭을 갈아댄다. 도깨비의 술수에 걸려 망한 형들이 와서 살게 해달라면 이반은 "아, 그럭하시죠. 염려 말고 여기서 사세요"[7] 한다. 목장의 풀밭에 큰물이 들게 해도 진흙투성이가 된 바닥도 상

---

6   레프 니콜라예비치 톨스토이, 『바보 이반』, 박형규 옮김 (서울: 학원사, 1994), 17쪽.
7   같은 책, 19쪽.

관 않고 그는 풀을 벤다. 도깨비가 이반을 어떻게 해보려고 애쓰는 대목을 보면 이반이 바보일지는 몰라도 아주 훌륭한 농사꾼이라는 걸 알 수 있다. 그가 없으면 형들도 온 나라도 살 수가 없다. 무슨 일이 벌어지든 그가 계속해서 농사를 짓기 때문에 모두가 살 수 있다.

도깨비들이 군사를 만들어주겠고 하면 이반은 그 군사가 노래를 부를 수 있냐고 묻는다.[8] 호밀단으로 군사를 만들더라도 그 군사를 호밀단으로 되돌릴 수 있는 방법을 알려주지 않으면 알고 싶어 하지도 않는다. 더부살이하는 형들이 집이 좁다고 새 집을 지어달라면 이반은 아무말 없이 숲으로 가 나무를 해다 새 집을 지어준다. 형수들이 냄새가 난다고 하면 밖에 나가 말먹이를 준다. 그래서, 이렇게 이반이 묵묵히 농사를 짓고 집을 짓고 말에게 먹이를 주기 때문에 형제들 사이에 평화가 있고 입에 밥이 들어간다. 이반은 "몸뚱이에서 김이 무럭무럭 나서 마치 안개처럼 숲속에 끼었는데도 일손을 멈추지 않는다."[9] 나뭇잎으로 돈 만드는 법을 가르쳐주면 "거 어린애들이 가지고 놀기에 좋겠는걸" 한다. 맥주를 만들어 형들을 초대하지만 형들은 농부들의 잔치 같은 데는 흥미가 없다. 이반은 농부며 아낙네들에게 잔치를 베풀고 또 저도 마신다. 그는 형들의 부탁을 무엇이든 들어주지만 세몬에게 만들어준 군대가 사람을 죽이고 따라스의 돈이 미하일로브나에게서 암소를 빼앗아가자 더 이상 만들어주지 않는다. 이반은 임금이 되고 나서도 계속 일을 한다. 부모를 봉양하고 벙어리 누이와 함께 산다. 이 나라에는 아무도 돈을 가지고 있지 않고, 모두 일을 해서 스스로, 서로 도우면서 살아간다. 그러

---

8 같은 책, 22쪽.
9 같은 책, 25쪽.

자 "똑똑한 사람은 모두 이반의 나라를 떠나버리고 남은 것은 그저 바보뿐이었다."[10]

바보들이 자기들끼리 모여 잘 살자 옆에서 이를 가만히 내버려둘 리가 없다. 도깨비들은 먼저 군대의 힘으로 바보나라를 없애려 한다. 이 나라의 주민인 바보들은 군대가 와서 약탈하면 모두 다 내어주고, 집이며 곡식을 불태워도 그저 울 뿐이었다. "왜 우리들을 괴롭히는 겁니까? 어째서 우리 재산을 빼앗아 가는 겁니까? 필요하거든 차라리 그냥 가져가면 될 것을……." 군사들은 침울해져 뿔뿔이 흩어지고 말았다. 도깨비들은 금화로 바보들을 유혹하지만, 바보들에게 돈은 아무 소용이 없다. 돈으로 지불하는 것도 없고 세금도 없는 바보나라에서 금화는 아이들 장난감일 뿐이다. 마지막으로 바보들이 힘들여 일하는 것을 본 도깨비는 머리를 써서 일하면 힘들여 고생할 필요가 없다고 사람들을 유혹한다. 그러나 그는 머리로 일하는 법을 가르쳐주겠다고 하다 기둥에 머리를 부딪혀 죽고 만다. 이반의 나라는 바보나라이고, 이 바보나라에서는 왕도 바보이고 백성도 바보이다. 이반의 나라에서는 누구든 오면 식탁에 앉아 대접을 받는다. 그런데 이 나라에는 꼭 하나의 습관이 있는데, 그것은 손에 못이 박힌 사람은 식탁에 앉게 되지만 못이 박히지 않은 사람은 먹다 남은 찌꺼기를 먹어야 하는 것이다.

회심 후 말년의 톨스토이는 자기 영지의 농부들과 함께 하루 여덟 시간씩 일하고 장화를 만들었다. 일하다가 쉴 때면 마차에 올라가 큰 소리로 농부들에게 자기가 고쳐 쓴 러시아 민담을 읽어주었다. 어쩌면 「바보 이반」 이야기도 그중 하나였을지 모른다. 사실 톨스토이는 말년의

---

10 같은 책, 35쪽.

그의 사상을 거의 전부 녹여내서 이 이야기를 쓴 것 같다. 톨스토이는 군대만이 아니라 근원적으로 국가 자체를 폭력적인 조직이라고 보았다. 또 프루동의 영향을 받아 사유재산제에 대해 비판적이었지만, 사회주의적 혁명사상으로 기울지는 않았다. 오히려 그는 비폭력 무저항이 악에 대한 싸움의 수단이 될 수 있다고 보았다. 이런 그의 사상은 이 이야기 곳곳에 녹아들어 있다. 그리고 토지제도와 자본에 의해 농민과 노동자가 수탈당하는 것에 분노했던 톨스토이는 이 이야기를 통해 농민이 꿈꾸는 행복한 삶이 어떤 것인지 보여주고 있다. 국가와 자본이 개입하지 않을 때 농민은 땅에 뿌리를 박고 공동체를 이루어 스스로 일하고 서로 도우며 산다. 술을 빚고 기쁨의 잔치를 벌여 노래를 부르고 춤을 춘다. 그리고 일을 해서 손에 못이 박힌 사람은 누구나 그 잔칫상에 와서 먹을 수 있지만, 손에 못이 박히지 않은 사람은 먹다 남은 찌꺼기를 먹어야 한다.

이것은 예수가 벌인 하느님나라 잔치를 떠올린다. 톨스토이가 「바보 이반」에서 묘사하고 있는 이반의 나라는 사실 예수가 전한 하느님나라라고 할 수 있으며, 바보 이반의 모습에는 예수의 모습이 겹쳐져 있다. 이반의 나라가 이 세상에 없다면, 하느님나라도 이 세상에 없다. 그러나 톨스토이는 이야기 끝에 "이반은 오늘날까지 살아 있고 온갖 백성이 그의 나라로 몰려오고 있다. 두 형들도 그에게로 찾아와 그가 그들을 먹여 살리고 있다"[11]고 썼다. 「바보 이반」 이야기 속에서 이반의 나라는 존재하고, 예수의 비유 속에서 하느님나라는 살아 있다.

돈과 권력이 세상을 움직인다는 것은 톨스토이의 표현을 빌리면 도깨비장난이고, 근대의 신화이다. 이 신화가 통하는 것은 사람들이 그렇

---

11 같은 책, 48쪽.

게 믿기 때문이다. 돈이 나뭇잎, 종잇장이라고 생각하고, 군대가 사람을 죽이는 기계가 아니라 노래하고 춤추는 인간이 될 수 있다고 사람들이 생각한다면, 돈도 군대도 맥을 못 출 것이다. 돈도, 군대도 사실은 어떤 집단적인 믿음에 의지해서만 힘을 발휘할 뿐이지만, 그 믿음을 무너뜨리기란 산을 옮기기보다 더 어렵다. 그러한 믿음이 집단적으로, 계속해서 쌓이면 그것은 하나의 신화가 되어 아무도 그것을 부정하지 못하게 된다. 심지어 그 신화를 무너뜨리려고 하는 사람들마저도 그 신화를 내면화하게 된다. 신화는 내면화하여 우리의 일상에 스며들고, 그렇게 되면 단순히 믿음의 차원이 아니라 객관적으로 실재하는 것으로 여겨진다. 신화가 사실이 되는 것이다. 그런데 톨스토이의 「바보 이반」 이야기와 예수의 하느님나라 비유들 속에서 그 신화는 무너진다. 거기서는 단순히 그러한 신화를 공격하는 것이 아니라 새로운 세계를 탄생시킨다.

그러면 어떻게 우리가 그것을 경험할 수 있는가? 현대의 탁월한 비유 이야기꾼 중 한 사람이었던 카프카는 친구에게 보낸 한 편지에서 문학에 대해 이렇게 썼다.

한 권의 책은 우리 안의 얼어붙은 바다를 부수는 도끼여야 한다네.

그는 글을 읽는 행위가 우리에게 충격을 가하지 않는다면 무엇 때문에 책을 읽느냐고 묻는다. 우리에게 필요한 책은 "큰 고통을 주는 불행처럼, 우리가 정말 사랑하는 사람의 죽음처럼, 우리가 모든 사람에게서 떠나 숲속으로 추방당한 것처럼, 자살처럼"[12] 충격을 주는 것이어야 한

---

12 "letter to Oskar Pollack, 1. 27. 1904.", *Letters to Friends, Family, and Editors*, tr. by

다고 말한다. 그것은 여든두 살의 톨스토이로 하여금 길을 떠날 수밖에 없게 몰아갔던 그 충격이자 충동이기도 하다. 카프카는 또 비유의 본질은 "이름 지을 수 없는 것과 상투성 사이의 경쟁"이라고 말했다. 또 "모든 비유들이 진정으로 말하고자 하는 것은 이해될 수 없는 것은 이해될 수 없다는 것이다"[13]라고도 말했다. 그렇다면 우리에게 요구되는 것은 이름지을 수 없는 것, 불가능의 가능성을 선택할 수 있는 급진적인 상상력일 것이다. 아니면? 아니면 어쩌겠는가? 예수처럼 "들을 귀 있는 자는 들으라!"고 말할 밖에.

Richard and Clara Winston (New York: Schocken Books, 1977), p. 16.

13 Franz Kafka, *Parables and Paradoxes* (New York: Schocken Books, 1961), p. II.

행복하여라, 가난한 사람들!

1

사람들은 자기가 살고 있는 시대에 벌어지고 있는 일들이 진정으로 어떤 의미를 지니는지 사실은 잘 모르는 것 같다. 가령 지금은 나치와 히틀러가 범죄적이었다는 것이 아주 당연한 사실로 여겨지지만, 히틀러 시대 독일 사람들에게는 그렇지 않았다. 독일 국민은 나치 정권을 열렬하게 환영했고, 히틀러를 영웅으로 생각했다. 나치 병사들의 행군에 열광하는 독일 국민의 모습은 결코 쇼도 아니고, 동원된 것만도 아니다. 그도 그럴 것이 당시 1차 세계대전에 패전한 독일에게 승전국은 엄청난 배상금을 부과했고, 독일 정부는 배상금을 지불하기 위해 은행에서 대출을 했고, 이로 인해 엄청난 인플레이션이 생겼다. 살기가 너무 힘들었고, 실업률은 30퍼센트가 넘었다. 이런 상황에서 히틀러는 집권 3년 만에 실업률을 거의 0퍼센트로 만들고, 4년 만에 경제를 회복시켰다. 그는 국민들에게 열렬한 환영을 받았다. 그래서 그 시절 무식한 대중만이 아니라 하이데거를 비롯한 수많은 지식인들이 나치 정권에 협조했다.

파시즘과 전체주의에 온몸으로 저항했던 조지 오웰은 그 자신이 사회주의자이고 파시즘에 대항할 효과적인 방법 역시 사회주의밖에 없다고 생각했으면서도, 계급적 차이에 집착하는 사회주의자들을 답답하게 여기고, 계급혁명이라는 대의를 잠시 접어두는 한이 있더라도 반파시즘 공동전선에 하루빨리 참여할 것을 열렬히 호소했다. 그의 이러한 절박한 호소는 당시 대중들만이 아니라 양심적인 지식인들마저도 파시즘에 경도되어가던 상황에 비추어 볼 때만 이해가 된다. 당시 많은 지식인들이 산업혁명 이후 자본주의 발전으로 인한 모순을 사회주의보다는 히틀러의 파시즘이 해결해줄 것이라고 생각했다. 이것은 이탈리아의 무솔리니의 경우도 마찬가지였다. 그래서 1930년대에 파시즘이 유럽 전역을 휩쓸 수 있었던 것이다. 히틀러도, 무솔리니도 악이라는 것이 그 당시에는 자명하지 않았던 것이다. 경제를 살리고, 실업률을 낮추고, 잘난 척하는 자유주의자들의 코를 납작하게 해주고, 게르만 민족의 전통을 드높일 수만 있다면, 정치적으로 견해가 다른 사람들을 감옥으로 보내고 처형해도, 유대인을 학살해도, 유럽 전역을 전쟁의 포화로 뒤덮어도 감수할 수밖에 없다고 생각했다. 그런 부수적인 악은 어쩔 수 없다고 생각했던 것이다.

이것은 독일과 유럽만의 이야기가 아니다. 우리나라도 대한제국 시절 한일병합을 하도록 순종에게 청원했던 일진회 회원 수는 100만에 달했다. 설사 이 숫자가 강제와 허위에 의한 것이라 할지라도, 100만이라는 숫자는 당하는 편에서 수동적인 의미에서라도 협조하지 않았다면 불가능한 숫자이다. 또 우리에게는 다 똑같은 친일파이지만, 한일병합의 공을 누가 차지할 것인가를 두고 친일파들은 서로 경쟁했다. 일진회의 송병준과 총리대신 이완용은 서로 한일병합의 공을 차지하려고 경쟁했다. 이 둘은 앙숙이었다. 한일병합을 성사시키고 이들이 다 같이 찍은 사진을 보면 일말의 후회도 망설임도 없고, 하늘을 우러러 한 점 부끄러움도 없는 얼굴들이다. 아마 쓰러져가는 조국을 다시 일으킬 구국의 길이 일본을 통한 근대화와 부국강병의 길 외에 달리 어디 있겠느냐고 자신만만했을 것이다. 이것은 당시 개화파나 지식인들 사이에서 꽤 널리 퍼져 있던 생각이었을 것이다. 사실 이완용은 개화파였고, 독립협회 위원장을 지낸 적도 있었다. 아마도 그는 자신을 매국노라 부르는 것은 천부당만부당하다고 억울해했을 것이다. 비단 이완용만이 아니다. 해방이 되었을 때 친일을 했던 민족 지도자들과 지식인들은 하나같이 이렇게 말했다. "정말로 이렇게 일찍 해방이 될 줄은 몰랐다." 물론 친일파의 문제는 엄정하게 다루어야 하지만, 이런 사정을 보면 그게 그렇게 간단한 문제가 아니라는 것을 알 수 있다. 그때는 다들 그래야 한다고, 그럴 수밖에 없다고, 어쩔 수 없다고 생각했던 측면이 있는 것이다. 그런 분위기 속에서 그들이 그렇게 행동할 수 있었던 것이다.

이렇게 역사를 돌이켜보면, 우리는 우리 시대에 벌어지고 있는 일들이 무엇을 의미하는지 사실은 잘 모른다는 것을 자각하게 된다. 누가 다음 대통령이 되고 어느 정당이 정권을 잡을까 별 생각 없이 떠들어대기도 하고, 산 채로 구덩이에 내던져지는 소와 돼지들을 보면서 끔찍해하고, 복지 논쟁의 귀추가 어떻게 될지 굿이나 보고 떡이나 먹자는 심정으로 바라보기도 하지만, 또 바다 건너 북아프리카 땅에서 피어오르는 민중봉기의 열기에 새삼스럽게 옛 생각이 나기도 하지만, 사실 우리는 우리 주변에서 벌어지고 있는 사건들의 실상을 알지 못한다. 우리는 보기는 보아도 보지 못하고 듣기는 들어도 듣지 못한다. 지금 우리가 보지 못하고 듣지 못하는 것은 무엇일까? 누구나 그 시대의 아이이고, 그러므로 누구도 혼자 해답을 가진 양 자신할 수는 없다. 그래도 이 시대의 현자들이 한 목소리로 하는 말에는 충분히 귀 기울일 만한 가치가 있을 것이다.

2

정치학자 더글러스 러미스Douglas Lummis는 미국인이지만 일본 여자와 결혼하고 오키나와에서 대학교수로 반전평화운동을 하며 반평생을 보냈다. 일흔 살이 넘었지만 젖먹이 어린아이의 아버지이고, 정신적으로도 청년인 그는 지금도 지하철역 앞에서 행인들에게 전단을 나누어준다. 그의 글은 근원적이고 비판적인 관점을 견지하면서도 젠체하는 데가 전혀 없고 쉽고 명쾌하며, 무엇보다 유쾌하다는 미덕이 있다. 이 매력적인 인간이 쓴 건강미 넘치는 책이 『경제성장이 안 되면 우리는 풍요롭지 못할 것인가?』[1]이다(그가 쓴 다른 책의 제목은 『경제성장이 멈췄다. 우리 다 같이 춤을 추자』라고 한다). 이 책에서 러미스는 근대세계를 지배하는 정신을 "타이타닉 현실주의"라고 명명했다. 이때 그가 말하는 "타이타닉 현실주의"란 맹목적인 경제성장주의에 매몰돼서 파국으로 치닫는 근대세계에 대한 비유이다. 그는 거대한 빙산을 향해 무서운 속도로 다가가고 있는 배로 오늘날 세계를 비유했다. 배가 빙산에 부딪힐 것이라는 경고는 귀에 못이 박히도록 들었지만, 오히려 거기에 너무 익숙해져서 사람들은 실감을 못한다. 대신 눈에 보이는 것은 배 안의 현실뿐이

---

1 C. 더글러스 러미스, 『경제성장이 안 되면 우리는 풍요롭지 못할 것인가?』, 김종철·최성현 옮김 (대구: 녹색평론사, 2002).

다. 결국은 침몰할 배 안에서 사람들은 분주하게 일하고, 열심히 먹고 마시고 즐긴다. 배 안의 모든 사람들은 각자 일상사를 가지고 있으며, 그 일을 합리적이고 효율적으로 해 나가는 것을 현실주의라고 한다.

이와 함께 러미스는 또 다른 배의 비유를 드는데 그것은 허먼 멜빌의 소설, 『모비딕』에 나오는 '피쿼드 호'이다. 선장인 에이하브는 일찍이 자기에게 상처를 입힌 흰 고래를 찾아 온 세계를 헤맨다. 이 선장은 자신이 미쳤다는 것을 잘 알고 있고, 일등항해사에게 이렇게 말한다. "내가 사용하고 있는 방법은 정상적이고 합리적이며 논리적이다. 목적만이 광적인 것이다." 에이하브 선장의 이 말은 우리가 살고 있는 시대의 본질을 무섭도록 정확하게 보여준다. 그것은 바로 타이타닉 현실주의이다. "정치가나 경제학자, 비즈니스맨이나 은행가, 경제발전을 추진하려고 하는 온갖 전문가들이 사용하고 있는 방법, 일하는 방식은 그 시스템 속에서는 매우 정상적이며 논리적이고, 현실적이다. 하지만 타이타닉호와 같이, 그리고 에이하브의 배와 마찬가지로 그 목적은 광적인 것이다."[2]

우리는 현대세계가 처한 위험에 대해서 귀에 못이 박히도록 들어왔다. 경제적 세계화와 그로 인한 전 세계적인 양극화, 지구온난화와 기후변화, 테러와 끝없는 폭력의 악순환. 이러한 것들은 우리를 파멸로 몰아넣을 수 있다. 그런데 이러한 현상들 배후에는 항상 GNP, 경제성장에 대한 신화가 깔려 있다. 경제성장이라는 목적을 위해서는 전쟁이나 환경파괴, 온갖 폭력과 비인간적인 행위가 정당화된다. 전쟁도 자연파괴도 바람직한 것은 아니지만, 경제를 위해서는 어쩔 수 없다고 생각한다. 사람들은 개인적인 차원에서라면 도저히 용납하기 어려운 엽기적이고

----

2 같은 책, 18쪽.

폭력적인 일들을 경제성장을 위해서라면 용납한다. 이와 함께 행복에 대한 우리의 생각도 경제적인 풍요와 관련되어 있다. 물질적 풍요가 행복을 보장해준다고, 적어도 행복의 조건이라고 생각한다. 그리고 이를 위해 우리는 다른 모든 것을 용납한다. 경제가 우리 삶의 전 영역을 지배하는 것을 그대로 받아들인다.

그러나 당장 우리 개인의 삶을 놓고 보더라도 조금만 깊이 생각해보면 기막힌 모순이 도처에 깔려 있다. 행복한 삶을 위해서는 물질적으로 안정되어야 하고, 물질적으로 안정된 삶을 누리기 위해서는 취직을 해서 돈을 벌어야 하고, 취직을 잘 하기 위해서는 좋은 대학을 나와야 한다고 누구나 생각하지만, 힘든 경쟁을 뚫고 어렵게 대학에 들어가도 취업의 문은 높기만 하다. 현재 각 대학이 내놓는 취업률이라는 것을 액면 그대로 믿는다 하더라도 거의 비정규직이고, 상급학교 진학자와 정규직·비정규직을 통틀어서 50퍼센트를 겨우 넘는다. 앞으로 이 상황은 더 나빠지면 나빠졌지 좋아지지 않을 것이다. 설사 취업을 한다 해도 평생 직장이라는 개념은 사라진 지 오래다. 퇴직을 하고 나면 인류 역사상 가장 길고 무방비 상태인 노년의 세월이 기다리고 있다. 이 사회가 돌아가고 있는 모습을 보고 있노라면, 꼬부랑 할머니가 꼬부랑 고개 하나를 넘을 때마다 "떡 하나 주면 안 잡아먹지" 해서 가진 떡을 다 털어먹고는 마지막에는 할머니까지 잡아먹는 옛날이야기 속의 호랑이가 생각난다. 사람들은 이번 고개만 넘으면 편안히 쉴 수 있는 집이 다 와간다고 애써 자위하며 매번 지금 여기서의 즐거움을 희생하지만, 기다리고 있는 것은 안락한 집이 아니라 나를 잡아먹으려고 하는 호랑이다.

그래서 우리 시대의 심리적 정서를 표현하는 가장 정확한 말은 두려움이다. 미래에 대한 근원적인 두려움이다. 개인적 차원에서든, 세계적 차원에서든, 또 분명하게 의식을 하든 못하든, 우리 앞에 호랑이가 기다리고 있고, 거대한 빙산이 놓여 있다는 바로 그 사실 때문에 두려운 것이다. 사람들은 두려움 가운데 떨면서도 어쩔 수 없다고 생각하고 있다. 의자를 하나씩 빼면서 낙오자를 만들어가는 우리 시대의 시스템에 대해서 모두들 견디기 힘들어한다. 하지만 나만은 예외겠지 하는 요행심이야말로, 개인으로 하여금 마지막 탈락될 때까지 이 기만적인 시스템에 가담하게 하고, 그럼으로써 이 시스템이 유지될 수 있게 하는 심리학적 동력이다. 모두들 두려워만 할 뿐 그것이 잘못되었고, 어떤 방식으로든 바뀌어야 한다는 생각은 하지 못한다. 다들 '어쩔 수 없다'고 생각한다.

그렇다면 아무리 잘못된 것이라도 어쩔 수 없다는 신화, 경제성장을 수학적 공리처럼 받아들이는 태도를 문제 삼아야 할 것이다. 지금 우리에게 필요한 것은 기술이나 정보가 아니라, 어쩔 수 없다는 신화를 무너뜨리고 삶의 의미와 방향을 세워줄 급진적 상상력일 것이다. 타이타닉 현실주의가 아니라 진정한 현실주의에 입각해서 우리 삶에 대해서 생각해보는 것이다. 행복에 대한 우리의 생각도 거기에 따라 바뀔 것이다. 러미스는 경제성장에 대한 신화가 우리 시대의 타이타닉 현실주의의 핵심에 있다고 말한다. 그렇다면 행복으로 가는 길은 오히려 경제성장이 없으면 안 된다는 착각에서 자유로워질 때 비로소 열릴 것이다.

더글러스 러미스와 쓰지 신이치辻信一의 대담집인 『에콜로지와 평화의 교차점』에서 쓰지 신이치는 미국의 정치인 로버트 케네디의 말을 길게 인용하고 있다. 케네디는 40년 전 당시 차기 대통령으로 유력시되었을 때 이런 말을 했다고 한다. 그는 그때나 지금이나 강력하게 통용되고 있는 GNP 신화를 통렬히 이렇게 비판했다. "미국은 세계 제일의 GNP를 자랑하고 있다. 하지만 그 GNP 중에는 담배나 술이나 약, 이혼이나 교통사고나 범죄나 환경오염이나 환경파괴에 관련된 일체가 포함되어 있다. 전쟁에서 사용되는 네이팜탄도 핵탄두도 경찰의 장갑차도, 소총도, 나이프도, 아이들에게 장난감을 팔기 위해 폭력을 예찬하는 텔레비전 방송도." 이렇게 말한 뒤 케네디는 GNP에 반영되지 않은 것의 예를 나열한다. "아이들의 건강, 교육의 질, 놀이의 즐거움은 GNP에 포함되지 않는다. 시의 아름다움도, 시민의 지혜도, 용기도, 성실함도, 자비로움도 ……" 그리고 그는 이렇게 끝맺는다. "요컨대 이런 말이다. 국가의 부를 측정한다는 GNP에는 우리 삶에서 진정한 가치가 모두 빠져 있다."[3]

이것은 오늘날 많은 양심적인 지식인들이 하는 말이고 그 자체로서 놀랄 것이 없는 말이지만, 되려 놀랍게 생각되는 것은 케네디가 당시 미국 사회의 주류 정치인으로서 그렇게 말했다는 점이다. 어쩌면 그가 암살당한 것도 이런 생각을 했다는 사실과 관련이 있지 않았을까 짐작해 본다. 왜냐하면 그의 이러한 발언 근저에 깔려 있는 생각은 근대국가의 본질과 양립할 수 없기 때문이다. 근대 자본주의 국가의 경제성장은 무엇보다도 GNP 수치의 증가를 통해 눈으로 확인되며, 경제성장에 기반을 둔 소득의 증가에 의해 조세제도가 유지되고, 이를 통한 막대한 세금수입이 근대국가를 떠받치는 주요 기둥 중의 하나이다. 요컨대 강력한 근대국가란 조세제도에 기반을 두고, 조세란 국민의 소득에 의한 것이고, 소득은 경제성장을 통해서 이루어진다. 따라서 그가 국가의 부를 측정하는 기준으로서 GNP에 의문을 제기했을 때, 본인이 의식을 했건 못했건 그것은 경제성장이라는 근대국가의 근간을 흔드는 것이었다. 만일

---

3   C. 더글러스 러미스·쓰지 신이치, 『에콜로지와 평화의 교차점』, 김경인 옮김 (서울: 녹색평론사, 2010), 182쪽.

케네디가 그냥 한번 말해본 것이 아니라 그런 발상을 계속 전개해 나갔다면, 그것은 근대국가로서 미국의 꿈은 될 수 없었을지언정, 보다 나은 사회에 대한 수많은 자유로운 개인들과 공동체들의 상상력을 자극했을 것이다.

케네디의 이 말은 행복에 대해 다른 상상을 하도록 우리를 자극한다. 두려움과 불안이 아니라 삶을 향유하고 기뻐하는 능력을 동력으로 삼아 움직이는 느린 사회의 모습을 우리가 상상할 수 있게 해준다. 진정한 의미의 풍요로움이 넘치는 사회를 만드는 것은 경제성장이라는 성공담보다 훨씬 재미있는 일이며, 우리를 행복에 가깝게 한다. 아마도 그런 사회에서는 사람들이 경쟁보다 공생이 더 기분 좋고 즐거운 일이라고 생각하고, 물질적 풍요보다는 삶을 누리고 즐길 줄 아는 능력을 훨씬 더 높이 평가할 것이다. 미학적 관점도 지금과는 아주 다를 것이다. 콘크리트로 덧입혀놓은 인공적인 직선의 강보다 구불구불 유유히 흐르면서 모래사장을 만들어내는 곡선의 강이 더 아름답다고 생각할 것이다. 그리고 상품과 서비스를 소비하는 것보다 생기발랄함, 인생살이 자체에 재미를 붙이는 것이 훨씬 중요하다고 여길 것이다. 요컨대 오늘날 자본주의 사회의 상품화에 의해 '살처분'당한 만물의 '살아 있음'을 회복하게 될 것이다.

3

경제성장 이데올로기에 이의를 제기한다고 해서 무슨 금욕주의나 음울한 도덕주의를 사람들에게 강요하자는 것이 아니다. 그보다는 풍요로움과 행복, 아름다움에 관한 전혀 다른 감각을 이야기하고 있는 것이다. 행복은 행복에 관한 올바른 관념을 강요한다고 해서 얻어지는 것이 아니라, 들에 핀 백합처럼, 공중을 나는 참새처럼 스스로 기쁨에 겨워서 저절로 넘쳐나는 것이다. 창세기에서 천지만물을 창조한 하느님은 매번 한 가지 창조가 끝날 때마다 "좋구나!"라고 말씀하신다. 성서적 창조신앙의 핵심에 있는 것은 존재 자체의 좋음에 대한 근원적인 긍정이다. 하느님이 만물을 창조하셨으니 이 아니 좋은가! 창세기 창조설화의 기자(記者)는 이렇게 말하고 있는 것이다. 시커먼 구름 사이로 열린 하늘을 보듯이, 창조신앙은 생명의 근원적인 명랑함에 참여하는 신앙이다. 그리고 생에 대한 이러한 근원적인 긍정이 행복의 근원이며, 모든 윤리의 출발점이다.

아이를 키우다 보면 누구나 겪는 일이겠지만, 아이가 크면서 어느 단계에 이르면 자꾸 고자질을 할 때가 있다. 특히 아이가 숙맥이거나 고지식할 경우 그 정도는 더 심하다. 그런데 아이가 이르는 내용을 가만히 들어보면 대부분은 자기도 하고 싶은데 무서워서 못 하는 것을 다른 아이가 했을 때 일러바친다. 내가 자라던 시절 같으면 엄마가 먹지 말라고 꼭꼭 감춰놓은 간식을 동생들 중 하나는 기어이 뒤져서 찾아 먹고, 나는 속으로는 먹고 싶어 껄떡거리는 것을 애써 누르고 참았다가 엄마한테 일러바치는 것으로 착한 아이라는 보상을 받고 싶어 한다. 대부분의 아이들은 이런 식으로 규칙을 배워가며, 이런 식으로 초보적인 윤리의식을 키워간다. 문제는 어른이 되어서도 이걸 윤리라고 생각하는 사람이 적지 않고, 특히 기독교인들 가운데 그렇게 생각하는 사람이 많다는 것이다.

그러나 벌에 대한 두려움과 보상에 대한 기대가 진정한 윤리일 수 없다는 것은 너무나 당연하다. 적대적인 선악의 세계 안에 갇혀서 금지 아니면 의무를 윤리라고 착각하는 사람은 절대 행복할 수 없고, 다른 사람을 불행하게 만든다. 그런 사람들은 자신의 소심함과 무능력을 왜곡된 윤리의식으로 치장하고 심리적으로 보상받고 싶어 한다. 그들은 겉으로는 온화하게 웃지만 속으로는 남을 야단치고 벌주고 복수할 의도로 음험하게 도덕의 거미줄을 쳐놓고 먹잇감이 걸려들기를 기다린다. 교회 안에 소문이 많고 비방이 많은 것도 아마 이런 뿌리 깊은 오해와 관련이 있을 것이다. 이러이러해야 한다는 강박이 없으면 욕하고 비난할 것도 별로 없을 텐데, 온갖 금지와 의무조항으로 중무장하고 게다가 종교적인 신성화로 인해 더 지독하게 교조적이 되다 보니 내가 하고 싶은데 못하는 것을 남이 하면 눈뜨고 못 본다.

예수는 이런 식의 윤리를 모른다. 당시 유대 사회에서 이런 식의 윤리관념에 의해 죄인이라고 낙인찍혔던 사람들을 예수는 친구라고 불렀고, 자신은 죄인의 친구라고 했다. 또 예수는 의인을 부르러 온 것이 아니라 죄인을 부르러 왔다고 했다. 간음한 여인을 돌로 치려는 사람들을 향해서는 누구든 죄 없는 사람이 가장 먼저 돌을 던지라고 했다. 예수는 사람들의 어깨 위에 금지와 의무의 짐을 또 하나 지우려고 한 것이 아니라, 어떻게 사는 것이 행복한 삶인지 몸소 보여주고 가르쳐주었다. 마태복음에 나오는 유명한 복선언은 이렇게 이어진다.

행복하여라, 마음이 가난한 사람들!
하늘나라가 그들의 것이다.
행복하여라, 슬퍼하는 사람들!
그들은 위로를 받을 것이다.

행복하여라, 온유한 사람들!

그들은 땅을 차지할 것이다.

행복하여라, 의로움에 주리고 목마른 사람들!

그들은 흡족해질 것이다.

행복하여라, 자비로운 사람들!

그들은 자비를 입을 것이다.

행복하여라, 마음이 깨끗한 사람들!

그들은 하느님의 자녀라 불릴 것이다.

행복하여라, 의로움 때문에 박해를 받는 사람들!

하늘나라가 그들의 것이다. _ 마태 5:3-10

이 말은 지금 가난한 사람들이 부자가 되고, 슬퍼하는 사람들이 슬퍼하지 않게 되고, 박해받는 사람들이 박해받지 않게 되리라고 약속하는 것이 아니다. 나를 비참한 처지로 몰아넣고 박해하는 사람들을 무찔러 벌주고 복수하게 되리라고 약속하는 것은 더더욱 아니다. 그런 게 아니라 인생이 가난하고 슬프고 까닭 없이 미움 받고 박해받는 것은 내 머리 위에 하늘이 있고 발밑에 땅이 있듯이, 해가 지고 달이 기울듯이 그냥 그런 것이라고 전제하고 있다. 삶은 도대체 말이 안 되는 것들로 가득 차 있고, 기본적으로 슬프고, 또 정의로운 복수 같은 것은 아예 기대도 할 수 없지만, 그래도 하느님이 허락하신 인생은 살 만한 것이며, 그저 감사로 받을 뿐이라고, 부당한 폭력과 알 수 없는 고통 가운데서도 행복은 조용한 분별의 시냇물처럼 흐르고 있다고 말하고 있다. 이 인생의 비밀을 안 사람은 질그릇 속에 보화를 간직한 사람이고, 이 행복의 시냇물 소리를 들을 수 있는 사람은 삶 속에 감사와 기쁨이 넘친다. 그래서 바울은 감옥에서도 늘 기뻐하고 감사할 수 있었다(빌립 4:6). 그런 사람은 다른 사람을 향해 "사랑하고 그리워하는 형제요, 나의 기쁨이며 화관"(빌립 4:1)이라고 말할 수 있다. 타인이 이웃이 되고 친구가 되는 기적이 일어나는 것이다. 그리고 이때는 그 모든 금지와 의무가 사라지고, 대신 사랑의 윤리가 활동하기 시작한다.

4

이것을 비종교적인 언어로 어떻게 근접하게 말할 수 있을까? 행복은 무엇보다도 삶에 대한 미학적 향유에서 우러나오는 것이며, 인간관계의 문제라고 할 수 있을 것이다. 그러므로 한 사회가 이상적인 삶, 보다 나은 삶에 대해 어떠한 감각을 가지고, 어떠한 그림을 그리는가 하는 것은 그 구성원들이 행복한 삶을 영위하는 데 결정적으로 중요하다. 쓰지 신이치는 행복을 중시하는 새로운 사회로 가는 길을 "대항 발전, 줄이는 발전"이라고 말했다. 구체적으로 이것은 에너지 소비를 줄이고, 경제활동에 사용하는 시간을 줄이고, 가격이 붙은 것을 줄인다는 의미라고 한다. 대신 경제 이외의 가치, 경제활동 이외의 인간 활동, 시장과 쇼핑 이외의 모든 즐거움을 늘리고 발전시키는 것을 의미한다. 요컨대 중요한 것은 경제성장이 아니라 인간관계이다. 행복은 물질이 아니라 사람과 사람 사이에서 생겨난다.

이 점에서 우리 사회의 문제는 진보건 보수건 둘 다 이상적인 삶, 보다 나은 삶에 대한 상상력이 늘 물질적 풍요라는 데서 멈춘다는 것이다. 늘 민주주의보다 경제성장이 우선이다. 지금 논의가 분분한 복지사회에 대한 우리 사회의 밑그림 역시 보편적 복지냐 선별적 복지냐, 또는 복지의 재원을 어떻게 마련하느냐는 논의를 넘어서, 더욱 근원적으로 행복에 대한 우리 사회의 암묵적 이해를 한 단계 높이는 데까지 진전되어야 하며, 그것은 정치적 언어로 말하자면 결국 민주주의의 문제를 함축할 수밖에 없을 것이다. 보편적 복지건 선별적 복지건 상당한 수준의 복지 제도를 유지하려면 지속적인 경제성장이 이루어져야 하지만, 오늘날 지속적인 경제성장은 가능하지도 않으며, 경제성장이야말로 물질적 풍요를 위해 끝없이 지금 현재의 삶을 희생시키도록 강요한다는 사실을 우리는 깨달아가고 있다. 복지제도에 대한 논의와 관련해서 이러한 근본적 한계를 인식하는 것은 중요하다. 그러한 한계 안에서 복지 시스템은 만병통치약이 아니라 끔찍한 사회적 양극화와 빈곤 문제를 완화하기 위한 완충제로서 겸손하게 제 기능을 할 수 있을 것이다. 인간 삶의 구석구석까지 시스템을 통해 해결하려는 사회보다는 개인의 자발성이 최대한 발휘될 수 있는 사회가 행복한 사회일 것이다. 더도 말고 덜도 말고 각자 자기가 가진 보리떡 다섯 덩어리와 물고기 두 마리를 기꺼이 나누면서 행복해할 수 있는 사회가 행복한 사회일 것이다.

쓰지 신이치의 말대로 사실 가난이 왜 고통스러운가 하면 물질적 궁핍 그 자체 때문이라기보다는, 가난하기 때문에 싫은 사람에게 의지하지 않으면 안 되고, 가난하기 때문에 관리나 억압에 저항하지 못하고 착취당하기 때문이다. 상사가 아무리 보기 싫어도 이를 악물고 일해야 하고, 경멸당하고 무시당해야 하니까 그것이 고통스러운 것이다. 가난 자체의 문제가 아니라 인간관계의 문제인 것이다. 가난 때문에 자신의 위엄이 상처 받는 것이 고통스러운 것이다. 반면 행복이란 상호의존, 즉 다른 사람 덕분에 사는 것이다. 사람과 사물과 일들이 모여서 내가 지금 여기 이렇게 있을 수 있도록 지지해주고 있다는 느낌. 그런 인연들에 대해서 감사하는 마음이 행복이라는 말에 담겨 있다. 기독교적으로 말하면 은혜라는 것이다. 각자 많이 벌어서 많이 사고 많이 소비하는 것을 목적으로 하는 것이 아니라, 땀 흘리며 몸을 움직여서 내가 다른 사람의 삶을 지지해주고 또 나 역시 다른 사람으로부터 지지받고 있다는 느낌. 이것이야말로 우리 삶의 든든한 안전망이고 우리를 행복하게 해주는 것이다. 그러므로 타이타닉 현실주의와 경제성장 지상주의를 넘어서자고 할 때 그것은 무슨 금욕주의를 말하는 것이 아니라 좀 더 풍요로운 사회, 참다운 의미에서의 행복을 추구하자는 말일 것이다.

물질적 풍요를 최우선시하고 타이타닉 현실주의가 판치는 세상에서 물질적 가난은 불행이다. 경제성장을 최우선시하는 사회에서 물질적 가난은 고립과 굴종, 인간관계의 파탄을 가져온다. 그래서 불행의 원인이 된다. 그러나 진정한 행복을 추구하는 사회, 재미를 추구하는 사회에서 가난은 우정의 기초이다. 가난은 다른 사람을 필요로 하게 만든다. 물질적 가난은 내가 다른 사람에게 의지해서만, 다른 누군가의 덕분으로만 살아갈 수 있다는 사실을 깨닫게 해준다. 내가 살아 있는 것은 누군가의 덕분이다. 누군가의 은혜 때문이다. 그 누군가는 가깝고 먼 친구들일 것이다. 은혜란 이렇게 인간이 관계적 존재라는 것의 한 표현이다. 인간은 결코 단독자로는 존재할 수 없는데, 마치 단독자로 존재할 수 있는 것처럼 가정하고 원자화된 인간들이 싸우게 만드는 것이 경제성장주의 사회라면, 인간을 관계적으로 이해할 때 공생의 논리와 철학이 나온다. 그렇기 때문에 물질적 풍요가 아니라 진정한 행복을 추구하는 사회는 경쟁이 아니라 서로 덕분에 사는 사회, 우정과 환대의 공동체를 만든다.

동서양의 오래된 전통에서는 모두 덕이 도달할 수 있는 최고의 정점을 우정이라고 보았다. 아리스토텔레스는 우정을 이성에 따라 적극적으로 살아갈 때 얻어지는 행복이라고 했다. 행복에 필수적인 요소가 우정이라는 것이다. 그리고 그는 세 가지 우정을 이야기했다. 첫째가 쾌락에 바탕을 둔 우정이고, 둘째가 유용성에 바탕을 둔 우정, 셋째가 덕에 바탕을 둔 우정이다. 그는 이 세 번째, 덕에 바탕을 둔 우정만이 가치 있고 지속가능한 우정이라고 했다. 덕 있는 행동을 기꺼이, 자발적으로 할 뜻이 있는 사람들의 우정이 최고의 우정이라고 했다. 여기서 덕은 좋은 일을 행할 수 있는 습관적인 성향을 말한다. 그리고 이 덕은 공동체에 의해서 함양된다. 지속가능한 우정 없이 인간은 참다운 행복에 이를 수 없다.

기술이든, 물질적 풍요든 그것은 인간에게 어느 정도 필요한 것이다. 그러나 문제는 이반 일리치Ivan Illich의 말대로 기술이든 풍요든 어느 한계를 넘어가면 인간을 억압한다는 것이다. 우리를 편리하게 하기 위한 기술이 어느 수준을 넘어서면 우리를 더욱 불편하게 한다. 지금 우리가 누리고 있는 부의 수준이 그렇다. 한계를 넘어선 풍요, 한계를 넘어선 기술, 테크놀로지(Technology)는 아트 오브 리빙(Art of Living), 즉 '삶의 기술'을 축소시킨다. 우정은 인간 삶에서 가장 중요한 art of living일 것이다. 그러므로 넘치는 풍요 때문에 우정을 잃어버린 우리에게 진정으로 필요한 것은 검소함일 것이다. 그래서 아리스토텔레스와 아퀴나스에게는 가난과 검소가 우정의 기초였던 것이다. 『신학대전』에서 아퀴나스는 가난은 즐거운 것, joyfulness라고 했다. 공생공락, 함께 살고 함께 기뻐하는 삶, 우정의 토대는 가난이다.

예수는 자신이 살아가던 1세기 유대 사회의 수많은 고정관념을 뒤집어엎었지만, 그중에서도 가장 통쾌한 것은 "가난한 자는 행복하다"고 말한 것이다. 누가복음에서 예수는 "가난한 자는 행복하다. 장차 부자가 될 것이니까"라고 말하지 않았다. 예수는 가난한 자는 가난하기 때문에 행복하다고 말한 것이다. 어째서 그런가? 아마 행간의 여백을 채워 넣는다면 이런 말일 것이다. 가난한 자는 행복하다. "가난한 자에게는 사랑하는 친구가 있으니까."

들에 핀 백합꽃을 보라?

1

집에 고양이가 새끼를 낳았다. 일곱 마리나 낳았다. 작년 겨울 몹시 추워지기 전에 딸아이가 길에서 주워온 고양이다. 전에도 딸아이가 길고양이를 집에 데려온 적이 있지만, 길고양이는 고생스러워도 길에서 사는 게 제 생리라 얼마 안 가 도로 나가곤 했다. 그런데 이 고양이는 누군가 집에서 기르다 이민을 가면서 버리고 간 원래 집고양이였다. 동네 남자 중학생 아이들이 돌아가며 먹이를 주어 몇 주 동안 길에서 살았다고 했다. 6개월 정도 되었다는데 작고 어린 고양이였고, '나무'라는 별난 이름도 있었다. 도도하면서도 애교가 많은 고양이였다. 이 고양이가 들어온 지 한 달 만에 암내를 피워 별수 없이 내보냈고, 내보낸 지 며칠 만에 제 발로 돌아와서 두 달 만에 새끼를 낳은 것이다. 지난봄 돼지들의 울음소리가 하늘에 사무칠 때 나는 이 여우 같은 고양이들에게 홀려서 열두 고개를 넘었다. 그리고 고양이가 새끼를 낳은 다음날 일본에서 지진이 일어났다는 소식이 들려왔다.

눈도 못 뜨고 똥무더기처럼 차곡차곡 엎어져서 먹고 자고 하던 새끼 고양이들은 한 달 좀 지나자 거의 두 배 이상으로 몸이 불어나고, 바들 바들 떨던 다리에도 힘이 붙어 온 집안을 손오공처럼 날아다닌다. 고양 이 노는 걸 보고 앉았노라면 커다란 쥐 같다는 생각이 든다. 작은 머리 에 뾰족한 귀, 금방이라도 달아날 듯 겁먹은 채 웅크리고 앉은 자세, 긴 꼬리까지 영락없는 쥐다. 게다가 일곱 마리 새끼 고양이가 방 이쪽 끝에 서 저쪽 끝까지 줄달음치며 내는 소리는 아주 익숙한 소리 하나를 내 기 억 속에서 끄집어낸다. 그것은 어릴 적 잠들려 할 때마다 듣던 소리이 다. 처음엔 바스락대다 이내 거침없이 들려오던 소리, 그것은 오래된 우 리 집 천장 속을 쥐들이 헤집고 다니며 내던 소리다. 그 소리는 시끌벅 적하면서도 듣고 있노라면 이상하게 마음이 편안해지고 고요해져서 금 세 잠이 들었다. 그것은 아무런 악의도, 거짓도 없는 소리이고, 수천수 만 년을 이어온 쥐와 고양이와 인간의 삶 그 자체였다.

앉아 있으면 새끼들은 내가 무슨 산인 줄 아는지 대여섯 마리가 동시 에 등산하듯 내 몸을 타고 올라온다. 고양이와 함께 있을 때는 내가 고 양이를 데리고 노는 것인지, 고양이가 나를 데리고 노는 것인지 잘 모르 겠다. 아마 내가 고양이들이 하는 말을 반쯤은 알아듣지 않을까? 그리 고 고양이들도 대충 내 말을 반쯤은 알아듣는 것 같다. 이 정도면 고양 이와 나는 대등하지 않은가? 그것도 아주 본질적인 부분에서 말이다. 450여 년 전『몽테뉴 수상록』을 쓴 미셸 드 몽테뉴는 동물은 지상에서 가장 행복한 피조물이고, 그들에게는 과장하는 법이 없다고 했다. 그들 은 그저 필요한 행동을 할 뿐이다. 그러므로 만일 동물에게서 배운다면, 사람은 조용한 삶을 살아야 하고 지나친 걱정 속에 살아서는 안 된다고 했다. 그리고 두려움과 병, 죽음을 받아들여야 한다. 슬픔과 괴로움을 겪을 줄 알아야 하고, 무엇보다도 인간으로서의 운명을 받아들여야 한다. 운명은 인간성의 일부이기 때문이다.

몽테뉴는 페스트가 유행하던 당시 자기 집에서 일하던 직공 하나가 죽어가며 제 손과 발로 제 몸에 흙을 끌어다 덮었다는 이야기를 하면서 "이것은 좀 더 편하게 자려고 몸을 덮는 것이 아니던가?", 그것은 "본성에 따른 고매한 기도"라고 감탄했었다. 예전에 그 글을 읽었을 때는 충격적인 장면 때문에 방해가 돼서 이해가 잘 안 되었는데, 지금은 그게 무슨 말인지 이해가 간다. 우리는 인간 삶의 가장 크고도 본질적인 부분, 즉 "어떻게 살고 어떻게 죽어야 하는지, 어떻게 아이를 사랑하고 키워야 하는지" 우리 자신에게 가장 유용하고도 중요한 가르침을 동물에게서, 그리고 인간성의 가장 동물적인 부분에서 배워야 한다는 것이다. 그래서 페스트로 죽어가던 그 직공이 숨이 끊어져가는 자기 몸 위에 한 마리의 짐승처럼 제 손과 발로 흙을 덮었을 때, 그는 끔찍하고 비참하게 죽어간 것이 아니라 모든 인위적인 것을 덜어낸 삶과 죽음의 적나라한 실상에 가장 충실한 행동을 한 것이다. 자기 운명에 복종한 것이다.

2

전쟁이나 전염병, 자연재해 같은 대재앙은 인간이 평소 안전하다고 생각했던 것들, 가령 국가나 제도, 기술, 도덕 같은 것들이 얼마나 무능하며 허약한 토대 위에 서 있는지 드러내준다. 대재앙에 의해 모든 것이 무너지고 균열이 갔을 때는 우리가 쌓아두고 계획한 것들이 대부분 무의미하고 불가능해진다. 헛된 안전감이 무너지고, 인간 조건의 허무함을 인정할 수밖에 없게 된다. 대신 평상시 우리가 당연하다고 여겼거나 잊고 있던 것들, 삶의 가장 긴요하고 필수적인 부분들이 남는다. 대개 그런 것들이야말로 인간과 대자연, 우주 전체를 지탱해온 가장 원초적이고도 심원한 힘들과 연결되어 있다. 아마도 그것은 살아 있으려는 욕구, 의미를 향한 욕구라고 할 수 있을 것이다. 동서양을 막론하고 예민한 종교적 천재들은 문명의 종말, 대파괴를 중력의 법칙처럼 자명하게 느꼈다. 자연철학자들이나 스토아 철학자들이, 또 인도종교에서 말했던 대폭발, 대화재 같은 것이 그런 사건이라고 할 수 있을 것이다. 만일 그들의 예언대로 대파국이 일어나고, 그 후 '남은 자들'이 있어서 다시 시작한다고 한다면, 아마 그러한 원초적이고 심원한 힘들을 끌어 모아서 다시 시작해야 할 것이다. 마치 16세기 유럽의 한 직공이 죽어가는 자기 몸 위에 덮을 흙을 제 손과 발로 끌어 모았듯이 말이다.

고대의 종교사상들은 바로 이러한 원초적이고 심원한 힘에 대한 감각에 기초해 있다. 도시와 문명의 힘이 점점 더 강력하게 느껴질 무렵 형성된 고대종교들은 그러한 인간의 힘과 기술, 지식을 한순간에 무너뜨릴 수 있는 더 큰 힘에 대한 감각을 잃지 않았다. 구약성서 창세기에서 이것은 문명의 근원적인 폭력성과 이에 대한 하느님의 징벌로 나타난다. 가령 창세기 1~11장에서는 새로운 도시와 초기 문명의 건설을 낙관적이고 희망에 찬 이야기로 전하는 것이 아니라, 최초의 형제살해로부터 시작해서 가인의 후손 라멕의 뻔뻔스럽고 공공연한 살인 행위, 홍수와 바벨탑에 이르기까지 어둡고 음울한 이야기로 전하고 있다. 이것은 도시화와 문명화의 진행을 공포스럽게 받아들였던 사람들의 내면적인 경험이 신화적으로 표현된 것이라고 할 수 있다.

창세기 4장에서 농사꾼 가인은 양치는 아벨을 죽인다. 오랜 유목민 전통을 가지고 있던 이스라엘은 근동의 다른 제국들에 비해 비교적 늦게 정착농경문명 시대로 들어갔다. 양치는 목동 아벨과 농사꾼 가인은 이스라엘과 주변의 정착민을 상징할 수도 있지만, 그보다는 고대에 일어난 일반적인 한 현상, 문명화와 도시화 현상에 대한 사람들의 경험을 그리고 있는 것일 수 있다. 즉 문명화, 도시화란 문명화되지 않은 야성의 세계를 적으로 삼고, 야인(野人)들을 죽이거나 동화시키는 과정이었다는 것이다. 들의 사람 아벨을 죽이고 추방당한 가인은 에덴의 동쪽으로 가서 "도시를 세우고 그 도시를 자기 아들의 이름을 따서 에녹이라고 하였다"(창세 4:17). 이 가인의 후손들은 대를 거듭하여 문명을 건설한다. 라멕의 아들 야발은 장막을 치고 살면서 집짐승을 치는 사람의 조상이 되고, 그의 아우 유발은 수금을 타고 퉁소를 부는 모든 사람의 조상이 된다. 라멕의 또 다른 아들 두발가인은 구리나 쇠를 가지고 온갖 기구를 만드는 사람이었다. 이렇게 일가를 이루어 기술과 문화를 이룩한 라멕은 이런 노래를 부른다. "라멕의 아내들은 내가 말할 때에 귀를 기울여라./ 나에게 상처를 입힌 남자를 내가 죽였다./ 나를 상하게 한 젊은 남자를 내가 죽였다./ 가인을 해친 벌이 일곱 갑절이면/ 라멕을 해치는 벌은 일흔일곱 갑절이다"(창세 4:23-24). 이 '라멕의 노래'는 아주 초기부터 문명에 내장되어 있던 폭력성을 노골적으로 드러낸다. 도시를 세우고 문명을 건설하는 과정은 이미 있던 것을 파괴하는 과정이기도 했다. 가난하든 부자든 부지런히 제 몸을 놀려서 위장을 채우고 자식을 낳아 기르고 땅과 후손을 주신 하느님을 경외했던 사람들. 그 수많은 필부필부(匹夫匹婦)들의 삶을 파괴하는 과정이었던 것이다. 도시와 문명을 이룩했던 가인과 그 후손들은 창세기에서 살인자들로 그려졌다. 그들이 굴리는 문명의 수레바퀴는 앞에 걸리적거리는 것들을 무자비하게 해치운다.

도시화와 문명에 대한 성서 기자의 부정적인 태도는 바벨탑 이야기에서 결정적으로 드러난다. 이 이야기에서도 사람들은 "자, 도시를 세우고, 그 안에 탑을 쌓고서 꼭대기가 하늘에 닿게 하여, 우리의 이름을 알리고 온 땅 위에 흩어지지 않게 하자"(창세 11:4)라고 말한다. 지식이 쌓이고 기술이 발전해서 그들은 돌 대신에 벽돌을 쓰고, 흙 대신에 역청을 썼다고 한다(창세 11:3). 이것을 본 하느님은 "자, 우리가 내려가서 그들이 거기에서 하는 말을 뒤섞어서 그들이 서로 알아듣지 못하게 하자"(창세 11:7)라고 말한다. 벌로 그들을 흩어버린 것이다. 창세기 1~11장은 전체적으로 도시와 문명의 발전에 대한 이야기와 그것이 무너지는 이야기, 하느님이 그 무너진 폐허 위에서 다시 시작하는 이야기로 진행되고 있다. 이 이야기들 속에서 하느님은 살해자 가인이 아니라 살해당한 아벨의 편을 들고, "하느님의 아들들과 사람의 딸들의 결합에 의해" 네피림, 즉 전사(戰士)들이 생겨나자 홍수를 일으켜 세상을 멸하려고 한다. 그리고 결정적으로는 가인의 후예가 아니라 아담과 이브가 다시 낳은 셋째 아들 셋의 후손을 통해, 즉 아브라함을 통해 구원의 역사를 시작한다(창세 12장).

이 이야기들은 도시와 문명 세계의 근원적인 폭력성, 허무함에 대한 인식이 이스라엘의 자의식 속에 강력하게 살아 있었다는 것을 말해주며, 나아가서 문명의 높은 담장 아래 도시와 문명 세계 자체를 떠받치는, 더욱 강력한 살아 있는 세계가 존재한다는 것을 그들이 의식하고 있었음을 확인해준다. 그리고 초기 이스라엘 종교의 근간이 되는 경험 속에서 이스라엘이 하느님을 문명의 건설에 박차를 가하는, 도시와 국가의 신이 아니라, 바로 그러한 더욱 근원적이고 심원하며 강력한 생명의 힘과 결부된 분으로 경험했음을 말해준다. 그들의 하느님은 화려하게 번쩍이는 물건이나 세련된 문화가 아니라 가장 기본적인 것을 약속한다. 홍수가 끝난 뒤 야훼는 노아에게 이렇게 약속한다.

> 땅이 있는 한 뿌리는 때와 거두는 때, 추위와 더위, 여름과 겨울, 낮과 밤
> 이 그치지 아니할 것이다. _ 창세 8:22

말하자면 문명세계를 떠받치는 더 크고 강력한 자연세계의 지속성을 약속하고 있는 것이다. 이어지는 창세기 12~50장, 즉 족장사(族長史)에서 "아브라함과 이삭과 야곱의 하느님"은 땅과 후손을 약속하며, 이 약속 역시 동일한 맥락에 있다.

하늘과 바람과 흙과 물. 이런 것들은 인간과 인간이 서식하고 있는 이 세계의 지속성을 위한 가장 기본적인 토대이며, 하느님은 그런 것들을 약속하고 있는 것이다. 그리고 이런 가장 기본적인 것들의 긴요함을 절박하게 느끼는 사람들은 국가와 제도, 문화를 건설한다고 요란을 떨며 계획하고 동원하는 사람들이 아니라 땅위를 기듯이 딱 붙어서 살아가는 사람들, '땅의 사람들(암 하레츠)'이다. 하느님은 이들 농부들과 어부들, 양치는 목동들에게 땅위에서의 삶을 가능하게 하는 분이다. "땅과 그 안에 있는 모든 것이 하느님의 것이요 세계와 그 안에 사는 모든 생명체도 다 하느님의 것이다"(시편 24:1). 이런 말씀을 뼛속 깊이 절절하게 느꼈던 사람들은 아마도 땅을 빼앗기고 자신이 경작하던 땅에서 자라던 식물들이 갈아엎어지고 끔찍하게 버려지는 모습을 눈앞에 본 사람들이었을 것이다. '땅과 바다와 하늘과 그 안에 있는 모든 것들은 너희 정복자, 건설자들의 것이 아니다. 하느님이 우리에게 주신 선물이다.' 이런 뜻이었을 것이다.

이처럼 인간이 만들어놓은 화려하고 인위적인 세계에 속지 않고 더 오래되고 확고한 살아 있는 삶의 세계를 긍정하고, 그 배후에서 하느님의 손길을 확인하고, 그에게 복종하는 태도가 바로 창조신앙이다. 모든 피조물은 다른 피조물들과 자연, 하느님에게 의존해서 살아간다. 성서는 이러한 피조세계에 대한 독특하고 생기 넘치는 찬사로 가득 차 있다. 피조세계 안에서는 서로의 필요가 서로를 돌보게 한다. 시편에서는 생명세계를 먹이고 지탱하는 존재로 창조주 하느님을 찬양한다.

계곡마다 샘물을 터뜨리시어
산과 산 사이로 흐르게 하시니
들짐승들이 모두 마시고
목마른 나귀들도 목을 축입니다.
하늘의 새들이 그 가까운 곳에 깃들이고
나뭇가지 사이에서 지저귑니다.

야훼의 나무들은 배부르게 마시니,
손수 심으신 레바논의 송백은
새들이 거기 깃들이고
그 꼭대기엔 황새가 집을 짓사옵니다.
높은 산은 산양들의 차지,
바위틈은 오소리의 피신처.

야훼여, 손수 만드신 것이 참으로 많사오나

어느 것 하나 오묘하지 않은 것이 없고

땅은 온통 당신 것으로 풍요합니다. _ 시편 104:10-12, 16-18, 24

성서에는 피조세계의 아름다움에 대한 이런 찬사가 넘쳐난다. "바다에서 우글거리는 물고기와 물짐승들"뿐 아니라, "땅 위 하늘 아래 날아다니는" 많은 새들(창세 1:20, 21)과 다른 모든 동물들을 하느님이 창조하셨다. 성서의 창조 이야기에서 하느님은 생명을 얻은 많은 피조물들에게서 큰 기쁨을 느낀다. 하느님이 보시기에 그것은 "좋았다"(창세 1:12). 피조물들은 역동적인 우주의 드라마에서 각기 제 역할을 한다. 각 피조물은 전체의 긴밀한 부분이다. 나아가서 성서의 창조 이야기는 다른 피조물들에 대한 인간의 의존성을 명확히 하면서 동시에 피조세계 전체의 지속과 번영이 인간에게 달려 있다고 한다. 창세기 1장 27절은 인간이 하느님의 모습대로 창조되었다고 하고, 1장 28~29절은 창조세계에 대한 인간의 지배를 선언한다. "하느님께서는 그들에게 복을 내려 주시며 말씀하셨다. '자식을 낳고 번성하여 온 땅에 퍼져서 땅을 정복하여라. 바다의 고기와 공중의 새와 땅 위를 돌아다니는 모든 짐승을 부려라.' 하느님께서 다시 말씀하셨다. '이제 내가 너희에게 온 땅 위에서 낟알을 내는 풀과 씨가 든 과일나무를 준다. 너희는 이것을 양식으로 삼아라.'" 즉, 피조세계에 대한 인간의 의존성과 피조세계 안에서 인간의 중심성을 다 말한다. 이 점에서 성서는 이상적이거나 이론적인 문서가 아니라 대단히 현실적인 문서이다. 인간은 "하느님의 모습대로" 창조되었으니 피조세계 안에서 하느님이 했던 것처럼 행동해야 한다.

창조자가 피조물들에게 첫 번째 한 말은 축복과 격려의 말이다. "새끼를 많이 낳아 바닷물 속에 가득히 번성하여라. 새도 땅 위에 번성하여라"(창세 1:22). 하느님은 창조하고 피조물은 그들 나름의 방식으로 응답한다. 모든 피조물들, 식물, 동물, 그리고 인간들에 대한 하느님의 관계는 매우 밀접해진다. 욥기는 피조물에 대한 하느님의 사랑과 돌봄을 인간의 지혜로는 헤아릴 수 없다고 말한다.

네가 사자에게 먹이를 잡아줄 수 있느냐? 굴속에 웅크리고 떨기 속에 숨어 노리고 있는 허기진 새끼 사자들의 배를 채워줄 수 있느냐? 새끼들이 먹이가 없어 허둥대며 하느님께 아우성칠 때에, 누가 까마귀에게 먹이를 장만해 주느냐? 산양이 언제 새끼를 낳는지 너는 아느냐? 사슴이 새끼를 낳는 것을 지켜본 일이 있느냐? 몇 달이나 뱃속에 새끼를 넣고 다니더냐? 그리고 얼마 만에 분만하더냐? 그것들은 몸을 구푸려 새끼를 낳아 광야에 그 짐을 쏟아놓는다. 그 새끼들이 팔팔하게 자라면 버려 둔 채 떠나가서 돌아오지도 않는다. 그 누가 들나귀들을 풀어놓아 그것들을 자유롭게 하여 주었느냐? 들나귀들을 광야에 깃들이게 하며 소금기 먹은 땅에서 살게 한 것은 바로 나다. 인가에서 이는 소란쯤은 콧방귀로 날리는 들나귀들을 야단치며 몰아갈 사람이 어디 있느냐? 그것들은 먹이를 찾아 이 산 저산 기웃거리며 풀이란 풀은 모두 마음껏 뜯는다. _ 욥기 38:39-39:8

구약성서의 저자들은 자연세계 안에서 적자생존, 약육강식의 원리를 본 것이 아니라 사자와 까마귀를 먹이고, 새끼 사슴의 탄생을 돕고, 광야에서 살도록 들나귀를 풀어주는 하느님의 손길을 보았다. 인간 역시 그렇게 해야 한다. 인간의 선만이 아니라 피조세계 전체를 고려해야 하고, 인간의 선 자체가 거기에 달려 있다. 이러한 의미에서 창조신앙은 나와 이웃, 우주만물을 모두 포괄하는 전체의 관점에서 인간과 세계와 우주를 보는 신앙이며, 그 전체의 힘을 인격적으로 경험하고 그 인격적인 존재에게 자신을 맡기는 태도이다. 따라서 창조신앙은 모든 것을 포괄하는 전체에 대한 신앙이며, 모든 인위적인 것, 껍데기를 벗어버린 가장 근원적이고 자연스러운 차원에서의 삶에 대한 긍정이다. 주어진 인간 조건에 대한 근원적인 긍정이다. 이것은 이성으로 파악할 수 없는 것이지만 동시에 합리적인 의심의 대상이 될 수도 없다. 하물며 도전할 수도 없다. "옹기그릇이 어떻게 옹기장이와 말다툼하겠는가?"(이사 45:9) 인간은 이 '전체' 앞에서, 하느님 앞에서 아무것도 아니다. 예언자 이사야는 이렇게 말한다.

> 모든 인생은 한낱 풀포기, 그 영화는 들에 핀 꽃과 같다! 풀은 시들고 꽃은 진다, 스쳐 가는 야훼의 입김에. 백성이란 실로 풀과 같은 존재이다. 풀은 시들고 꽃은 지지만 우리 하느님의 말씀은 영원히 서 있으리라.
> _ 이사 40:6-8

이러한 창조신앙에 입각해서 보면 이론적인 무신론은 있을 수가 없고, 단지 현실세계에서 고난의 경험 때문에 신을 향해 제기되는 실천적인 물음이 있을 뿐이다. 어째서 의인은 고난을 당하고 악인은 승승장구하는가? 하느님이 살아 계시다면 어떻게 이런 끔찍한 일이 일어날 수 있는가? 이에 대한 성서의 답변은 잘될 테니 염려하지 말라는 것이다. 가령 욥의 고난에 대한 구약성서의 답변은 결국은 악인은 몰락하고 의인은 잘될 것이니 조용히 견디라는 것이다. 그날의 괴로움을 그날 겪으라는 것이다. 욥은 고난의 의미에 대한 자신의 물음을 두고 하느님으로부터 답변을 얻지 못한다. 그가 들은 답은 인간으로서 그는 그런 물음을 제기할 수 없고 오히려 하느님 앞에 굴복해야 한다는 것이다. 자신을 향해 대드는 욥을 향해 하느님은 이렇게 말씀한다.

내가 땅의 기초를 놓을 때 너는 어디에 있었느냐? 그렇게 세상물정을 잘 알거든 말해 보아라. 누가 이 땅을 설계했느냐? 그 누가 줄을 치고 금을 그었느냐? 어디에 땅을 받치는 기둥이 박혀 있느냐? 그 누가 세상의 주춧돌을 놓았느냐? ⋯⋯ 전능하신 이와 변론하는 자야, 어찌 물러서려느냐? 하느님을 비난하는 자야, 대답하여라 ⋯⋯ 네가 나의 판결을 뒤엎을 셈이냐? 너의 무죄함을 내세워 나를 죄인으로 몰 작정이냐? 네 팔이 하느님의 팔만큼 힘이 있단 말이냐? 너의 목소리가 천둥소리와 같단 말이냐?
_ 욥기 38:4-5; 40:2, 8-9

하느님의 이 호통에 욥은 머리를 숙이고 잠잠해진다.

아, 제 입이 너무 가벼웠습니다. 무슨 할 말이 더 있겠사옵니까? 손으로 입을 막을 도리밖에 없사옵니다. _ 욥기 40:4

요컨대 하느님의 전능과 무한한 지혜 앞에서 인간은 침묵할 수밖에 없다는 것이다. 하느님은 하느님이고 인간은 인간이다. 그러니 인간으로서 할 수 있는 일은 오로지 자신의 삶을 받아들이는 것이다.

결국 구약성서의 창조신앙에 따르면 자연과 역사는 인간이 멋대로 좌지우지할 수 있는 것이 아니라, 더 큰 전체와의 관련성 안에서 움직이며, 하느님의 배려로 돌봄을 받는다. 인간은 하느님 앞에 서면 아무것도 아니다. 구약성서는 이러한 인식을 결코 포기하지 않으며, 잊지 않는다. 인간은 전체의 일부이고, 하느님은 그 전체를 포괄하고 배려하는 더 근원적인 존재이며, 하느님 앞에서 인간은 침묵할 수밖에 없는 작은 존재라는 것이다. 오직 하느님의 계획과 뜻에 감사하고 복종할 뿐이다.

4

이처럼 인간을 피조세계 전체의 일부로 인식하고 세계를 창조자 하느님의 축복으로 받아들임으로써 인간적 삶의 의미와 존엄성을 깊이 이해하는 창조신앙은 대지에 발 딛고 살아간 사람들의 삶의 지혜였다. 이것은 구약성서만이 아니라 초대 기독교에도 이어졌다. 예수의 선포의 핵심은 하느님나라에 대한 선포이고, 하느님나라의 내용은 이러한 창조신앙의 정신이다. 예수가 선포한 나라는 이 세상의 모든 동물, 식물, 인간의 생명을 포괄했다. 이것은 특히 삶에 깊은 교훈을 주는 그의 이야기들, 공중의 새들과 들꽃들과 밀알에 관한 이야기들에 나타난다. 또한 예수는 피조세계를 지탱하는 하느님께 의지하지 않고 권력과 부를 쌓아두는 것을 비판했다. 예수는 어리석은 농부의 예를 들었다. 어느 부자가 밭에서 많은 소출을 거두고 "내 소출을 모아들일 데가 없으니 어떻게 할까?" 하고 궁리한다. 그러다가 말한다. "이렇게 해야지. 내 곳간들을 헐어버리고 더 큰 것을 지어 거기에다 나의 밀과 재물을 다 모아두어야지. 그러고서 내 영혼에게 이렇게 말하리라. 영혼아, 너는 여러 해 동안 사용할 많은 재물을 쌓아두었으니 쉬고 먹고 마시고 즐겨라." 그러나 하느님께서는 그에게 "어리석은 자야, 이 밤에 너에게서 네 영혼을 되찾아 가리라. 그러면 네가 마련해둔 것이 누구의 차지가 되었느냐?"(누가 12:16-20) 하고 말씀하신다.

생명을 주기도 하고 빼앗기도 하는 하느님의 능력은 부를 쌓아둠으로써 삶의 안전을 확보하려는 부자의 노력을 수포로 돌아가게 만든다. 그러니 땅의 소출에 대해 감사하고 하느님과 적절한 관계를 갖는 일이 새 창고를 짓는 일보다 훨씬 중요하다. 인간들의 사는 방식이 어리석다는 것을 다시 강조하기 위해서 예수는 들꽃을 가리킨다. "목숨을 위해 …… 걱정하지 마시오.…… 백합꽃들이 어떻게 자라는지 살펴보시오. 그것은 수고하지도 않고 물레질하지도 않습니다. 그러나 …… 그 온갖 영화를 누린 솔로몬도 그것들 하나만큼 차려 입지 못했습니다"(누가 12:22, 27). 또 "참새 다섯 마리가 두 아스에 팔리지 않습니까? 그런데 그중에 한 마리도 하느님께서는 잊지 않고 계십니다"(누가 12:6)라는 말은, 인간이 인위적으로 부여하는 단일화된 화폐가치를 능가하는 구체적인 한 생명의 가치를 말하고 있다. 또한 바울은 "하느님의 어리석음이 사람의 지혜보다 더 지혜롭고 하느님의 약함이 사람의 강함보다 더 강합니다"(1 고린 1:25)라고 말했다. 이때 하느님은 보다 큰 전체와의 관계에서 사물을 이해하고 행동할 수 있게 해주는 근거가 되는 분이다. 이러한 것들은 모두 더 크고 근원적인 살아 있는 세계에 근거해서 살아가도록 우리에게 요구하고 있다. 대지에 뿌리박은 건강한 삶을 살라고 촉구하고 있다.

그러나 오늘날 우리는 이러한 전통적인 가르침과는 정반대의 길을 가고 있다. 일본 도호쿠 대지진 이후 새삼스럽게 드러나고 있는 원자력 발전의 실상은 우리의 궁극적인 무능력을 보여준다. 다카기 진자부로高

木仁三郎의 쉽고도 명쾌한 책『원자력신화로부터의 해방』[1]을 보면, 해서는 안 된다는 것이 너무나 자명한 것을 어째서 이렇게 계속해서 하고 있는가 하는 의문이 계속 든다. 그동안 감춰져 왔던 크고 작은 많은 원전 사고들, 대비한다는 것이 애당초 불가능한 무수한 경우의 수들, 결정적으로는 폐기물을 처리할 방법이 없는데도 원자력발전을 시작했다는 사실 자체. 나아가서 이 모든 상황의 절박함에도 불구하고 다수의 사람들이 여전히 원자력발전은 필요하다고 생각하고 있으며, 체르노빌 이후에도 체르노빌에서는 원자력발전소가 지금까지 계속 가동되고 있다는 사실. 이 모든 것은 인류의 문명이 서 있는 토대 자체가 얼마나 파괴되기 쉬운 것인지 보여주며, 인간이란 어떤 존재인지 근본에서부터 다시 묻게 만든다.

그러나 여전히 현실은 가려져 있고, 사회의 비밀, 숨겨진 모호한 영역으로 들어가려는 과학자와 지식인은 적다. 과거에는 수많은 예언자들, 종교사상가들이 있어서 그들은 자기 시대, 자기 사회가 가고 있는 길이 틀렸다고, 이 길로 가면 망한다고 외롭게 외쳤다. 어느 시대에나 예민한 사람들은 자신이 시대의 끝에 서 있다고 느꼈다. 세례 요한도, 예수도, 바울도 시대의 끝에 서 있다고 생각했지만, 객관적인 세계 내적 사건으로서 그 끝은 오지 않았다. 그렇다면 우리 시대의 예민한 사람들이 느끼는 종말의식 역시 객관적인 종말이 아니라, 이 시대의 예언자들의 발언 속에서만 살아 있다가 또 다른 예언자들의 과제로 넘겨질 것인가? 그래서 사람들은 또 지금까지 살아온 관성대로 살 것인가? 그러나 마치 진실

---

1 다카기 진자부로, 『원자력 신화로부터의 해방』, 김원식 옮김 (대구: 녹색평론사), 2001.

이 존재하지 않는 듯이 지금 사람들이 살고 있는 것 자체가 종말이 아닌가? 결국엔 지금과 같은 거짓이, 아니면 그 비슷한 거짓들이 현실을 파국으로 몰고 가지 않겠는가? 다른 사람들이 다 틀렸으면 나도 틀려도 되나? 틀린 길이라도 다 같이 가면 안 망하나? 다 같이 잘못된 길로 가고 있으면 잘못된 길이 아닌가? 다 같이 망하면 망해도 괜찮은가?

지금까지 인류가 겪었던 재앙들과 비교했을 때 원자력발전으로 인한 재앙이 다른 것은 무엇일까? 지진이나 전염병, 홍수, 이런 것들은 인간이 최대한 대비하고 또 극복해야겠지만, 결국 어느 순간에는 받아들일 수밖에 없는 자연의 재앙이다. 그러나 원자력발전으로 인한 대폭발, 방사능 오염은 존재해서는 안 될 것을 인간이 존재하게 만들어서 일어나는 것이고, 그러므로 끝까지 인간이 받아들일 수 없고, 그냥 당하는 재앙이다. 방사능 오염은 지구생태계의 가장 기본적인 토대를 무너뜨린다. 생명의 가장 기본적인 토대인 물과 공기, 흙을 오염시킨다. 보이지 않고 냄새도 맡지 못하는데 그것은 전면적으로 침투해서 모든 것을 파괴한다. 전면적이고 영구적이며 무차별적인 파괴이다. 유기농식품도 선택할 수 있고, 피크오일 시대를 맞아 지구온난화 방지를 위해 자동차 이용을 줄일 수 있다. 유전자식품을 먹지 않기로, 육식을 하지 않기로 선택할 수 있다. 그러나 방사능 오염 앞에서는 아무런 선택의 여지가 없으며, 다른 모든 선택이나 노력 자체를 무의미하게 만들어버린다. 물, 공기, 흙, 생물의 삶의 온 토대가 총체적으로 죽음의 영향 아래 있기 때문이다. 언젠가 그것은 인간이라는 종 자체, 피조물, 생명체라는 존재 형태 자체를 없애버리는 대재앙이 될 수 있다.

이러한 묵시록적 상황이 벌어지는 것은 인간이 전체의 일부인데 그 사실을 망각한 탓이다. 그리고 자연은 자신의 위치를 망각한 인간 역시 다른 것들과 마찬가지로 없애버릴 수 있다는 것을 보여줄 것이다. 자연은 인간을 특별히 배려하지 않는다. 자연은 그저 나아갈 뿐이다. 이 점에서 핵재앙으로 인해 발생할 묵시록적 상황은 그동안 인간과 관계했던 신, 인간을 배려하는 창조신앙의 하느님을 넘어선 무시무시한 어떤 힘을 느끼게 한다. 이 강력한 힘 앞에서는 그동안 우리가 고백해왔던 인격적인 하느님에 대한 신앙이 더 이상 가능하지 않을 것이다. 더 이상 들에 핀 백합을 보라고 말할 수도 없고, 피조세계의 아름다움에 경탄할 수도 없는 상태가 될 것이다. 오직 시간 이전, 태초 이전의 존재 그 자체, 생명이라는 존재 형식을 종식시키고 이제 다른 존재의 형식을 빚어낼 물질의 덩어리, 시간도 공간도 없는 덩어리, 어두운 심연, 혼돈만이 남을 것이다.

과거에 사람들은 도시를 세우고 국가와 법과 제도를 만들어내는 인간의 능력을 두려워하면서 "무섭도다, 무섭도다! 세상에서 가장 무서운 것은 사람이다"(소포클레스, 『안티고네』)라고 노래했다. 그러나 이제 그 노래는 "불쌍하다, 불쌍하다! 사람들이 불쌍하다!"로 바뀌어야 한다. 그리고 그것은 어디까지나 인간 자신이 초래한 일이다. 이러한 상황에서 희망을 말한다면 어떤 모습이 될까? 시인 로빈슨 제퍼스Robinson Jeffers는 이렇게 노래하고 있다.

그러면 답은 무엇인가? / 꿈에 속지 않는 것이다. / 아주 오래 전에도 위대한 문명은 파괴되어 폭력의 지배 아래 떨어졌고 / 폭군들이 등장했음을 아는 것이다. / …… 보편적인 정의와 행복의 꿈들에 속지 않는 것이다. 그 꿈들은 이루어지지 않을 것이기 때문이다. / 이것을 아는 것, 곧 부분이 아무리 추해도 / 전체는 여전히 아름답다는 것을 아는 것이다. 잘려진

손은 추하며, 땅과 별들과 자기 역사에서 벗어난 인간은/ …… 끔찍하게 추하다. 고결한 것은 전체이며, / 최고의 아름다움은/ 유기적인 전체, 삶과 사물의 전체, 우주의 신적인 아름다움이다./ 인간이 아니라 그 아름다움을 사랑하라./ 그렇지 않으면 너도 인간들의 혼란과 불행에 빠질 것이다./ 인간의 날들이 어두워졌을 때 절망에 빠질 것이다.[2]

이 글을 쓰는 동안 어미 고양이를 잃어버렸다. 젖을 미처 다 떼지도 않았는데 어미는 다시 암내를 피우기 시작했고, 이번에는 정말 중성화 수술을 해야겠다고 병원 문 앞까지 가서 바로 그 문 앞에서 미처 날뛰는 고양이를 놓쳤다. 딸은 대성통곡을 하고 손녀딸이 우니 할머니도 우신다. 나는 정말 아무것도 할 수 없다. 그저 살아만 있기를 바란다.

....

2   Robinson Jeffers, "The Answer", *the Selected Poetry of Robinson Jeffers* (New York: Random House, 1938), p. 594.

농부와 제국

『작은 것들의 신』의 작가 아룬다티 로이Arundhati Roy는 「인스턴트 제국 민주주의」라는 에세이에서 아버지 부시 전 미국 대통령과 관련된 일화를 한 가지 언급했다. 미국 대통령 선거운동이 한창이던 1988년 7월 3일 페르시아 만에 정박 중이던 미 항공모함 빈센느호가 실수로 이란의 민간 여객기를 격추하여 290명의 민간인을 살상하는 사건이 발생했고, 조지 부시 1세는 기자들로부터 이 사건에 대한 논평을 요청받는다. 이때 그는 이렇게 말한다.

> 미국이 한 일에 대해 나는 결코 사과하지 않을 것이다. 나는 사실이 무엇인지는 상관하지 않는다.

순간적으로 나온 말이겠지만 이 말은 당시도 그렇고 지금도 그렇고 하나의 국가로서 미국이 지니는 특성을 아주 잘 드러낸다. 미국, 다시 말해 제국이 하는 일은 곧 정의고 진리라는 것이다.

2011년 한국 국회를 통과한 한미 FTA는 미국의 이러한 면모를 유감없이 보여준다. 다만 그때와 지금 차이가 있다면, 그때는 2차 세계대전 이후 지속되던 미소 양극체제가 끝나 바야흐로 미국이 역사상 유례없는 전 세계 유일의 대제국으로 등극하는 과정에 있었고, 불과 20여 년이 지난 지금은 이 거대한 제국 기계 여기저기 나사가 풀리고 구멍이 뚫려 주저앉기 시작했다는 점이다. 한미 FTA는 이 고장 난 기계가 덜그럭거리며 좀 더 시간을 끌도록 도울 것이다. 그리고 이 쓰러져가는 괴물이 수명을 연장하려고 더 오래 비틀거릴수록, 여기저기 새로운 거처를 찾아다니면 다닐수록, 바닥의 민초들은 더 많이 짓밟히고 고통당할 것이다. 가장 기가 막힌 것은 한미 FTA는 미국이든 한국이든 소위 '국가'가 자신의 국민 대다수를 적으로 삼아 벌이는 총성 없는 전쟁이라는 점이다.

2010년 말 외교통상부는 FTA에 상충된다고 하여 재래시장과 소상인, 중소기업을 보호하는 일련의 법률안들에 대해 반대의견을 표명했다. 물론 이것은 투자자인 특정 기업이 FTA 위반을 이유로 상대국 정부를 제소할 수 있도록 한 투자자-국가 소송제(ISD) 때문이었다. 기업이 투자 이익의 보장과 관련하여 국가에 대해 소송을 제기할 수 있다는 것은 시장만능주의적인 미국 중심의 제도이다. FTA의 문제점을 꾸준히 지적해온 송기호 변호사가 힘주어 말하듯이 우리나라의 헌법은 시장만능주의적이지 않다. 가령 우리나라 헌법 119조 2항은 "국가는 …… 시장의 지배와 경제력의 남용을 방지하며, 경제주체 간의 조화를 통한 경제의 민주화를 위하여 경제에 관한 규제와 조정을 할 수 있다"고 되어 있다. 또한 123조 1항에는 "국가는 농업 및 어업을 보호, 육성하기 위하여 농어

촌 종합개발과 그 지원 등 필요한 계획을 수립 시행하여야 한다"고 되어 있고, 123조 3항에는 "국가는 중소기업을 보호 육성하여야 한다"고 되어 있다. 다시 말해 우리나라 헌법에 경제민주화를 위한 조항이 명시되어 있을 뿐만 아니라 투자자-국가 소송제의 공격 목표가 될 공익적 규제가 미국보다 우리 쪽에 많다. 따라서 한미 FTA는 경제민주화를 명시한 우리나라 헌법을 넘어선다는 점에서 위헌적이고, 공익 우선의 규제가 미국보다 우리나라에 더 많다는 점에서 우리에게 불리한 조약이다. 게다가 미국은 '한미 FTA 이행법 102조'에 따라 미국의 법률에 어긋나는 한미 FTA는 무효라고 선언해놓았다. 그렇다면 사실상 이 투자자-국가 소송제는 우리나라에만 적용될 불평등 조항이며, 우리나라의 주권 행사를 심각하게 저해할 조항이다. 이따위 조약을 지키기 위해 헌법을 포기하는 관료들을 '공공의 적'이라 부른다면 좀 심한가?

결국 많은 사람들이 우려하듯이 투자자-국가 소송제는 우리나라 경제만이 아니라 사회적 삶 전체를 송두리째 미국식 표준에 따라 재편하는 지렛대 역할을 할 것이다. 소수 재벌과 기업의 무한 이익 추구에 적합하도록 모든 것이 바뀔 것이다. 그 결과는 '우리 모두 미국처럼 잘살게 되는 것'이 아니라 더욱 심한 양극화와 약자들의 희생으로 이어질 것이다. 1퍼센트에게는 축복이겠지만 99퍼센트의 사람들은 영문을 모른 채 세상의 변덕에 매달려 살아가도록 강요당할 것이다. 지금보다 더 머리를 조아려야 할 것이고 주인을 섬기는 종의 자세를 강요당할 것이다.

미국 정부는 한미 FTA가 발효되면 미국의 수출이 110억 달러 늘어나고, 일자리도 7만 개가 창출될 것이라고 한다. 우리나라의 국책 연구원들은 한술 더 떠서 한미 FTA가 발효되면 새로운 일자리가 35만 개, 국내총생산이 5.66퍼센트 증가할 것이라고 한다. 한미 양국의 FTA 경제

효과 분석치는 이처럼 장밋빛 미래를 그리고 있다. 정말 그럴까. 산업생산력이 발전하여 경제 규모가 확대되고 절대적인 부가 늘어나도 일자리가 생기지 않는 것은 우리가 지금껏 봐온 현상이 아닌가. 양극화란 바로 그런 현상, 즉 이익이 늘어나도 그것이 사회 전체의 이익으로 환원되지 않고 소수에게 집중되는 현상을 가리키는 말이 아니던가. 그런데 왜 또 같은 속임수에 넘어가 토한 것을 또 먹겠는가. 농업을 포기하고 자동차를 살리면 일자리가 늘어날까. 오히려 실낱같은 명맥을 유지하고 있는 농업이야말로 실업이 없는 마지막 보루가 아니었던가. 관세 철폐로 물건 값이 싸진들 일자리가 없고 돈이 없으면 그림에 떡이다. 현대와 삼성이 돈을 벌면 국민에게도 푼돈이 좀 떨어지리라는 한심한 꿈은 이제는 접을 때도 됐다. 한진중공업 사태에서 질리도록 경험하지 않았는가. 결국 무역이나 해외투자의 문제가 아니라 1퍼센트의 이익을 위해 99퍼센트를 희생시켜온 정치경제가 문제인 것이다. 실업과 빈곤의 낭떠러지로 내몰린 사람들이 경제 주권을 찾고, 자기 삶의 주체로 설 수 있도록 하기 위해서는 좀 더 평등하고 인간적인 사회를 실현하는 길밖에 없다. 요컨대 민주주의의 문제인 것이다. 이것은 미국이나 한국이나 다를 것이 없다.

그러나 1퍼센트도 안 되는 양국의 기득권 세력은 이런 민주주의의 과제를 외면하고 비민주적인 사회구조를 그대로 둔 채 한미 FTA를 통해 위기 상황으로부터 벗어나고자 한다. 국가를 앞세워 자신들의 사익을 국익으로 위장하고 불가능한 해결책을 추진하고 있는 것이다. 용산과 4대강 사업에서 그랬듯이 이미 정부는 민주주의의 가면을 쓰고 국익이라는 미명하에 교묘한 방식으로 밑바닥 사람들의 삶을 철저히 망가뜨려왔다. 민주주의의 이름으로 불법이 행해지고 '불공정의 제도화'가 이루어지고 있다. 누구나 누려야 할 강물과 바다와 공기, 숲이 국익으로 위장한 사적 경제 논리에 의해 유린당하고 있으며, 사람들은 삶 자체로부터 내몰리고 있다. FTA는 이를 더욱 가속화할 것이다. 쫓겨난 사람들은 어떻게 살고 있을까? 역사가 그들의 아픈 삶을 기록할 것인가? 이합집산하는 '민주주의'가 그들을 기억할 것인가?

2

개인이든, 기업이든, 국가든 제어할 수 없는 막강한 힘이 집중될 때 그것은 필연적으로 잔혹해진다. 권력 관계 안에서 살아가야 한다는 것은 인간 조건인데 이 세상에 '선한 권력'이라는 것은 존재하지 않는다. 한 나라가 지나치게 커지려고 하고 또 커졌을 때는 필연적으로 자해적이 된다는 것을 역사는 보여준다. 왜냐하면 자기 밖의 다른 국가, 인종을 희생시키고 짓밟을 때 궁극적으로는 자국의 민주주의와 도덕적 가치를 훼손할 수밖에 없기 때문이다.

역사는 반복되고, 지금 일어나고 있는 일들은 과거에도 일어났다. 1세기 로마는 약 300여 년에 걸친 군사적 정복을 통해 지중해 연안의 거의 전 지역을 자신의 지배 아래 두었다. 이처럼 당시로서는 전 세계를 자신의 지배 아래 둔 것을 로마는 '세계화'라고 일컬었다. 초대 황제 아우구스투스의 치적을 치하하는 비문 「신적인 아우구스투스의 업적(Res Gestae Divi Augusti)」에서는 그가 지구화, 곧 세계화를 통해 "전 세계를 로마의 지배 아래 복속시키고", "제국의 경계선을 지구의 경계선과 같게 만들었으며, 로마인들의 세입을 안정시키고 일부는 증가시켰다"고

했다.

로마는 당시 전 세계, 즉 지중해 연안 전역에 통치권을 확립하고, 평화와 질서를 가져왔다고 주장했다. 이른바 "팍스 아메리카나(Pax Americana, 미국의 평화)"가 연상되는 "팍스 로마나(Pax Romana, 로마의 평화)"는 아우구스투스가 오랜 내전을 종식시키고 가져온 평화에 대해 붙여진 당국의 선전 문구였다. 새로 뚫린 도로와 군사 행동 덕분에 해적들이 소탕되었고, 이는 경제적 수단을 지닌 사람들에게는 더 큰 경제활동의 자유를 의미했다. 로마인들과 피정복민 가운데서 도시화된 사람들과 부유한 사람들은 로마의 승리에 안도했고 감사했다. 아우구스투스는 세상의 "구세주($\sigma\omega\tau\acute{\eta}\rho$)", 즉 "평화와 번영"을 확립하고 모든 인류의 소망과 염원을 성취한 구세주라고 불렸다. 신전에는 아우구스투스 황제의 상들이 전통적인 신상들 옆에 세워졌고, 도시 중앙에는 그를 위한 신전이 세워졌다. 제국의 주요 도시들에서는 황제를 위한 경기와 축제가 벌어졌고, 그럴 때마다 빵과 서커스가 제공되었다. 지역의 유지들은 그런 행사들을 후원하고 이를 통해 황제에게 아낌없는 찬사를 바침으로써 황제가 도시 대중의 삶을 파고들어 그들을 지배할 수 있게 만들었다. 동시에 그것은 지역의 지배자들이 황제의 호의를 얻고 황제와 돈독한 관계를 만들고 유지하는 기회였다. 이런 일들에는 엄청난 지출이 필요했고, 물론 그것은 지역민들의 세출로 충당했다.

또한 이 주고받는 관계는 후원자/의뢰인(patron/client) 제도라는 로마제국의 독특한 사회적 연결망을 형성하는 토대가 되었다. 로마는 피정복지의 귀족들이나 지배계급과 후원자/의뢰인 관계를 형성하여 광대한 제국의 사회적 연결망을 구축했다. 지역의 유지들은 황제나 황제 가족의 호의를 사 황제의 의뢰인이 됨으로써 자신들이 속한 지역에서 우월

한 지위를 확보했다. 황제를 위해 새로운 신전을 짓거나 운동경기를 여는 데 자금을 댄 지역 유지들은 비문에 이름을 올리거나 주요 공직에 임명되었고, 명예로운 지위에 올랐다. 그 결과 맨 꼭대기의 황제로부터 제국의 각 도시로 내려오는 다단계식 사회적 관계의 피라미드, 즉 경제력과 의존성의 피라미드가 생겼다. 교통과 통신이 지금처럼 발달하지 않았던 당시에 순전히 물리적인 경찰력이나 행정기구, 군대만으로는 그처럼 광대한 영토를 관리하고 다스릴 수 없었을 것이다. 그러한 상황에서 후원자/의뢰인 제도는 기득권자들의 이익을 보존하면서 동시에 사회적 통제를 가능하게 하는 다단계 명령 지배체제이자 보이지 않는 사회적 그물망으로서 기능했다. 그것은 아래로부터 형성된 자율적인 자치조직 또는 삶의 그물망이 아니라, 철저하게 위로부터 아래로 내려가는 피라미드로서 밑바닥 민중의 피땀을 빨아올리는 거대한 사회적 빨대 같은 것이었다. 이 촘촘한 사회적 그물망 안에서는 감히 로마의 지배와 권위에 도전할 수 없었다. 왜냐하면 그것은 제국 당국의 경찰력으로는 물리적으로 불가능했던 실질적인 감시와 통제의 기능까지 했기 때문이다. 변방의 속주들과 농촌지역에서 로마는 자신의 의뢰인인 협조적인 지방 귀족들을 이용하여 '질서'를 유지했다. 세금을 징수하는 과정에서도 이들은 매우 유용했다.

이를 통해 이룩한 로마의 '평화'와 '질서'의 실상이 어떤 것이었는지는 가령 팔레스타인 대다수 농민의 삶이 잘 보여준다. 리처드 호슬리Richard A. Horsley는 이 '팍스 로마나' 체제가 단순히 정치적 지배였을 뿐만 아니라 무엇보다도 경제적 측면에서 조공의 형태를 취한, 촌락공동체에 대한 수탈이었음을 밝혀주었다. 새로운 제국은 자신들이 정복한 민족들로부터 조공의 형태로 물자를 강탈해서 자신들의 군사력을 유지하고 로마의 대중을 빵과 서커스로 만족시켰다. 1세기 팔레스타인 유대인들의 삶은 삼중의 권력체계, 즉 로마제국과 그 의뢰인-왕인 헤롯 가문, 그리고 사두개파 대제사장들로 대표되는 종교권력 아래 삼중의 조공·조세로 인한 경제적 수탈을 당하며 파괴되었다. 이들에게는 로마에 내야 하는 높은 세금, 로마 군인이 원하는 것은 무엇이든 내주어야 한다는 명령, 간헐적인 게릴라 교전으로 인해 땅과 생계수단을 잃을 수 있다는 걱정이 일상화되었다. 그러므로 아우구스투스가 이룩한 세계화의 결과로서 '로마의 평화'와 후원자/의뢰인 제도, 이 둘은 겉보기에는 로마제국을 평화롭고 질서 있는 사회로 보이게 했지만, 사실상 '로마의 평화'란 로마의 칼과 창에 의해 정복당한 민족의 입에 채워진 재갈과 쇠사슬을 뜻했고, 후원자/의뢰인 제도는 민족적 차이를 떠나서 제국의 어느 곳에서든 가장 밑바닥에 있는 사람들을 효과적으로 수탈하기 위한 제도였다.

따라서 지배계급과 피지배계급 간의 첨예한 갈등과 대립이 도시와 농촌의 갈등 양상으로뿐만 아니라 도시 안에서도 서서히 그 모습을 드러냈다. 이것은 로마제국에 의한 세계화의 혜택을 받은 자와 그렇지 않은 자의 대립으로 요약될 수 있을 것이다. 로마인들과 그들이 흡수한 토착 지배세력이 소수의 지배계급을 형성하고 있었던 반면, 대다수의 노동 인구는 토착민들이었으며 이들은 대개 동방지역의 후손들이었다. 이것은 특히 농촌지역에서 분명하게 나타났다. 대다수의 토착민들은 그리스-로마 문화에 결코 흡수되지 않았을 뿐 아니라 헬라화되지도 않았다. 그들은 전통적인 생활양식, 그들만의 종교적·사회적·경제적·법적·문화적 특성을 고수했다. 이것은 표면적으로 하나의 통일체였던 로마제국이 내적으로는 불평등한 두 부분, 로마와 그에 결탁한 세력, 그리고 토착민으로 분열되어 있었음을 보여준다.

피지배계급은 식민 지배세력과 토착 지배세력에게 세금을 바쳐야 하는 이중고에 시달렸다. 이와 더불어 로마에 의해 정복된 지역에서 대농장체제가 확립되고 속주로부터 값싼 곡물이 유입되면서 소농들은 몰락할 수밖에 없었다. 게다가 로마제국은 정복한 지역의 사람들 일부를 전쟁포로로 만들어 노예시장에서 매매함으로써 노예제를 확산시키고 피지배계급을 학대했을 뿐 아니라, 이렇게 양산된 노예들로 인해 많은 노동자들이 일자리를 잃었다. 대다수의 하층민들은 극빈한 환경에 처해 있었으며, 로마제국의 넘쳐나는 부를 향유하지 못했다. 농촌은 늘어가는 부채와 세금으로 쇠락해갔으며, 도시는 노예제 확산으로 생계수단을 잃은 노동자 계층을 계속 양산함과 동시에 삶의 터전을 상실한 몰락한 소농들의 새로운 거주지가 되면서 언제든지 이들의 분노가 표출될 수 있는 가능성을 안고 있었다. 한마디로 로마제국에 의한 세계화란 민중의 입장에서 보면 토착적인 자생적 삶의 파괴를 의미했다. 고향에서 밀려난 사람들은 제국 내 대도시의 하층민으로 유입되어 외국인 거주자로 살아갔다. 그러므로 로마제국에 의한 세계화의 실질적 의미는 고국에서건 타국에서건, 아니면 농촌에서건 도시에서건 민중의 자생적인 삶의 기반을 밑바닥에서부터 뿌리째 뒤흔들고 무너뜨리는 것이었다.

3

이런 상황에서 변방인 갈릴리 출신의 예언자 예수가 이방지역인 두로 지방으로 여행을 한다. 그곳에서 그는 수로보니게 출신인 한 그리스 여자의 간청을 받는다. 더러운 귀신들린 딸을 고쳐달라는 것이다. 그러나 예수는 냉혹한 말로 이 여자의 청을 거절한다. 그는 "아이들을 먼저 배불리 먹여야 한다. 아이들이 먹는 빵을 집어서 강아지들에게 던져주는 것은 옳지 않다"(마가 7:27)라고 말한다. 그러나 이 여자는 "주님, 그러나 상 아래 있는 강아지들도 아이들이 흘리는 부스러기는 얻어먹습니다"(7:28)라고 대답했다. 그러자 예수는 그 딸의 병을 고쳐준다.

이 이야기에서 예수의 말은 받아들이기 어렵다. 자기 딸을 고쳐달라는 청을 냉혹하게 거절할 뿐만 아니라 그 여자와 딸을 개에 비유하고 있기 때문이다. 그러나 사람들은 손쉽게 예수에게 보호막을 쳐줄 수 있는 방법을 찾아냈다. 이 여자를 강아지에 비유한 것이 예수의 본심은 아니고 단지 그런 말로 여자를 자극해서 그 신앙이 어느 정도인지 시험해보고 한 단계 높이기 위함이었다는 것이다. 그리고 이 여자가 예수의 시험을 통과함으로써 이방인들에게도 믿음의 길이 열렸다는 것이다. 그래서 이 여자는 어떠한 시험에도 굴하지 않는 믿음을 가진 사람으로, 예수를 감탄시키기까지 한 믿음의 사람으로 이해되었다. 본문 자체 안에 이미 이러한 방향으로 문제를 해결하려는 시도가 들어와 있다. 그러나 이 이야기는 여자에 대한 예수의 매몰찬 말을 무마하지 않고 그 거리낌을 진지하게 받아들일 때 제대로 이해될 수 있다. 그리고 그렇게 하기 위해서는 당시 갈릴리와 두로 지방의 역사적·사회경제적 관계를 중요하게 고려해야만 한다.[1]

'두로 지방'은 두로라는 도시 자체가 아니라 도시 근교지역으로서 갈릴리의 북쪽 경계를 이루고 있었다. 이 지방에도 유대 마을들은 존재했

---

1 게르트 타이쎈, 「시로페니키아 여인 이야기에 나타난 지역적·사회적 특성」, 《신학사상》 51호(1985), 815~847쪽.

다. 예수는 두로 지방에서 유대인들이 살고 있던 지역을 여행했다. 마가복음 7장 26절에서는 예수에게로 오는 이 여자를 '수로보니게(시로-페니키아) 출신의 그리스 여자'라고 했다. 이 여자는 지리적으로는 페니키아출신이고 문화적으로는 헬레니즘 문화에 상당히 동화되어 있었을 것이다. 그리고 페니키아어는 아람어와 매우 유사했기 때문에 이 여자는 어렵지 않게 예수와 의사소통을 할 수 있었을 것이다. 이 여자가 그리스여자라는 것은 그녀의 사회적 계층을 말해준다. 그리스어를 할 줄 알고그리스 문화에 익숙해 있다는 사실은 그가 상류계층에 속함을 말해준다. 대체로 상류계층에 속한 사람들이 우선적으로 헬레니즘화될 수 있는 기회를 가졌기 때문이다. 본래 '그리스인'이라는 말은 시리아-페니키아 도시들에서 국법상의 특권을 지닌 상류계층을 가리키는 말이었다. 이러한 그리스인으로서 수로보니게 여자는 유대 변방인 두로 지방의 유대 주민들과는 사회적으로나 경제적으로 지위가 크게 달랐다. 그리고이러한 차이는 쉽게 적대적인 관계로 발전될 수 있었는데, 거기에는 중요한 한 가지 이유가 있었다.

두로는 부유한 도시였다. 금속세공과 자포(紫袍) 생산이 이루어졌고, 지중해 전 지역을 포괄하는 교역이 활발했다. 두로의 화폐는 고대 화폐들 가운데 가정 안정된 것 중 하나였다. 그것은 수십 년 동안 화폐가치가 눈에 띄게 낮아진 적이 없었으며, 그 때문에 예루살렘 성전의 대사제들은 두로 화폐에 멜카르트(Melkart) 신이 그려져 있는 것을 감수해가며성전 재화를 두로 화폐로 보관했다. 두로 지방과 갈릴리 사이에는 오랜관계가 있었다. 토건사업에 열중했던 솔로몬 왕은 자신의 세금 수입만으로는 두로의 히람 왕으로부터 수입한 목재와 기술자들에 대한 비용을지불하기에 부족하자, '갈릴리 지역의 20개 도시'와 그 안의 백성들까지 히람 왕에게 양도했다. 그러나 두로와 갈릴리의 관계에서 항존적인 요인은 무엇보다도 농산물 공급에서 두로가 갈릴리에 절대적으로 의존했다는 점이다. 에스겔서에 따르면 유대와 이스라엘은 밀과 고무, 밀랍, 꿀, 기름 등을 두로에 제공했다(27:17). 2세기 소아시아 출신 의사였던 갈렌은 이 지역에 대해서 이렇게 기술했다.

일반적인 관습대로 여름에 1년 동안 먹을 것을 충분히 저축해두는 도시 주민들은 보리, 콩, 불콩과 함께 들판에서 밀을 모두 가져간다. 그리고 그들은 단지 나머지 쭉정이 열매들만을 농촌 주민들에게 남겨주었다. 그러나 농촌 주민들은 그것들 중에서도 많은 부분을 도시로 가져가야 했다. 그래서 농촌 주민들은 겨울저장물을 다 써버리고 나면 여름 내내 보잘것없는 음식물로 연명해야 했다. 농촌 사람들은 메마른 식물의 싹이나 뿌리를 먹고 살았다.[2]

또한 신약성서에도 두로와 시돈이 갈릴리 변방지역의 농업생산물에 의존했다는 증거가 나타난다(사도 12:20). 말하자면 두로는 농산물을 수입해야만 했던 부유한 도시였고, 갈릴리 변방지역과 유대인들이 거주했던 이 도시의 교외지역이 그 식량 공급원이었다. 주기적으로 생계의 위기가 닥쳐올 때마다 누가 더 유리한 위치에 서 있었는지는 분명했다. 두로는 위기 상황에서도 곡물을 살 수 있을 정도로 재정적으로 튼튼했다. 그러나 보통 때도 유대 식민지 지역의 농부들은 자신들은 가난하게 살면서 부유한 도시들을 위해서 농사를 지어야 했다. 도시와 농촌 사이

....

2   *On the wholesome and unwholesome properties of food stuffs*, VI, 749 이하.

의 식량 쟁탈전에서 대개의 경우 농촌이 손해를 봤던 것이다. 게다가 두로는 지속적으로 유대 지역으로의 영토 확장을 위해 노력했으며, 두로 지역 유대인들의 재산을 징발했고, 그들을 노예로 만들었다. 이에 대항해서 이 지역의 유대 반란군들은 끊임없이 부유한 그리스인들을 공격했다.

이런 상황에서 헬레니즘화된 부유한 한 여자가 유대 변방지역의 한 귀신 축출자에게 도움을 청하러 온다. 이 여자는 항상 손해 보며 살던 갈릴리 주민 한 사람에게 도움을 청한다. 그러나 그녀는 실제 상황에 대한 냉정한 지적을 받는다. "먼저 유대 변방지역의 가난한 사람들을 배불리 먹여야 한다. 가난한 사람들의 빵을 가져다가 도시의 부유한 이방인들에게 던져주는 것은 좋지 않기 때문이다." 누구나 강아지보다는 자녀를 택하듯이 부유한 이방인보다는 가난한 유대인을 염려해야 한다는 것이다. 이것은 부유한 두로 주민에게 편중되어 있던 일반적인 경제 상황에 대해 말하는 것이었고, 아마도 예수는 이러한 상황과 관련된, 잘 알려진 속담을 인용했을 것이다. 이 속담은 뿌리 깊은 경제사회적 불평등 관계에 의해 형성되고 종교적 전통에 의해 정당화된 적대적인 선입견을 반영한다.

그런데 이제 이 여자는 예수의 그 말 앞에, 어쩌면 개인적으로는 부당하다고 생각되었을지도 모를 그 말 앞에 고개를 숙인다. 이 여자는 스스로를 개라고 시인했다. "우리는 부를 무기로 삼아 가난한 자들의 양식을 빼앗음으로 인해 스스로 인간 이하의 행동을 하고 개로 전락했습니다." 여자는 그렇게 고백하고 있는 것이다. 물론 상황은 그대로다. 그녀가 속한 집단은 경제적 우위와 제도화된 불공정을 이용해서 계속 가난한 갈릴리 농부에게서 양식을 빼앗고, 그 때문에 농부들은 먹을 것이 없고, 결국에는 땅까지 빼앗기고 버려질 것이다. 그리고 이 가난한 갈릴리 청년이 속한 집단의 지도자들은 비굴한 웃음을 지으며 자기 백성의 고된 노동의 결실을 훔쳐 헐값에 두로에 넘길 것이다.

그런데 이 여자는 진실을 인정했고, 예수도 마음을 바꾼다. 예수는 딸을 고쳐달라는 여자의 청을 들어준다. 도움을 받아야 하고 도움을 줄 수 있는 인간으로서 두 사람이 만나 상황의 가장 핵심적인 본질에 충실했을 때 궁극적으로 한 사람은 도움을 받을 수 있었고, 다른 한 사람은 도움을 줄 수 있었다. 결국 이 이야기는 도움을 받아야 하고 도움을 줄 수 있는 인간으로서 만났을 때도 계급적·민족적 장벽은 문제가 되며, 동시에 그 장벽이 절대적인 것이 아니라는 점을 말해주고 있다. 당국이 저지른 일에 대해서 개인을 벌할 수는 없다. 「위(僞) 클레멘스서」에 따르면 이 여자는 부유한 과부였는데 재산을 포기하고 유대 남자와 결혼했다고 한다.

당국은 변하지 않는다. 당국의 영혼에는 언제나 매수와 야만성, 위선이 새겨져 있고, 그들은 반짝거리는 은화를 짤랑대며 오래된 농부의 지혜를 수치스럽게 만들고 한 종족의 위엄을 짓밟고, 자존심을 갈갈이 찢어버린다. 그러나 이 두 사람은 만났고, 만나서 변화가 이루어졌다. 현실이 어떻게 작동하는지, 권력이 어떻게 움직이는지 아는 보통 사람들의 만남과 이야기를 통해서 변화가 이루어졌다. 우리 삶에서 정말로 필요한 변화는 당국의 정책 결정이나 입장 변화가 아니라 당국과 개인의 경계에서, 시민과 국가의 경계에서 권력을 불신하는 아나키스트의 본능을 가진 사람들의 저항을 통해 이루어진다. 당국은 거기에 밀려 마지못해 움직이거나 움직이지 않는다.

　미국이 불평등한 무역관계를 통해서 약소국가를 착취하고 약탈해온 것은 어제 오늘의 일이 아니다. 촘스키는 『그들에게 국민은 없다』[3]에서 아이티와 멕시코의 예를 들고 있다. 카리브 해에 위치한 아이티는 예전에는 세계에서 가장 풍요롭고 아름다운 곳이었으나 미국이 침공한 이후부터는 세계에서 가장 가난한 나라이자 황무지가 되었다. 또한 북미자유무역협정인 NAFTA는 멕시코의 민주주의가 시작되면서 비롯되는 위험으로부터 미국 투자자들을 보호하기 위해 멕시코를 시장경제라는 울타리에 가두기 위한 올가미였고, 멕시코에서 동아시아와 유럽의 경쟁자들을 배제하기 위한 보호주의 정책이었다. 결국 멕시코는 미국 대기업의 저가 공산품 생산기지로 전락했고, 수출용과 사료용 농업으로 전환한 결과 멕시코 영농기업과 외국기업은 혜택을 누린 반면 대부분의 멕시코 농민은 극심한 빈곤에 시달리게 되었다. 결국 이것은 FTA에 의해 국가 간의 자유무역이 실현되는 것이 아니라, 실질적으로는 기업과 정부 사이의 전략적 제휴와 다국적기업 간의 내부거래에 의해 소수의 독과점 경쟁이 지배하게 됨을 말해준다. FTA(Free Trade Agreement)는 자유무역이 아니라 미국의 입장에서는 철저한 보호무역이다. 결국 이것은 제국이 세상의 모든 작은 것들에 대해 벌여온 항구적인 전쟁의 일환이다.

　사람들이 자신의 운명을 스스로 결정하지 못하도록 하고, 세상의 운영 방법에 대한 기본적 결정권을 대중이 아닌 소수의 권력자들이 농단한다. 이를 위해 언론사를 대기업이 수중에 넣고 조종한다. 사물들 간의

3　노엄 촘스키, 『그들에게 국민은 없다』, 강주헌 옮김 (서울: 모색, 1999).

실제적인 연관성을 밝혀주고 상식적으로 이해할 수 있게 해주는 지식인은 정말 희귀하다. 이것은 지금 미국과 한국 양쪽 모두에서 일어나고 있는 일이며, 결국 국가의 기업화, 기업의 국가화 현상이라고 할 수 있다. 한편으로는 국가를 통해 선혈이 낭자한 전쟁을 벌이고 다른 한편으로 국가를 앞세워 사익을 국익으로 포장하는 거대자본의 바퀴가 굴러가는 방식이다. 언제까지 이렇게 계속될 수 있겠는가? 이제 그 바퀴를 굴릴 수 있는 동력이 사라져가고 있다. 결국 한정된 자원인 석유는 고갈을 눈앞에 두고 있고, 산업문명에 의한 자연의 수탈은 극에 달해 더 이상 유지되기 어렵다. 거기다 원자력발전소는 또 다른 핵무기다. 이제 우리가 그 안에서 살아온 문명은 종말을 고하고 있다.

외경 도마복음서에는 정경 복음서들에는 나오지 않는 불가사의한 비유가 몇 가지 나온다. 그중에 이런 것이 있다.

[아버지의] 나라의 통치는 한 여자가 음식이 가득 든 항아리를 이고 가는 것과 같다. 먼 길을 걸어가는 동안 항아리 손잡이가 부러져서 음식이 그 여자 뒤 길 위에 쏟아졌다. 여자는 그것을 모르고 문제가 생겼는지 알아채지 못했다. 그 여자는 집에 도착해서 항아리를 내려놓고야 비어 있는 것을 알았다. _ 도마 97
아버지의 나라의 통치는 누군가 힘있는 사람을 죽이려는 사람과 같다. 그는 자기 팔의 힘이 얼마나 센지 알아보기 위해 집에서 칼을 빼어 벽을 찔렀다. 그런 다음 그는 힘이 센 사람을 죽였다. _ 도마 98

이 비유들이 진정한 예수의 비유인지에 대해 오랫동안 학자들은 의심했다. 오늘날 대다수의 학자들은 이것이 원래 예수의 비유였다고 본다. 이 비유는 지금 우리 상황에서 아주 절실하게 다가온다. 항아리에 곡식이 가득 들어 있다고 생각하지만, 사실 그 항아리는 새는 항아리고 머지않아 빈 항아리임이 드러난다. 그때까지 항아리가 가득 차 있다고 생각하겠지만, 실은 빈 항아리다. 힘센 자는 결국 망한다. 자기 힘이 얼마나 센지 연마하는 또 다른 힘센 자에 의해. 하느님은 그런 방식의 종말을 마련해놓았다.

제2부

문명의 종말과 시인의 상상력

문명의 종말과 시인의 상상력

1

　작년 3월 후쿠시마에서 지진이 나기 전날, 기르던 고양이가 새끼를
낳았다. 누군가 기르다 버린 어린 고양이를 집에 들였던 것인데, 새끼를
일곱 마리나 낳은 것을 순전히 내 실수로 잃어버렸다. 어미를 잃은 새끼
고양이들은 더러는 새 주인에게 입양이 되고, 또 더러는 입양되었다가
파양이 되고 해서 결국 네 마리 아기 고양이들과 같이 살게 되었다. 집
에 있으면 아기 고양이들과 놀면서도 불쌍한 어미 생각이 자꾸 나서 남
들이 뭐라 하건 말건 밖에 길고양이 밥을 놓아두기 시작했다. 후쿠시마
에서 농부가 목을 맸다는 소식을 들었을 때도, 일흔이 넘은 후쿠시마 할
머니가 "저는 무덤으로 피난 갑니다"라고 유서를 써놓고 자살했을 때도
나는 혹시나 하는 마음에 밤마다 남의 동네 골목을 뒤지고 다녔고, 날이
추워지면서는 집 뒤켠에 얼기설기 고양이 집을 만들어 놓아두었다.
　차츰 후쿠시마 소식도 뜸해지고 사람들 뇌리에서 사라져갈 무렵, 나
는 혼자 세상의 가장자리에 매달려 있는 듯한 느낌이 자주 들었고, 새끼

고양이들과 노는 시간이 길어졌다. 그리고 이 연약하고 무방비 상태인 작은 살덩어리를 만지고 있노라면 그 따뜻함이 전해져 오면서 이처럼 살아 있다는 것이, 사람이 다른 존재와 맺는 성스러운 관계의 본질이라는 생각이 들었다. 근대 산업문명의 독이 우리의 핏속을 더럽혀서 우리가 아무리 격렬하게 과거와 단절하려고 해도 그것은 변하지 않는 사실로 우리 몸속에 각인되어 있는 것처럼 느껴졌다. 우리가 하는 모든 행위는 그런 살아 있는 세계를 위한 것이며, 우리가 아무리 숫자와 속도에 골몰하고 피상적인 인간관계에 집착하더라도, 결국 이 살아 있는 삶의 세계만이 궁극적으로 가치 있는 것임을 아주 분명하게 느꼈다.

후쿠시마나 체르노빌 같은 핵발전소 사고나 미나마타병으로 인한 피해를 다룬 글들을 보면, 그런 사고로 인해 인간만이 아니라 인간 이외의 존재들이 겪는 고통도 함께 묘사되어 있다. 원전은 절대적으로 안전하다는 말만 믿고 그 주변에 살던 사람들은 어느 날 갑자기 삶의 터전을 버려두고 떠날 수밖에 없게 된다. 그들은 며칠 지나면 돌아올 줄 알고, 버스에 올라타지만 돌아오지 못한다. 할머니들, 어린아이들은 기르던 개나 고양이를 두고 가는 것이 서러워 울고 또 운다. 체르노빌에서는 사람이 떠난 후에 군인과 사냥꾼들이 마을로 와서 동물들을 총살했다. 굶주린 개와 고양이들은 사람 소리를 듣고 반가워 뛰어나왔다가 총에 맞았다. 미나마타에서는 질소비료 공장이 배출하는 유기수은에 물고기들이 오염되었고, 그 물고기를 먹은 고양이들이 사람보다 먼저 발병해서 미친 듯이 뛰고 뺑뺑 돌다 절벽 아래 바다로 떨어지거나 불길 속으로 뛰어들어 죽었다. 또 체르노빌에서 사람들은 방사능 때문에 수십 킬로미터나 되는 오염된 땅에서 오염된 지층을 벗겨내어, 그 속에 사는 지렁이, 풍뎅이, 거미, 유충과 함께 특수 제작된 시멘트 벙커에 담아 땅에 묻었다. 흙을 흙에 묻은 것이다. 집과 자동차, 도로와 나무를 묻었다. 이게 체르노빌에서 했던 일이고 지금 후쿠시마에서 하고 있는 일일 것이다. 이런 일들은 핵무기와 핵발전으로 대표되는 근대 산업문명이 살아 있는 세계와 얼마나 상극에 있는지 명확하게 보여준다.

근대 산업문명이 꿈꾸는 이상적인 세계란 어떤 것일까? 그것은 인간이 스스로 만든 환경 안에 갇히는 것을 이상으로 삼는 것이 아닐까? 우연이나 자연의 위력이 개입할 여지가 없는 매끈매끈한 인공의 자궁 안에 밀봉된 채로 안전하고 풍족하게 살다 죽는 것, 결국 그것이 오늘 우리가 꿈꾸는 삶이 아니겠는가? 사람들은 페인트칠한 그림처럼 납작납작해진 자신들의 세계 안에 처박힌 채 다 같이 행복해지자면서 무언가 더 폼 나고 멋진 것을 향해 욕망을 고정해놓는다. 적어도 이론상으로 일체의 불합리나 우연이 허락되지 않는 세계, 인간이 만들지 않은 것은 허락하지 않는 세계, 근대 산업문명이 추구하는 이런 인공적인 세계는 살아 있는 성스러운 세계의 반대, 죽은 세계이다. 체르노빌과 후쿠시마는 우리가 속한 근대 산업문명 세계의 실상을, 그것은 죽은 세계임을 우리 눈앞에 똑똑히 보여주었다.

요즘은 좀 덜하지만 몇 년 전만 해도 대학마다 경쟁하듯 대규모 토목공사를 벌였다. 내가 몸담은 대학도 예외가 아니어서 몇 개의 공사가 동시에 진행되어 캠퍼스 곳곳이 몸살을 앓았다. 치렁치렁하던 아름드리 플라타너스가 뽑히고, 숨어 있던 장소들이 속살을 드러낸 채 파헤쳐졌다. 캠퍼스 어디서나 덤프트럭과 기계장치의 굉음 때문에 걷기가 힘들 정도였다. 그 난리를 다들 잘도 참아냈다. 이제 캠퍼스의 지형도를 바꾸어놓은 포스트모던한 새 건물이 들어섰고, 예전에 어땠는지는 아무도 기억하지 않는 것 같다. 그러나 사라져버린 장소들과 거기 얽힌 기억들,

그리고 대학 안에서 벌어졌던 개발의 광풍을 떠올리면 진보는 파괴와 어찌 그리 닮은꼴인가 하는 생각이 든다.

얼마나 더 버틸 수 있을까? 분칠한 문명의 얼굴이 벗겨져 추악한 파괴의 실상이 드러나고, 강과 바다, 호수와 사막이 포화상태가 되어 문명이 쏟아내는 쓰레기 더미를 더 이상 받아들일 수 없을 때까지는? 마지막 한 방울의 석유가, 한 덩어리의 우라늄이 현재의 이 문명을 떠받칠 수 있을 때까지 우리에게는 얼마나 유예기간이 남아 있는 것일까?

2

이시무레 미치코石牟礼道子는 『슬픈 미나마타』에서 1950~1960년대 일본의 공해병이었던 미나마타병으로 쓰러져가는 고향 사람들의 모습을 일본 남쪽 어촌 특유의 아름다운 풍광, 관습과 함께 슬프고도 장엄하게 그려냈다. 현대의 묵시록이라고 할 만한 처참한 파괴의 장면을 그토록 아름답게 그릴 수 있었던 것은 그녀의 천재적인 문학적 재능에 기인한다고 할 수 있겠지만, 그 재능의 결정적인 부분은 자기가 살고 있는 장소와 거기 뿌리박은 사람들의 삶에 대해 그녀가 신체적인 고통을 느낄 정도로 절절하게 공감했다는 데서 유래했을 것이다. 예전에 사진으로만 보고 끔찍하다며 외면했던 미나마타병 환자들의 고통에 그녀의 언어가 가닿자 마치 마른 뼈에 살이 붙고 피가 돌듯이 그들이 소생하는 것 같았다.

그들은 조상대대로 동백의 바다, 시라누이 해 연안에서 바다를 터전 삼아 물고기를 잡으며 살아오던 사람들이었고, 단 한 번도 역사의 표면으로 떠올라 자기주장을 하거나 잘난 사람들의 눈에 띠는 일 없이 세월의 풍화 속에서 묵묵히 토착적인 삶의 방식을 지속해오던 사람들이었다. 장소와, 그 장소에 떼려야 뗄 수 없이 얽혀서 살아가는 사람들이 펼치는 이야기들에는 언제나 온유한 분위기가 묻어나며, 바닷가 마을 곳곳에는 신들의 이야기가 감돌고 있다. 이시무레는 그들이 먹는 음식, 부르는 노래, 절기마다 지켰던 풍습, 해안가의 눈부시게 아름다운 풍경을 손에 잡힐 듯이 눈앞에 펼쳐놓으며, 그것이 파괴되어가는 모습을 뼈아픈 심정으로 증언한다.

이곳에서는 남자아이든 여자아이든 10대 초반만 되면 벌써 어엿한 어부로 성장하여 한 사람의 성인 몫을 너끈히 해내고, 한 집안의 기둥 노릇을 했다. 바다는 그들이 어린 시절 벌거벗고 헤엄치던 놀이터이자 삶을 영위할 수 있게 해주는 논이요 밭, "집 앞마당"이었다. 그런 그들의 바다가 신일본 질소비료 공장이 쏟아낸 유기수은으로 오염되고, 삶은 파괴되기 시작한다. 미나마타병은 토착적인 삶에 가해진 폭력 그 자체였다. 처음에 손발 끝이 저려서 물건을 쥐지 못하고 걷지 못하는 데서 시작해서 점점 보이지도, 들리지도 않게 되고, 나중에는 전신마비에 정신착란 증세까지 보이게 된다. 한 마을에서 한 집 건너 두 집, 한 집안에 몇 사람씩 환자가 나오기도 했다. 그들은 저마다 특이하게 처참한 모습으로 병을 앓다 이루 말로 다할 수 없는 고통을 겪으며 죽어간다. 병을 앓는 사람이나 그들을 돌보는 가족이나 사는 게 아니었고, 미나마타병은 생활의 숨통을 끊어놓았다.

미나마타병 환자로 인정되면 번호가 붙여지고 환자의 몸은 연구 대상이 된다. 그래야 치료도 받고 나중에 보상도 받을 수 있다. 사망하면 그들의 몸은 연구를 위해 해부당한다. 그들은 도살장에 끌려가는 양처럼 순순히 번호를 받고 해부당한다. 이들에게 끔찍한 병을 가져다준 근대 과학문명도 야만적이었지만, 병에 걸린 그들을 구제하는 근대 과학의 방식 역시 야만적이었다. 센스케 노인은 제86호 환자가 되었다. 그는 80 평생 배를 탔고, 배의 널빤지로 지은 허술한 오두막에서 밤마다 혼자 소주잔을 기울이고, 무협지를 읽으며 쓸쓸하게 만년을 보내면서도, "손가락 끝만큼도 남한테 아쉬운 소리 안 하고" 10년 전 파상풍으로 5년간 자리 보존하다, 세상을 떠난 아내를 자식들 손 하나 안 빌리고 정성껏 보살피다 화장해서 떠나보냈다. 건강도 타고 나서 "나야 바다에서 막 잡은 무염 생선을 아침저녁으로 먹는 영화를 누렸는데, 무슨 놈의 미나마타병이여"[1]라고 말하곤 했다. 여간해서 집 밖에 나가지 않지만, 소주 사러 갈 때만은 네시 반이면 정확히 집을 나서 마을 사람들의 시계 역할을 했다. 막 지려 하는 시라누이 해의 겨울석양 속에서 바닷가 선로를 향해 천천히, 그리고 열심히, 잘 나가지 않는 발걸음을 떼어놓는 노인의 뒷모습을 본 것이 이시무레가 그를 마지막으로 본 것이었다. 그 뒤 제86호 환자, 미나마타병 서른아홉 번째 사망자 나미사키 센스케는 80 평생의 이루 말로 다 못할 심정의 곡절을 묻어둔 채 해부되어 "탱탱하고 선명한 빛깔을 한 내장의 파편을 해부실에 남겨둔 채"[2] 세상을 하직한다.

미나마타병 환자들은 몇 토막의 내장 덩어리를 이 세상에 남기고 떠나지만, 그들 역시 누군가의 사무치는 애정을 받는 존재들이다. 미나마타병에 걸린 아홉 살 소년 모쿠타로는 아버지도 병에 걸려 누워 있고,

---

1 이시무레 미치코, 『슬픈 미나마타』, 김경인 옮김 (서울: 달팽이, 2007), 59쪽.
2 같은 책, 63쪽.

어머니는 집을 나가버려 할아버지, 할머니와 함께 산다. 그는 '곱자'처럼 깡마른 몸에 시퍼렇게 멍든 팔꿈치를 가녀린 가슴에 모으고 말도 할 줄 모른 채 하루 종일 혼자 누워 뒹굴며 식구들을 기다린다. 그런 몸을 하고도 식구들에게 걱정을 안 끼치려 오줌을 참고 마냥 부처님처럼 웃고 있다. 할아버지는 소주만 마시면, 침 흘리는 부처님이라며 모쿠타로를 부른다. "모쿠타로야! 이리로 기어오렴. 데굴데굴 굴러서 오렴. 왔는가, 왔는가 내 새끼.…… 우리 집에는 다른 집보다 신도 많고 부처님도 많지만, 모쿠타로야, 네가 정말 제일 큰 부처니라.…… 너한테는 번뇌가 많으면 안 되니라"[3]

아무도 모쿠타로를 안아주려고 하지 않지만 할아버지는 양반다리를 하고 그 위에 모쿠타로를 앉혀 배를 태워준다. 그리고 노래를 불러준다. "자, 가볼까 모쿠야/ 궁전이 있는 항구까지/ 히노시마까지/ 응, 할아버지섬까지냐/ 응, 응, 할머니섬까지냐/ 응, 가볼까, 응/ 엔진을 켜고/ 가볼끄나/ 노를 저어 가볼끄나/ 돛을 달고 가볼끄나/ 응, 모쿠/ 돛을 달자고? 응/ 오늘밤은 십삼야(十三夜)니/ 돛을 달고 갈까." 할아버지는 배가 되어 머리를 끄덕여가며 돛대를 올린다. 문턱 없는 대청을 향해 모쿠를 태우고 배는 밀려간다. 행복한 아지랑이 같은 것이 할아버지의 양반다리 사이에서 피어오르고 소년은 그 아지랑이 속에 잠겨 산다.

그 배는 할아버지가 젊은 시절부터 평생 타오던 그 배고, 바다 위 그 배를 타고 있었을 때가 할아버지에게는 극락이었다. "도쿄 사람들은 불쌍한 생활을 하고 있는 거라고.…… 도쿄 사람들은 평생 신선한 생선 맛도 모르고 햇빛도 제대로 못 쬐고 불쌍하게 살다 가겠네. 우리가 봐도 도

3 같은 책, 176쪽.

쿄 사람들은 정말 불쌍해.…… 그에 비하면 우리 어부들은 천하에 부러울 게 없는 생활 아닌가?…… 바다 위에 있으면 세상이 다 내거야!…… 생선은 누가 뭐래도 배 위에서 먹는 게 최고지! 배에 작은 냄비 하나 싣고 풍로 하나 싣고 대접하고 접시 하나씩, 된장도 간장도 싣고 나가지.…… 옛날부터 도미는 임금님이 드시는 생선이라고 했지만, 우리 어부들은 평소에도 실컷 먹을 수 있거든. 그러고 보니 우리 어부들의 혀는 임금님 혀네!…… 마누라는 밥 짓고 나는 생선회를 준비하고. 내 손으로 낚은 물고기 중에서 제일 마음에 든 놈으로 골라 비늘을 벗기고 뱃전의 물에 살살 흔들어 씻어.…… 물고기는 하늘이 주신 거라고, 하늘이 내려주신 것을 공짜로 우리가 필요한 만큼 잡아서 그날 하루를 사는 거여.……이보다 더한 영화를 어디서 누릴 수 있겠는가?"4

할아버지에게 바다 위는 극락이었고, 할아버지는 자신의 양반다리 배에 모쿠타로를 태워 그 옛날 그가 다니던 바다로, 바다 위 극락으로 가고 싶다. "누더기 같은 옷이지만 찢어진 것은 기워 입고, 하늘이 먹여주신 것을 먹고, 조상을 섬기고, 신들을 믿음으로 받들고, 다른 사람 원망하지 않고, 남이 하는 일을 진심으로 축하해주면서 살아왔던"5 그 삶으로 돌아가고 싶다. 할아버지에게 낙원은 "썩은 생선으로 만든 어묵을 먹고 평생 신선한 생선 맛도 모르고 살다 가는"6 도쿄 나리들의 삶도 아니고, 그 똑똑이들이 펼쳐놓은 멋들어진 세상도 아니다. 할아버지의 낙원은 그가 과거에 실제로 누렸던 삶, 근대 과학의 파생물인 미나마타병

4 같은 책, 180~181쪽.
5 같은 책, 182쪽.
6 같은 책, 180쪽.

에 의해 파괴되어 이제는 다시 올 수 없는 과거가 되어버린 그 자신의 삶으로 돌아가는 것이다. 마지막까지 모쿠타로를 배에 태워 극락으로 가고 싶어 했던 할아버지는 죽었다. 남겨진 모쿠타로는, 살아 있을까?

3

이시무레는 "진보하는 과학문명이란 더욱 복잡한 합법적인 야만 세계로 역행하는 폭력의 지배"를 말한다고 했다. "동양의 덕성, 그 체질 속에 숨겨져 있는 전제주의와 서구 근대가 기술의 역사 속에 관철시켜온 합리주의가 가장 황폐하게 결합해 일본 근대 화학산업이 발전했고, 이 열도의 골수까지 파고든 종양 덩어리의 전모를 미나마타병 사건은 보여주고 있다"고 썼다.

1981년 이반 일리치는 일본 방문길에 미나마타에 들렀고, 거기서 명수원(明水園)이라는 중증환자 수용 병원에서 미나마타병 환자인 한 자그마한 여인을 만난다. 그는 그녀를 만난 경험에 대해 "가장 아프면서도 가장 아름다운 경험"이었다고 한다. 침상에 누워 있던 그 여인은 그의 손을 잡고 자신은 일찍이 춤을 출 수 있었다고 말했다. 그녀는 발병 이래 30년 가까이 '방치되어' 있다가 불과 몇 년 전에 의료진의 노력으로 겨우 수용되었다. 어머니가 돌아가시고 돌봐줄 사람이 없게 되어 30년 만에 입원하게 되었던 것이다. 서른 몇 살의 환자이지만 초등학교 학생 정도의 몸을 가지고 있었던 그녀는 고통스럽다고, 사람들에게 이렇게 폐를 끼치고 싶지 않다고, 빨리 돌아가서 집에서 죽으면 안 되는가 호소했다.

일리치는 그녀가 자신은 "의료라는 시혜의 희생자"라고 말했다고 했다. 그리고 함께 있던 일본인 의사와 친구들에게 이렇게 해도 되느냐고 물었다. 착한 의사 선생 하라타 씨도, 친구 우이 준도 일리치의 이 물음에 답을 할 수 없었다. 하라타 씨는 자신이 진찰을 해서 그녀를 환자로 인정한 것이 과연 잘한 일이었는지 자신이 없었다. 미나마타병은 치료가 불가능한 병이지만, 의사로서 미나마타병 환자를 보고 그냥 지나쳐 버릴 수는 없었을 테고, 진단을 내려야 보상을 받을 수 있는 것이었다.

1950~1960년대 이시무레가 만났던 미나마타병 환자들에게 번호가 붙여지고 그들의 몸이 해부되었듯이, 이제 일리치 앞의 여인은 자신의 의사와 상관없이 '인도적으로' 수용되어 관리되고 있었다. 명수원은 언덕 위에 있는 작은 병원이었는데, 그 건너편 언덕 위에는 찬란하게 시멘트와 강철로 세워진 국립 미나마타 연구센터가 우뚝 솟아 있었다. 일리치는 그 센터로 상징되는 근대적인 거대 의료체계는 그 여인과 같은 모르모트를 필요로 하며, 최고가의 장비를 갖추고 있지만 그곳 의사들은 어떻게 해야 할지를 모르고 있다고 했다. 그리고 그는 여인을 가리켜 이렇게 말한다. "내게는 그 자그마한 여성은 시간이 경과하는 가운데 여러분 모두의 자손의 상징으로 비쳐졌습니다. 지금도 압도적인 대다수는 인간이 다시 걷지 못하게 되리라고는 믿지 않겠지요. 우리가 살고 있는 생활공간이 파괴되고 있는 사회에서는, 인간은 영구히 저 작은 여성과 같이 휠체어에 의존할 수밖에 없을 것입니다. 저 작은 여성은 매우 분명하게 자신은 '집으로 돌아가 죽고 싶다'고 했습니다. 그녀는 감시되고, 전문가에게 의존하지 않을 수 없는 상태에 놓이고 말았습니다. 그녀는 생을 계속하여 이어가지 않으면 안 되는, 즉 그 생존이 제도화되어 있는 것입니다." 그리고 소수의 사람만이 그러한 의존에 도전해 나갈 수 있다고 했다.

일리치는 미나마타병으로 괴로워하고 있던 한 작은 여인에게서 현대 문명에 속한 우리 모두의 모습을 보았던 것이다. 휠체어에 앉은 그녀의 모습은 제도화된 세계, 인공의 세계 바깥에서는 생존할 수 없는, 지극히 의존적인 현대인의 상징일 수 있다. 그러나 이제 우리는 그녀의 모습이 상징을 넘어서 문자 그대로 사실이 되는 시점에 와 있다. 그 점에서 일리치의 예언은 무섭도록 정확하다. 아마도 선량한 그의 친구들의 행동, 어쩔 수 없는 상황에서 강요된 도덕적 선택을 할 수밖에 없는, 대다수 선량한 사람들의 행동을 거슬러 말할 수 있다는 데에 일리치의 철저함과 급진성이 있을 것이다. 그의 말은 피상적인 정의감, 도덕심을 넘어서 사물을 살아 있는 밑바닥 삶에서 볼 것을 요구한다. 남을 돕는다는 착각에 빠질 것이 아니라, "다른 사람의 등에 올라타 있다면" 내려올 생각부터 해야 한다. 어쩌면 일리치가 말하는 것은 가장 단순한 근본으로 돌아가라는 말일 것이다.

일리치는 "어떻게 할 것인가"라는 질문 앞에서 우리 모두가 이제 각자 개인임을 인정하는 용기를 지녀야 한다고 말했다. 그리고 개인은 존경을 받아야 한다고 했다. 아마도 이때 그가 말하는 개인이란 모쿠타로의 할아버지에게 모쿠타로가 의미하는 것과 같은 존재일 것이다. 하나의 완전한 인격으로 살아 있는 존재, 내 앞에 있는 너, 그 얼굴을 손으로 만질 수 있고, 그 초롱초롱한 눈빛과 빛나는 눈물이 내 눈에 비치는 내 눈동자 속의 너. 이때 각자는 각자에게 시인이다. 시인의 눈에는 그 어떤 것도 대상화되지 않고, 만물이 살아 있기 때문이다. 일리치는 스페인의 한 격언을 들어 말한다. "모든 사람의 마음 가운데 깊이 허리를 걸치고 있는 시인이 있습니다." 그러니까 일리치가 하는 이 말을 듣고 있었을 때 사람들은 한 사람의 시인이 하는 말을 듣고 있었던 셈이다.

"모든 사람의 마음에 깊이 허리를 걸치고 있는" 또 한 사람의 시인, 예수는 때로는 기묘한 비유를 말해서 아마도 그의 청중이었던 농부들은 이해를 했겠지만, 후대의 사람들이 오해를 하게 만들기도 했다. 그 대표적인 비유가 겨자씨 비유이다.

하느님나라는 무엇과 같은가? 내가 그것을 무엇에다가 비길까? 그것은 마치 겨자씨와 같다. 어떤 사람이 그것을 가져다가 자기 정원에 심었더니, 자라서 나무가 되어, 공중의 새들이 그 가지에 깃들였다.

_ 누가 13:18-19

이 비유에서 예수는 하느님나라를 겨자씨가 자라서 나무가 되고 그 가지에 공중의 새들이 깃들이는 것에 비유하고 있다. 그런데 겨자는 1년생 풀로 다 자라도 결코 나무가 되지 않는다. 생물학적으로 그렇다. 그러니까 겨자가 자라서 그 가지에 새가 깃들이는 상황은 적어도 생물학적으로는 있을 수 없다. 게다가 겨자는 번식력이 강해서 일단 심으면 주변을 다 뒤덮어버린다. 그래서 겨자는 정원에 심지 못하도록 율법에 규정하고 있다(미쉬나 킬라임, 3.2). 그런데 이 비유에서는 잡초로 여겨졌던 겨자를 정원에 심을 뿐만 아니라, 그것이 자라서 나무가 되고 공중의 새가 깃들인다고 한다.

겨자가 자라서 그 가지에 새가 깃들인다는 것은 당시 유대인 청중들에게 아주 익숙했던 한 가지 이미지를 끌어들인다. 그것은 구약성서에 자주 언급되는 "레바논의 거대한 백향목"에 대한 이미지이다. 에스겔서 17장 22~23절에서 이것은, 이스라엘의 회복에 대한 민족적 희망과 연결되어 미래의 해방된 이스라엘의 창대한 번영의 이미지로 나오며, 에스겔서 31장 2~6절과 다니엘서 4장 10~12절에서는 각기 아시리아와 바빌론이 과거 누렸던 영광을 묘사할 때 이 "레바논의 백향목" 이미지가 나온다. 그런데 예수의 이 비유에서는 잡초 같은 키 작은 식물 겨자의 이미지와 거대한 백향목의 이미지가 나란히 함께 나온다. 관목에 불과한 겨자가 실제 나무가 될 수는 없다. 하물며 거대한 백향목이 되는 것은 더더욱 가능하지 않다.

왜 그랬을까? 어째서 예수는 생물학적으로도 맞지 않고, 게다가 어울리지도 않는 두 개의 이미지를 한 비유 안에 나란히 결합했을까? 시인의 상상력이 아니고는 이해하기 어려운 질문을 예수는 우리에게 던지고 있다. 하느님나라는 겨자씨 아니면 레바논의 백향목 둘 중 하나이니, 둘 중에서 선택하라는 것일까? 그보다 예수는 겨자씨가 바로 백향목인 나라를 상상하지 않았을까? 시저의 나라, 헤롯의 나라에서 겨자씨는 잡초에 지나지 않지만, 하느님나라에서는 겨자씨가 바로 백향목이다. 시저의 제국에서는 크고 근엄하고 고귀한 존재들이 백향목이겠지만, 하느님나라에서는 톡 쏘는 이 잡초, 무섭게 잘 자라서 모든 것을 덮어버리는 이 잡초가 곧 백향목이다. 아무래도 예수는 장난기가 많은 시인이었던 것 같다.

그러나 후세 사람들은 예수의 이 유머를 이해하지 못했다. 원래 예수에게는 겨자가 곧 백향목이었는데, 후세 사람들은 겨자씨가 '자라서' 백향목이 될 것을 꿈꾸었다. 뭐니 뭐니 해도 겨자씨보다는 레바논의 백향목이 멋지고 그럴듯하니까, 겨자씨와 백향목 중에서 백향목을 선택한 것이다. 이 비유는 마태·마가·누가복음뿐 아니라 도마복음에도 나온다. 그런데 각 본문에 약간씩 차이가 있다. 앞서 인용한 누가복음 본문이 가장 단순한 형태이고, 가령 마가복음에서는 겨자씨가 "세상에 있는

씨들 가운데 가장 작은 씨"라는 말이 덧붙여졌고, 마태복음에서는 "그 어떤 씨보다도 더 작은 씨"라는 말이 덧붙여졌다. 그리고 그것이 자라서 "가장 큰 풀"(마가), "어떤 풀보다 더 큰 나무"(마태)가 되었다고 한다. 말하자면 가장 작은 것에서 가장 큰 것으로 발전했다는 은유를 끌어들인 것이고, 그럼으로써 이 비유는 가장 작은 것이 큰 것으로 발전했다는 '성장의 비유'가 되어버렸다. 겨자가 레바논의 백향목으로 성장했다는 것이다(그래서 겨자가 풀이라는 것을 모르고, 정말로 겨자가 자라서 거대한 백향목처럼 될 수 있다고 착각하는 사람들도 있다. 예수와 그의 청중들이 알았으면 배를 잡고 웃을 일이다).

그러나 겨자는 다 자라도 여전히 겨자다. 그러므로 이 비유를 가장 작은 것이 가장 큰 것으로 성장한다는 '성장의 비유'로 읽는 것은 실질적으로는 이 비유에서 백향목을 선택했다는 것을 의미한다. 겨자씨가 실제로 레바논의 백향목이 되어야 만족하겠다는 것이고, 그것은 '삶의 기적' 대신 '생물학적 기적'을 선택했다는 것을 의미한다. 본문의 전승사 자체 안에서도 그랬고, 그 후로도 교회에서 이 비유는 겨자씨가 거대한 레바논의 백향목으로 성장하는 비유로 해석되었다. 그 경우 예수가 대비되는 이미지를 나란히 제시함으로써 노렸던 해학과 재미를 놓쳐 버리게 되고, 이 비유는 또 하나의 근엄한 설교가 되어버린다. 만일 예수의 청중들이 이 비유를 그런 식으로 이해했다면 그들은 웃지 않았을 것이다. 하지만 그들 자신이 겨자씨 같은 존재들이었던 예수의 청중들은 이 비유를 이해했을 것이고, 웃었을 것이다. 모쿠타로의 존재가 모쿠타로의 할아버지에게 의미했던 것, 그것은 겨자씨가 겨자씨 그대로 레바논의 아름다운 백향목인 나라였을 것이고, 아마도 할아버지의 양반다리 배 위에서 모쿠타로는 재미있어하며 웃었을 것이다.

조지 오웰의 소설 『숨쉬러 나가다』에서는 40대 중반의 보험회사 세일즈맨 뚱보 조지 볼링이 주인공이다. 그는 어쩌다 마권으로 횡재를 해서 얻은 돈 12파운드로 어린 시절 자라던 고향 마을로 가서 자기만의 비밀스러운 연못에서 낚시를 할 것을 꿈꾼다. 그는 자신이 자라던 시절에 대해 이렇게 말한다.

몹시 딱한 일을 당하는 모습을 지켜보게 될 때도 제법 있었다. 시계공의 조수인 크림프 영감은 소년시절부터 50년 동안 같은 일을 하다 백내장을 얻어 결국 구빈원으로 가게 되었고, 시설에서 그를 데려갈 때 손자손녀들이 길에서 마구 울부짖었다.…… 집에는 욕실이 없었고, 겨울날 아침엔 세면대에 얼어붙은 물을 깨어 써야 했고, 뒷골목에선 날이 더우면 악취가 지독했고, 성당묘지는 타운 한복판에 있어서 누구에게나 끝이 있다는 사실을 단 하루도 잊고 살 수가 없었다. 그런데도 그 시절 사람들이 갖고 있었던 것은 과연 무엇이었을까? 바로 안정됐다는 느낌이었다. 실제로는 그렇지 않더라도 그들은 그렇게 느꼈다. 더 정확히 말하자면 그것은 계속 이어진다는 느낌이었다. 그들은 모두 언젠간 자신도 죽는다는 것을 알았고, 소수는 자신이 파산할 것임을 알았을 것이다. 하지만 그들이 몰랐던 것은 세상사의 오랜 질서가 바뀔 수 있다는 사실이었다. 그들 자신에겐 무슨 일이 일어나든, 세상사는 그들이 알아오던 바대로 계속될 터였다.…… 그건 다름 아닌 안정된 시기, 문명이 코끼리처럼 네 다리로 서 있는 듯한 시기였다.…… 한 개인으로서는 수명을 다했지만 그들이 살아온 방식은 지속될 터였고, 그들이 생각한 선악 개념도 그대로 남을 것이었다. 그들

은 자신이 서 있는 지반 자체가 흔들리는 느낌을 모르고 살았다.[7]

　이제 우리는 오웰이 자신의 시대에 예감했던 그 느낌, 한 문명이 종말을 고하는 현상을 직접 경험하고 있다. 무슨 일이 일어날지 알 수 없다. 마지막에 닥쳐올 일 자체보다 그 전에 일어나는 일들이 지레 우리를 마비시킨다. 우리에게서 살아 있다는 느낌을 앗아가 버린다. 그래서 우리는 어리석고 바보 같은 일에 매달려 세월을 허비한다. 뚱보 조지 볼링이 말하듯이 우리는 슬슬 걸어 다니며 사물을 그윽이 들여다보지 않는다. 우리가 사는 세상의 신비를 다 살펴보자면 평생이 가도, 열 평생이 가도 모자랄 텐데 말이다. 결국 우리가 잃어버린 것은 "경이감, 내면의 묘한 불꽃" 같은 것이다. 그것이야말로 가질 만한 유일한 무엇일 텐데 우리는 그것을 원하지 않게 되었다. 그러나 가만히 생각해보면 사실은 그것을 진정으로 원하고 있다. 조지 오웰의 말로 하자면 "숨쉬러 나가는 것!" 말이다. "커다란 바다거북이 열심히 사지를 저어 수면으로 올라가 코를 쑥 내밀고 숨을 한껏 들이마신 다음 해초와 문어들이 있는 물밑으로 다시 내려오듯" 말이다.

　굴속 같이 어둡고 보잘것없는 구멍가게라도 주인은 매일 새벽 아직 채 어둠이 가시기 전에 문을 열고 늘 하던 대로 물건을 진열한다. 자신에게 무슨 일이 닥칠지 알지 못한 채. 겨울바람이 매섭게 차고, 눈보라가 쳐도 새는 차갑고 어두운 하늘을 낮게 난다. 그리고 그 새를 쫓는 고양이도 눈 위를, 얼음 위를 그 연하고 부드러운 발바닥으로 달린다. 수천수만 년 그랬듯이 사뿐사뿐. 자신에게 무슨 일이 닥칠지 알지 못한

．．．．．．．．．．．．．．．．．．．．．．．．．．．．．．

7　조지 오웰, 『숨쉬러 나가다』 이한중 옮김 (서울: 한겨레출판, 2011), 155~156쪽.

채. 너무나 작고 연약하고 애절한, 가여운 존재들. 그러나 파괴되기에는 너무나 크고 복잡하고 노회하고 교활한 전체. 그 전체에 몸을 실어 산다. 그것만이 희망이다.

교회, 권력, 종말론적 상상력

1

어쩌다 이렇게까지 되었을까? 최선을 꿈꾸었는데 어떻게 최악이 되고 말았을까? 교회는 어린 시절 내가 사람 사귀는 법을 처음 배웠던 곳이고, TV도 없고 별다른 문화시설도 없던 시절 노래며 춤이며 이른바 '문화생활'이라는 것을 처음 접하고 배웠던 곳이기도 하다. 그뿐인가? 주일학교 집사님들이 해주던 아브라함, 야곱, 모세 이야기는 어찌 그리 재미있던지, 이야기의 세계에 빠져드는 계기가 되었다. 유년 시절, 중학교 시절을 떠올려보면 거기에는 언제나 교회가 있었고, 학교보다 교회는 즐거운 곳이었다. 그 시절에는 교회를 집보다 쾌적한 공간으로 느끼는 아이들이 많았고, 아무리 천덕꾸러기라도 교회에서는 환영을 받았다. 자칫하면 빗나갔을 많은 아이들이 교회생활을 통해 사람 구실 하는 법을 배웠다. 너나없이 살기 힘들던 시절 새벽어둠 속에 혼자 기도하는 어머니의 모습은 자식들이 엇나가지 않도록 지켜주는 등불이었고, 한때 교회는 이 땅의 가진 것 없고 기댈 곳 없던 사람들의 의지처였다. 그래서 교회가 아무리 욕을 먹고 또 내 입으로 교회를 비난할 때가 많아도, 교회와 함께 떠오르는 착한 얼굴들이 눈에 밟혀 마음 한구석에서는 내가 정말 이래도 되나 하는 의구심이 든다. 도대체 교회는 어쩌다 이렇게 되어버렸을까?

교회가 재미있고 좋았던 시절, 그 시절에는 우리 집이 있던 서울 서대문 밖만 해도 대문만 나서면 논밭이었다. 여름날 아침 학교를 가다 보면 길가 밭에 달걀처럼 동그랗고 뽀얀 어린 가지열매가 예쁘게 매달려 있던 모습이 눈에 선하다. 늦가을이면 통통한 무가 하얀 배를 내밀고 흙 위로 솟아오른다. 그러면 아이들은 주인이 오나 망을 보는 시늉을 하기도 하고, 서로 쿡쿡 찌르다가 그중 한 아이가 잽싸게 무를 뽑아 손으로 쓰윽 흙을 문지르고는 이빨로 껍질을 벗겨내서 돌려가며 먹었다. 뜨거운 여름날 학교에서 집으로 돌아가는 길에는 바람 한 점 없는 뙤약볕 아래 키가 껑충한 피마자가 부동자세로 서 있고, 우리는 시원하게 뻗은 피마자 잎을 꺾어서 머리에 얹거나 부채질을 하면서 흙먼지 길을 걸었다. 그 시절 해바라기꽃은 아주 커서 지금 해바라기꽃 두 배는 되었던 것 같다. 늦여름이면 해바라기씨를 훑어서 까먹고, 고슴도치처럼 가시가 뾰족뾰족 난 피마자 열매를 따서 손바닥 위에 올려놓고 이리저리 굴리며 놀았다. 봄이면 지금 명지대학 자리 야산 언덕에 쑥이며 냉이며 봄나물이 지천으로 깔렸고, 학교에서 돌아오면 칼과 바구니를 들고 동생과 나물을 캐러 나갔다. 나물도 캐고 졸졸 흐르는 실개천 물에 냉이뿌리를 흔들며 놀던 기억이 선명하다. 여름날 마룻바닥에 배를 깔고 엎드려 밀린 방학숙제를 하다 고개를 들고 마당을 내다보면 고양이 한 마리가 마당 한쪽 끝에서 저쪽 끝까지 쏜살같이 내달렸고, 그때는 십중팔구 도마뱀, 아니면 운 나쁜 나비 한 마리가 희생제물이 되어 있었다. 여름이면 동네

아저씨들은 추렴해서 개를 삶았고, 김장철이면 아주머니들은 배추를 산더미처럼 쌓아놓고 집집마다 모여서 김장을 담갔다. 사건 사고도 없지 않았다. 뒷산 버려진 숯가마에서 벌거벗은 여자 시체가 나와서 백차가 왔다 갔다는 둥, 누구 집 식모가 주인아저씨와 바람이 났다는 둥, 아이들도 소견은 멀쩡해서 소문은 아이들 입을 통해서도 순식간에 퍼졌다. 신기하게도 그 때는 헐벗은 산, 거리의 사람들, 소나 말, 개, 고양이 할 것 없이 모든 것이 생생하게 살아 있었다.

그 시절 살림살이는 도시나 농촌이나 큰 차이가 없었던 것 같다. 우리 집에도 텃밭이 있어서 웬만한 푸성귀는 집에서 키워 먹었고, 병아리를 키웠다. 도시 사람이라도 다들 부지런히 몸을 놀려야 했고, 전화도 별로 없던 시절 아이들은 가게로, 이집 저집으로 심부름 다니느라 방바닥에 엉덩이 붙어 있을 새가 없었다. 그러니 당연히 공부는 뒷전이었다. 도시 사람들도 한 달에 한 번 목욕탕에 갈까 말까 했고, 교실 앞자리에 앉은 친구 머리카락 속에서는 이가 기어 다녔다. 이사하던 날 리어카 한 대에 살림 도구들을 싣고 엄마가 앞에서 끌고 우리가 뒤에서 밀던 생각이 난다. 도시에서도 집이라고 해야 모래를 많이 섞어 찍어낸 '브로크'로 지은 허술한 집들이 대부분이어서 겨울엔 외풍이 지독히 심했다. 어딜 가나 나무 한 그루 없는 나지막한 민둥산이 둘러싸고 있었고, 동네마다 검게 칠한 전봇대 사이로 전깃줄이 늘어져 있었다. 그리고 그 전봇대 사이를 제비들이 멋지게 날아다녔다. 그때는 도시나 농촌이나 다들 고만고만하게 가난하게 살았다. 아니 온 나라가, 도시도 실제로는 농촌과 다를 바 없었고, 도시사람도 바로 얼마 전까지 시골사람이었다. 나는 가끔 교회가 지금처럼 욕을 먹게 된 것은 그 시절 그렇게 가난하고 시골스럽던 풍경이 사라진 것과 관련이 있을 것이라고 생각한다. 그렇게 시골과 시골사람들이 사라져가는 것을 교회가 그냥 보아 넘겼을 뿐만 아니라, 그것을 하느님의 축복이라고 설교한 것과 관련이 있을 것이라고 생각한다.

돌아보면 우리의 근대화 과정이란 시골과 시골사람들을 밀어내는 과정이었다. 우리나라는 자원부족 국가이므로 수출밖에 먹고살 길이 없고, 공업화, 산업화의 길로 나아갈 수밖에 없다는 말은 철들고 나서부터 귀에 못이 박히게 들어왔다. 농업과 어업을 중심으로 한 1차 산업이 1960년대에는 60퍼센트가 넘었다. 그런데 그동안 오로지 산업화에 매진한 결과 지금 농업인구는 7퍼센트이고, 농업이 GNP에서 차지하는 비중은 4퍼센트이다. 앞으로는 7퍼센트인 농업인구를 GNP에 맞춰서 4퍼센트로 낮추자고 한다. 이것이 소위 좌파건 우파건 50년 넘게 이어온 국가 주도 사회공학의 근저에 깔린 원리였고, 그것은 실질적인 농업 말살 정책이자 자연스러운 이웃관계, 사람들 사이의 촘촘한 인간관계망을 파괴하는 과정이었다. 이제 도시와 농촌은 하늘과 땅만큼 멀어졌고, 사람들은 각자 자기 소유물에 포위당한 채 원자화되었으며, 교회는 그들만의 하느님과 함께 게토화되었다.

교회가 물질적 부 자체를 악마시할 이유는 없을 것이다. 산업화 역시 비판한다고 당장 되돌릴 수 있는 것이 아니다. 중요한 것은 입에 밥이 들어가야 생명이 유지된다는 가장 기본적인 인간 조건과, 그러한 조건에 부응하여 형성된 자연스러운 인간 행동과 인간관계의 망들을 파괴해서는 안 된다는 것이다. 살기 위해, 또 살아가면서 사람들이 자연스럽게, 자발적으로 맺는 복잡하고 다양한 관계망이야말로 교회의 존립 기반이기 때문이다. 그러한 자발적인 관계들이 사라져버리고 모든 것을 국가나 자본, 기술이 관리하고 담당하리라고 기대하는 사회에서 교회가 설 자리는 없다. 과거에는 아무리 독재정권이라 해도 모든 것이 어수룩해서 사람들을 속속들이 관리하고 지배하지 못했다. 국가나 관료체제의 힘이 보잘것없었던 반면 일상생활에서 사람들이 맺었던 익숙하고 친근한 연결망은 큰 힘을 지녔다. 관에서 뭘 해준다는 것은 기대 밖이었고, 사람들은 알아서 서로 지켜주고 도움이 되어주었다. 제도화의 힘은 약했던 반면, 개인이나 이웃 간의 신뢰의 힘은 컸다. 교회는 그런 익숙하고 친숙한 신뢰망 중의 하나로 기능하면서 사람과 사람을 이어주었던 것이다.

제임스 스콧James C. Scott은 『국가처럼 보기』에서, 세계 각처에서 이루어진 다양한 하이 모더니즘 프로젝트들이 인간의 삶을 개선하기 위해 선의를 갖고 시작했음에도 왜 그렇게 비극적인 모습으로 엉망이 되고 말았는지, 20세기의 거대한 유토피아적 사회공학 구상이 궁극적으로는 왜 실패할 수밖에 없었는지 그 이유를 분석하고 있다. 그에 따르면 대부분의 거대한 하이 모더니즘 프로젝트들이 채택하고 있는 단순화되고 합리화된 규칙들은 실제로 기능하는 사회적 질서를 창조하는 지침으로는 부적절하다. 원래 공식적 계획은 국가나 제도의 힘으로는 창조하거나 유지할 수 없는 비공식적이고 자발적인 과정에 기생하기 때문이다. 공식적 계획이 이와 같은 비공식적 과정을 허용하지 않거나 억압할 경우, 그것은 처음 의도했던 수혜 집단을 만족시키지 못할뿐더러 궁극적으로는 그와 같은 계획 자체도 실패하고 만다.[1] 스콧은 공식적인 공공기관의 질서유지 기능은 풍부하고 비공식적인 공공생활에 의해 뒷받침될 때

1 제임스 C. 스콧, 『국가처럼 보기: 왜 국가는 계획에 실패하는가』, 전상인 옮김 (서울: 에코리브로, 2010), 27쪽.

만 성공적으로 작동한다고 말하고 있다. 질서를 지키는 유일한 기관이 경찰인 도시 공간이야말로 극히 위험한 곳이라는 것이다.[2]

그렇다면 지금 우리 사회가 처해 있는 상황이 바로 그런 것이 아닌가 생각된다. 관리와 통제, 국가와 자본이 기획하는 거대 프로젝트를 과도하게 밀어붙이고 그것만을 신뢰하다 보니, 실은 그 프로젝트가 의존할 수밖에 없는 풍요롭고 복잡하고 다양한 인간 행동들의 씨를 말려버리게 된 것이다. 그래서 결과적으로는 그러한 시스템 자체가 제대로 기능하기 어렵게 되고, 가장 기본적인 인간 삶의 토대를 무너뜨리는 지경에 이른 것이다. 국가와 기업, 기술이 사람들의 모든 필요와 욕구를 충족시켜줄 수 있기라도 하는 듯 나서고 또 그럴 수 있다고 대중이 기대하는 사회에서 이웃은 성립될 수 없다. 그리고 이웃이 없는 곳에 교회도 없다. 이웃이 되기를 포기한 교회는 또 하나의 제도, 사도 바울의 언어로 표현하자면 "멸망할 이 세상 권세"(1고린 15:24) 가운데 하나일 뿐이다. 그러므로 지금 우리가 보고 있는 많은 교회들은 실은 교회가 아니라 또 하나의 이익집단이고, 이웃 없는 사회에서 파생한 일종의 병리적 현상이다.

2

애초에 교회가 생겨난 것 자체가 예수에 대한 배반이었다고 생각하는 사람들이 있다. 오래전 프랑스의 신학자 알프레드 르와지Alfred F. Loisy는 "예수는 하느님나라를 선포했는데, 실제로 도래한 것은 교회였다"고

---

2 같은 책, 214쪽.

했고, 교회의 역사 전체를 "병든 역사"라고 했다. 기독교의 창시자는 예수가 아니라 그 제자들이었고, 그들이 인간 예수를 천상의 그리스도, 즉 신적인 존재로 만들고, 예수의 종교에서 예수에 관한 종교로 옮겨갔다는 것이다. 말하자면 예수에서 교회로의 이행은 역사적으로 보면 유대교에서 기독교로의 이행을 의미하며, 그 사이에는 단절이 있다는 것이다. 그리고 신학자 르와지는 이러한 변화의 가장 극적인 형태를 바울에게서 보았다.

예수에서 교회로, 또는 예수에서 바울로 이행하는 과정에 그러한 변화가 내포되어 있다고 말하는 것은 원칙적으로 타당하다. 초대 기독교 신앙은 예수의 부활과 재림에 대한 신앙고백을 뼈대로 형성되었고, 그것은 인간 예수, 역사적 예수를 넘어서는 것이기 때문이다. 그러나 이것은 어디까지나 원리적인 차원의 이야기이고, 실제로 초대 기독교인들의 신앙 속에서, 기독교 신앙의 전통 속에서 인간 예수와 신적인 그리스도는 한 인물이었다. 그러므로 교회의 입장에서 중요한 것은 원리적인 면에서의 차이가 아니라 예수에 관한 종교인 기독교가 예수를 어떤 방식으로 계승했는가, 교회가 예수를 계승하는 일에서 성공했는가 실패했는가이다.

이렇게 보면 예수에서 교회로, 예수에서 바울로의 이행은 기독교인들에게 주어진 객관적 조건일 뿐 교회가 오늘날처럼 예수에게서 멀어지게 된 결정적인 계기가 아니다. 오히려 그 계기는 기독교가 국가의 종교가 된 데서 찾아야 할 것이다. 로마제국은 3세기에 들어서면 외부로부터의 위협이 증대해서 흔히 '3세기의 위기'라고 일컫는 혼란기에 들어서게 된다. '군인황제 시대'라고 하는 시기인데, 세베루스 조(朝)가 끝나는 235년부터 디오클레티아누스가 황제로 되는 284년까지 약 반세기 동안

정식 황제만도 20명 이상, 자칭 황제까지 합하면 70명 정도 황제가 출현했다. 디오클레티아누스는 이 3세기의 위기를 넘어서기 위해 제국을 동서로 나누어 통치하는 과감한 정책을 시행했다. 동과 서에 저마다 정황제와 부황제가 있어서 4명의 황제가 통치한다는 것이었다. 나중에 로마제국은 결국 동서로 분열되었지만, 이 3세기 말의 이분 정책은 잘 작동하지 않았다. 그래서 혼란을 수습하여 다시 1인 황제체제를 회복했던 것이 콘스탄티누스 황제였다. 그리고 그 과정에서 313년에 밀라노 칙령, 즉 기독교를 포함한 여러 종교를 용인하는 관용령이 나왔다. 이후 머지않아 사실상 기독교만이 우대받게 되었고, 콘스탄티누스적인 교회가 생겨났다.

기독교가 로마제국에서 공인되고 국교가 되는 과정은 분열되었던 로마제국을 하나로 통일하는 과정, 1인 황제체제로 돌아가는 과정과 긴밀하게 관련되어 있었다. 콘스탄티누스가 최후의 1인 황제가 될 때까지 내걸었던 구호가 "하나의 로마, 하나의 신"이었다. 따라서 기독교를 공인하고 국교화한 것은 로마제국 측에서 본다면 정치적인 결정이었다. 유대교로부터 분리된 이래 어떤 민족적 전통과도 특별한 연결이 없었던 기독교는 많은 사람들이 받아들이기 쉬웠다. 특정 신이나 신들, 또는 종교적 권위를 배타적으로 제국 전체에 보편화하려는 시도는 과거에도 이루어졌지만 모두 실패했고, 따라서 그것은 일종의 도박이었는데, 이때는 성공했다. 이제 기독교는 로마제국에 의해 살해당한 사람의 종교에서 로마제국의 종교로 바뀌게 된 것이다.

이처럼 로마제국의 이념을 하나로 통일하는 데 기독교를 이용하기 위해서는 우선 기독교 자체가 통일될 필요가 있었고, 황제는 기독교 교리의 표준을 정하는 일에 직접 나선다. 324년 1인 황제가 된 콘스탄티누스는 곧이어 325년 6월 동방교회와 서방교회 주교 250여 명을 니케아에 있는 황제의 별궁에 소집하고, 석 달 동안 회의를 진행하여 니케아 신조를 통과시켰다. 이 회의에는 제국 전체 교회의 지도자들이 모여 이제 제국의 이념이 된 기독교 신학의 문제를 논의했다. 핵심적인 논의는 예수는 신인가, 인간인가라는 문제였다. 예수는 인간이라는 것이 아리우스파의 입장이었고, 예수는 신이라는 것이 아타나시우스파의 입장이었다. 이 회의에는 콘스탄티누스 황제 자신도 참가했다. 이 니케아 회의를 계기로 예수의 신성을 주장했던 아타나시우스파는 승리하여 정통이 되었고, 아리우스파는 패배하여 이단이 되었다. 황제는 끝까지 반대했던 두 명의 리비아 출신 주교를 유배시킨 후 신조를 만장일치로 통과시켰다. 그 후 니케아 신조 지지파는 로마가톨릭으로 발전했고, 아리우스의 입장을 끝까지 고수했던 그리스 지역의 주교들은 후에 형성된 그리스 정교회의 초석을 놓았다.

이러한 일련의 과정을 보면서 우선 드는 생각은 예수가 신인가 인간인가를 회의에서 결정할 수 있느냐는 것이다. 그리고 다음에 눈에 띠는 것은 그 자리에 콘스탄티누스 황제가 좌정하고 있었다는 것이다. 신비의 세계, 신적 본성을 표현하고 판단하는 데 인간의 언어는 조잡한 도구에 불과하다. 그런데 이 문제와 관련해서 회의를 열었고 결론이 나왔다. 결론이 나올 수 없는 일에 결론이 나온 것이다. 이 문제는 결론이 날 수 없는 것이기 때문에 신학자들 사이에 논쟁이 그치지 않았던 것이다. 그러나 황제가 누군가? 그가 왜 기다리겠는가? 상상하고도 남는다. 끝없이 시끄럽게 떠들어대며 싸우는 중들을 황제가 계속 봐줄 수는 없었을 것이다. 그는 어떻게든 논쟁을 빨리 끝내고 싶었을 것이다. 실제로 황제가 아타나시우스를 지지하는 발언을 했건 안 했건 그의 존재 자체가 이

회의의 정치적인 성격을 말해준다. 이 회의의 결정은 신학적 판단이기에 앞서 정치적 판단이었고, 최종적인 결정자가 누구인가를 기독교 지도자들에게 똑똑히 알려주었을 것이다. 박해받던 종교였던 기독교는 합법적인 종교, 아니 제국의 종교가 되면서 사실상 황제의 권위 아래 들어가게 되었던 것이다. 물론 나중에는 또 하나의 권력이 된 교회와 정치권력 사이의 다툼이 고대, 중세까지 이어졌지만 말이다.

그러므로 앞서 언급한 문제, 즉 교회가 예수를 계승하는 문제도 결국은 교회가 권력과 어떠한 관계를 맺는가에 의해 결정적인 영향을 받게 되었다. 예수가 갈릴리 민중들 사이에서 이루기를 간절히 원했던 하느님나라, 자발적이고 자립적인 농민공동체에 대한 예수의 꿈을 지배권력과 하나가 된 교회가 이어갈 수는 없다. 권력이란 그 본성상 민중의 자발성을 두려워하고 혐오하기 때문이다. 그러므로 기독교인은 지배권력과 민중의 자발적이고 자치적인 삶에 대한 옹호 사이에서 교회가, 자기 자신이 지금 어디쯤 서 있는지 끊임없이 물어야 한다. 이와 관련해서 우리에게 실질적인 도움이 될 수 있는 인물은 바울이다. 왜냐하면 그는 이 질문을 의식하고 있었고, 성공하기도 했고 실패하기도 했기 때문이다.

3

생전의 예수를 만난 적이 없는 바울은 십자가에 달렸다가 부활한 예수를 만나 인생역전을 경험했다. 그는 루터처럼 구원에 대한 내적 확신이 없어서 회의하고 괴로워했던 인물이 아니다. 확신에 넘친 인물이었고, 독실한 바리새파 유대교도였으며, 율법과 성전에 도전했던 예수 추종자들을 박해했던 인물이었다. 그런 그가 기세등등 예수 추종자들을 박해하러 가는 길에 부활한 예수를 만난다. 이 체험은 매우 극적으로 채색되어 신약성서 안에서 세 차례나 언급되었는데(사도 9, 20, 26장), 핵심은 부활한 예수를 만나 그의 인생이 180도 바뀌었다는 것이다. 지금까지 엄격한 유대인으로서 예수 추종자들을 박해하던 사람이 부활한 예수를 전파하는 사람으로, 박해자에서 선교자로 바뀐 것이다. 그런데 이러한 그의 인생역전은 신분이 상승하고 운수가 대통하게 되는 것이 아니라, 현실적으로는 그 반대, 즉 사회적 신분이 하강하고 끝없는 고난과 박해가 기다리는 것이었다.

바울은 "정신나간 사람처럼 하는 말"(2고린 11:23)이라고 하면서 자신의 고생담을 늘어놓기도 한다. 그는 옥살이와 매질도 수없이 당했고, 난파를 당해서 밤낮 하루를 꼬박 깊은 바다에서 떠다닌 적도 있었다(2고린 11:24-25). "자주 여행하는 동안 늘 강물의 위험, 강도의 위험, 동족에게서 오는 위험, 이민족에게서 오는 위험, 고을에서 겪는 위험, 광야에서 겪는 위험, 바다에서 겪는 위험, 거짓 형제들 사이에서 겪는 위험"(2고린 11:26)이 뒤따랐다. "수고와 고생, 잦은 밤샘, 굶주림과 목마름, 잦은 결식, 추위와 헐벗음에 시달렸다"(2고린 11:27).

그렇다면 이렇게 사서 고생하면서 일구월심 그가 전하고자 했던 것은 무엇이었는가? 바울의 초기 편지들을 보면, 무슨 말을 하건 그리스도의 부활에 대한 이야기로 수렴된다. 부활한 주가 곧 돌아오며, 살아남은 기독교인들만이 아니라 이미 죽은 기독교인들도 부활하여 그리스도와 연합한다는 것이다(1데살 4:13-18; 1고린 15:51-52). 바울은 십자가에 달렸다가 부활한 예수를 직접 만났고, 그 예수의 부활을 보편적인 부활이 일어나는 종말적 사건의 시작으로 보았던 것이다(1고린 15:12-20). 그는 자신이 죽기 전에 이런 종말적 사건이 실제 일어날 것이라고 생각했지만, 후기 편지들로 가면 그리스도가 재림하기 전에 자신이 죽을 수 있다는 가능성을 받아들인다(빌립 1:19-26; 2고린 5:1-10). 물론 바울의 이 기대는 지금까지도 이루어지지 않았다. 그러나 바울의 그 기대가 객관적으로 성취되었건 안 되었건 간에, 분명한 것은 바울은 자신이 속한 세계가 곧 끝난다고 생각했다는 것이다. 죽은 자의 부활, 천사들의 나팔소리, 그리스도의 재림과 같은 신화적 환상은 세계의 끝, 시대의 끝에 대한 바울의 종말론적 기대를 표현하는 말들이다. 유대교 묵시문학에서 유래한 그러한 신화적 환상들은 원래 세계의 전환, 문명의 전환과 관련되어 있다.

묵시문학에서는 오늘날 현대인들과 달리 신화와 역사를 대립적으로 이해하지 않았다. 묵시문학에서는 인간사의 사건들 배후에 악의 세력과 하느님 사이의 우주적 투쟁이 놓여 있다고 보았고, 현실 권력이나 사건들의 배후에서 영적인 힘을 보았기 때문에, 역사와 신화 사이에 아무 경계가 없었고 둘 사이를 자유자재로 넘나들었다. 오히려 그랬기 때문에 사물과 사실들을 피상적으로 보지 않고, 그 내면성으로 육박해 들어가 도덕적 날카로움을 유지할 수 있었을 것이다. 가령 1세기 말 쓰인 유대교 묵시문학 작품인 외경 제4에스라서에는 한 마리의 사자(메시아)가 로마의 독수리에게 말을 건네는 환상이 이렇게 묘사되어 있다.

너는, 나의 세상을 통치하고, 나의 시대에 종말을 오게 하기 위하여 내가 만든 네 마리 짐승들 가운데 남아 있는 한 마리가 아니더냐? 네 번째 짐승인 너는 이미 전에 사라져버린 모든 짐승들을 정복했으며, 엄청난 공포로 세상을 지배했으며, 가혹한 억압으로 온 땅을 지배했고, 오랫동안 온갖 속임수로 이 땅에 머물러왔다.…… 너는 온순한 자들을 괴롭히고 평화로운 자들에게 상처를 입혔다. 너는 진실을 말하는 자들을 증오했고, 거짓 말쟁이를 좋아했다. 너는 열매를 맺는 사람들의 집을 파괴했고, 너에게 해를 입히지 않은 사람들의 벽을 무너뜨렸다. 너의 오만은 가장 높으신 분 앞에까지 달했고, 그리고 너의 자만심은 전능한 분에게 이르렀다. 그리고 가장 높으신 분이 자신의 때를 지켜보니 보라 그들은 끝장이 났으며, 그분의 시대는 완성되었도다! 그러므로 독수리 너는 분명히 사라질 것이며 …… 너의 폭력에서 자유로워진 이 땅 전체는 새로워지며, 구원을 얻을 것이며, 그것을 만든 이의 심판과 자비를 소망하게 될 것이다.

11:38-46

여기서 신화적인 독수리와 역사적인 로마제국은 하나로 이해되고 있으며, 역사적 실체인 로마의 파멸과 하느님의 심판 역시 동일한 사건으로 이해되고 있다. 따라서 여기서 종말은 로마가 지배하는 세계의 끝을 의미하며, 그것은 동시에 우주적 차원에서 하느님의 심판이다. 이처럼 유대교의 묵시문학적 종말론은 원래 문명의 신화, 권력의 신화를 깨는 것과 관련되어 있다.

바울 역시 그리스도의 죽음과 부활을 이러한 묵시문학적 맥락에서 이해했다. 바울의 회심사건이 그의 전 존재를 뒤흔들면서 아주 개인적인 차원에서 일어났다는 데에는 의문의 여지가 없다. 그러나 그 사건에 대한 바울 자신의 발언이나 그 뒤의 행적으로 볼 때 바울은 어디까지나 이 사건을 전 세계를 변화시키는 하느님의 행위와 관련해서 이해했다. 가령 갈라디아서 1장 15~16절에서 자신의 회심사건을 언급하면서 바울은 하느님의 계시에 대해 말한다. "계시"라는 말은 묵시문학적인 언어로서 하느님이 직접 새로운 시대를 시작하고 객관적으로 세계를 전환시킨다는 맥락에서 사용된다. 바울에게서도 그것은 예외가 아니다. 바울은 십자가에 달린 예수와 그의 부활 사건을 통해 하느님이 세계를 결정적으로 바꾸는 행동을 개시했다고 생각하게 되었던 것이다. 그것이 바로 바울이 부활한 그리스도를 만남으로써 얻은 깨달음이었다. 지금 이 세상은 한계에 도달했다. 세상은 바뀌고 있다. 과거 그가 몸담아 살아가고 있던 세계, 그 세계가 작동하는 원리와 규율, 그 모든 것이 이제 실질적으로 끝난다는 것이다. 그렇다면 바울에게서는 종말론적 세계 전환이 실제로 무엇을 의미했는가?

4

문명의 종말, 시대의 끝에 대한 현대의 묵시록적 환상에는 희망이 없다. 그것은 공포 그 자체이다. 그러나 바울은 로마서 8장에서 이렇게 말하고 있다.

나는, 현재 우리가 겪는 고난은 장차 우리에게 나타날 영광에 견주면, 아무것도 아니라고 생각합니다. 피조물은 하느님의 자녀들이 나타나기를 간절히 기다리고 있습니다. 피조물이 허무에 굴복했지만, 그것은 자의로 그렇게 된 것이 아니라, 굴복하게 하신 그분이 그렇게 하신 것입니다. 그러나 소망은 남아 있습니다. 그것은 곧 피조물도 사멸의 종살이에서 해방되어서, 하느님의 자녀가 누릴 영광된 자유를 얻는다는 것입니다. 우리는 모든 피조물이 이제까지 함께 신음하며, 해산의 고통을 함께 겪고 있다는 것을 압니다. 그뿐만이 아니라 성령을 첫 열매로 받은 우리 자신도 하느님의 자녀가 되기를, 곧 우리 몸을 속량하여 주실 것을 고대하면서 속으로 신음하고 있습니다. 우리는 이 소망으로 구원을 받았습니다. 눈에 보이는 소망은 소망이 아닙니다. 보이는 것을 누가 바라겠습니까? 그러나 우리가 보이지 않는 것을 바라면, 참으면서 기다려야 합니다.

_ 로마 8:18-25

오늘날 우리는 바울로 하여금 피조물의 아우성을 듣게 만들고, 세계를 온통 정념으로 가득 찬 것으로 이해하게 만든 경험이 구체적으로 무엇이었는지 알지 못한다. 그러나 그의 말에는 삶의 실상을 알기를 두려워하지 않는 사람의 힘이 느껴진다. 현실에서 벗어나기 위해 허상을 제시하는 것이 아니라 현실을 돌파해 나가고자 하는 사람의 내면에서 솟아나오는 생의 의지 같은 것이 느껴진다.

위의 구절에 따르면, 바울이 소망했던 종말은 장차 영광 가운데 부활한 하느님의 자녀들이 나타나는 것, 곧 보편적인 죽은 자의 부활, 몸의 부활이다. 또한 여기서 바울은 현재의 고난을 그러한 영광과 자유의 새 시대에 앞서 모든 피조물이 함께 겪어야 하는 종말론적 진통으로 묘사하고 있다(로마 8:23; 1고린 15:20-28). 이러한 바울의 종말론적 언어들은 그가 시종일관 집요하게 붙들고 있는 그리스도의 십자가를 통해 역사적이고 정치적인 언어로 육화한다.

바울에게서 예수 그리스도의 십자가, 곧 그리스도의 죽음은 대단히 중요하다. 바울은 고린도전서 2장 2절에서 "예수 그리스도 곧 십자가에 달리신 그분밖에는 아무것도 알지 않기로 작정했다"고 말한다. 이때 바울이 말하는 십자가는 로마의 처형 방식인 십자가, 바로 그것이다. 로마 제국의 끔찍한 처형 방법으로서 십자가형이 아직 서슬 퍼렇게 시행되고 있는데, 그 현실을 피해서 십자가가 다른 무슨 추상적이고 관념적인 것을 의미할 수는 없었을 것이다. 그런데 이 십자가라는 구체적인 역사가 하느님이 주관하는 구원의 경륜과 결합된다. 그래서 갈릴리 나사렛 출신의 청년 예수가 십자가에 달렸다고 하지 않고, "하느님의 모습을 지니신 분"(빌립 2:6)이 하느님과 동등함을 당연하게 생각지 않고 자기를 비워 종의 모습을 취해 자기를 낮추고, 죽기까지 순종하여 십자가에 죽으셨다(빌립 2:6-8)고 한다. 또한 고린도전서에서는 예수의 죽음은 멸망할 자들인(1고린 2:6) "이 세상의 통치자들"에 의한 것이며, "영세 전"에 미리 정하신 하느님의 지혜에 따라 이루어진 일이라고 한다(1고린 2:7-8). 그리고 고린도전서 15장 24절에서 바울은 그리스도께서 "모든 통치자와 권위와 권력을 폐하시고 그 나라를 하느님 아버지께 바치실 것입니다"라고 말한다.

신화적인 언어와 역사적인 언어가 혼재하고 있는 이 구절들에서 멸망하게 될 "모든 통치자와 권위와 권력"(1고린 15:24), "이 세상의 통치자들"(1고린 2:8)을 현실 권력, 즉 로마와 거기 빌붙은 식민지 지배세력을 떠나서는 이해할 수 없을 것이다. 이러한 바울의 언어들은 바울이 현재의 시대를 악한 통치자들의 지배하에 있는 것으로 경험하고 있음을 보여준다. 이렇게 현재의 삶을 악한 지배권력 아래서 고통받고 있는 것으로 이해하고, 악한 지배권력의 멸망, 세계의 전환을 기다리는 것은 유대 묵시문학의 기본 패턴을 되풀이하는 것이며, 이 점에서 바울의 종말론적 기대는 권력을 불신하는 유대 묵시문학 전통의 맥락 안에 있다. 바울은 권력의 복원이 아니라 권력의 멸망에 대해 말하고 있다. 달라지는 것은 예수의 죽음과 부활을 하느님의 구원 경륜의 중심적 사건으로 이해한다는 점이다.

이 모든 것은 바울이 예수의 십자가 죽음을 하느님과 지배권력 사이의 우주적인 투쟁이 일어나는 결정적인 사건으로 생각했음을 말해준다. 바울은 그리스도의 십자가에서 악한 권력, 곧 로마체제가 붕괴하기 시작하는 것을 보았다. 십자가는 권력이 세계를 건설하는 원리, 곧 폭력과 파괴를 온 세상이 알 수 있게 폭로했다. 그리고 그는 부활의 빛에서 그리스도의 십자가와 죽음을 보았기 때문에 임박한 미래에 권력이 멸망하고 하느님의 승리가 완성될 것을 기대할 수 있었던 것이다. 부활의 빛에서 하느님의 구원 행위로 십자가를 이해했기 때문에, 그리스도의 죽음은 유대 변방에서 일어난 한 청년의 안타까운 죽음에 머무르지 않고 보편적인 차원을 지닐 수 있게 되었다. 또한 십자가의 빛에서 부활을 이해했기 때문에 바울의 종말에 대한 비전은 정신주의적인 것으로 유약해지거나 미래에 대한 과대망상적인 환상으로 비약하지 않을 수 있었다.

이처럼 바울에게서는 일련의 사건들이 일어나는 구체적인 과정과 등장인물들이 묵시문학적이고 신화적인 범주 안에 녹아들어 있는데, 이것은 사실상 십자가의 정치적 차원을 약화시키는 것이 아니라 보편화한다. 다시 말해 "십자가"는 역사적인 로마와 빌라도를 넘어서서 하느님에게 적대적인 모든 권력에 대해서도 타당한 "말씀"이 된다. 예수의 죽음에 대한 바울의 상징적·신학적 해석은 역사 내적 근거를 상실한 비정치적·피안적 드라마가 되는 것이 아니라, 오히려 보편적 힘을 얻게 되는 것이다. 이것이 바울의 신학화가 지니는 미덕이다. 이러한 신학적 해석이야말로 바울이 고린도의 부유한 이방인들처럼 유대 변방으로부터 지리적으로나 사회적으로 멀리 떨어져 있던 사람들에게까지, 예수의 십자가형을 부단히 기억하며 살라고 요구할 수 있게 해준 힘이었다. 즉, 시대와 상황을 달리 하는 모든 사람들에게 권력과 관련하여, 그리고 그 권력에 의해 파괴당하는 존재들과 관련하여 어떻게 처신해야 할지를 말해주는 보편적인 선언이 되게 해준 힘이었다.

회심 이후 바울의 생의 전환은 그리스도의 십자가에서 권력의 종말, 세계 전환을 인식한 데 따른 당연한 결과였다. 세상이 바뀌고 그 안의 모든 것이 한계에 도달했으니, 이전에 삶을 지배했던 원리들은 더 이상 쓸모가 없다. 그는 이전에 자신에게 "이롭던 것들을 그리스도 때문에 모두 해로운 것으로 여기게" 되었다. 그는 이렇게 말한다. "나는 그리스도 때문에 모든 것을 잃었지만 그것들을 쓰레기로 여깁니다"(빌립 3:8). 이런 바울의 경험을 굳이 비유한다면 수운 최제우의 경험과 비슷하다고 할 수 있을 것이다. 몰락 양반이었던 최제우는 한울님을 모시게 된 자신의 신비로운 체험을 기점으로 세상이 객관적으로 변했다고 인식하고, 그 이전을 선천(先天), 그 뒤를 후천(後天)이라 명명했다. 선천의 원리는 효력을 다하였고, 신분차별, 약육강식의 원리는 이제 힘을 잃었다. 그러므로 이제부터는 새 시대인 후천개벽의 원리에 따라 살아야 한다. 실제로 그는 자신에게 있던 여종 둘을 하나는 며느리로, 하나는 수양딸로 삼았다. 이후 그의 삶은 시련의 연속이었다. 마찬가지로 바울의 삶이 얼마나 고달팠는지는 말할 필요도 없을 것이다. 그러나 동시에 그것은 기쁨이 넘치는 삶이었다(빌립 4:4). 왜냐하면 그는 아직 오지 않은 새로운 세계의 현실을 지금 여기서 앞당겨서 살았기 때문이다. 그에게 믿음은 바라는 것들의 확신이요, 보이지 않는 것들의 증거였고(히브 11:1), 그는 바로 그 믿음 안에서 살아갔기 때문이다. 그리고 이 믿음을 세속적 언어로 말한다면 그것은 상상력일 것이다.

5

타키투스의 『연대기』에서는 네로 시대에 일어났던 한 살인 사건에 대해 이야기하고 있다. 로마의 수도 경비대장 루키우스 페다니우스 세쿤두스가 그의 노예에게 살해당했다. 원인은 세쿤두스가 이름이 언급되지 않은 이 노예를 해방시켜주기로 한 약속을 지키지 않았기 때문이거나 아니면 그 애인을 차지한 데 대한 보복일 수도 있다. 문제는 당시 법으로는 이런 경우 범인과 같은 지붕 아래 살고 있는 노예를 모두 사형에 처해야 한다는 것이었다. 세쿤두스의 노예는 400명에 이르렀다. 그래서 많은 사람들이 다수의 죄 없는 노예들의 목숨을 안타까워했고, 결국 소요까지 일어나게 되었다. 원로원 안에서도 이런 조치는 너무 가혹하다고 반대하는 사람들이 있었지만, 대다수의 의원들은 종래의 법을 바꾸어서는 안 된다고 생각했다. 그중 한 사람이었던 법률가 가이우스 카시우스 롱기누스가 일어나 연설했다. 그는 살인을 저지른 노예는 한 사람이지만, 다른 노예들이 사전에 그 일을 막으려 하지도 않았고 주인에게 밀고하려 하지도 않았다는 점을 지적했다. 만일 다른 노예들까지 처형하지 않는다면 그것은 살인범이 자신에게 가해진 부당한 처사에 복수했을 뿐이라고 인정하는 것이며, 주인 세쿤두스가 살해당한 것을 정당하다고 인정하는 것이라고 주장했다. 결국 원로원은 그의 견해에 동의했고, 400명의 노예는 모두 처형당했다. 죄 없는 대부분의 노예를 동정하여 돌이나 횃불을 던지던 사람들은 황제의 군대에 의해 제압당했다(『연대기』, 14. 40-45).

마찬가지로 네로 시대 로마제국 내 소아시아 에베소의 감옥에서 바울은 골로새의 부유한 기독교인 빌레몬에게 짧은 편지를 쓴다. 이 편지를 빌레몬에게 전해줄 사람은 도망친 그의 노예 오네시모였다. 그는 주인 빌레몬의 돈을 축내고 탈출하여 에베소의 감옥에 있던 바울을 만나 기독교인이 되었고, 바울에게 피신해 있는 상태였다. 당시 도망친 노예는 사형을 당하거나 벌겋게 달군 쇠로 낙인이 찍혔다. 그를 받아준 사람도 벌을 받게 되어 있었다. 그러나 바울은 오네시모를 받아들였고, 빌레몬에게 그를 돌려보내면서 도망친 이 노예를 쓸모없는 자가 아니라 유익하게 된 자로, 노예가 아니라 사랑하는 형제로 받아들이라고 호소한다. 바울은 "늙은이인 데다가 이제는 그리스도 예수 때문에 수인까지 된 몸으로" "옥중에서 얻은 내 아들 오네시모의 일로 부탁을 한다"(빌레 10)고 쓰고 있다. 오네시모를 그냥 데리고 있으면서 감옥에서 시중을 들게 할 수도 있지만, 그를 받아들이는 선행을 빌레몬이 강요가 아니라 자의로 하도록 하기 위해 "내 심장과 같은" 그를 돌려보낸다고 한다. "이제 그대는 그를 종이 아니라 종 이상으로, 곧 사랑하는 형제로 돌려받게 되었습니다. 그가 나에게 특별히 사랑받는 형제라면, 그대에게는 인간적으로 보나 주님 안에서 보나 더욱 그렇지 않습니까? 그러므로 그대가 나를 동지로 여긴다면, 나를 맞아들이듯이 그를 맞아들여 주십시오. 그가 그대에게 손실을 입혔거나 빚을 진 것이 있거든 내 앞으로 계산하십시오. 나 바울이 이 말을 직접 씁니다. 내가 갚겠습니다.…… 형제여! 나는 주님 안에서 그대의 덕을 보려고 합니다. 그리스도 안에서 내 마음이 생기를 얻게 해주십시오"(빌레 16-20).

우리는 이 일의 결말을 알지 못한다. 빌레몬이 오네시모를 바울의 부탁대로 형제로 받아들였는지, 아니면 분노에 차서 그를 죽이거나 가혹하게 벌했는지 알지 못한다. 바울의 마음속에서도 빌레몬이 부탁을 들어줄 것이라는 확신과 행여 그렇지 않을 경우 오네시모를 사지로 보내는 것일지도 모른다는 두려움이 교차하고 있는 것을 행간에서 읽을 수 있다. 그러나 나는 "형제"라는 말이 이 짧은 한 장짜리 편지에서만큼 감동적으로 쓰인 예를 본 적이 없다. 바울은 빌레몬에게 예전에 그의 소유물이었던 자를 "형제"로 받아들여 그리스도를 명예롭게 하라고 요구하고 있다. "형제"라는 말은 기독교 공동체 안에서 평등한 구성원이 된 사람들이 서로를 부르는 호칭이었다. 종이나 주인이나 그리스도 예수 안에서 "형제"였다. 그러므로 여기서는 노예제도에 대해 원리적으로 논하지는 않았지만 주인과 노예, 자유인과 그렇지 못한 사람 사이의 차별을 무색하게 하고 있다. 그리고 이것이 한 명의 노예가 저지른 살인행위에 대해 400명의 노예를 처형하던 시대에 일어난 일이라는 사실을 잊어서는 안 된다.

바울이 도망친 노예 오네시모를 주인 빌레몬에게 돌려보내면서 그가 오네시모를 받아주리라고 기대하게 만든 근거는 그리스도 예수 안에서 '형제'라는 사실이었다. 바울이 로마제국의 여러 도시들을 돌며 전파했던 그리스도의 십자가가 그런 혁명적인 기대를 가능하게 했던 근거였다. 바울이 전한 그리스도의 십자가는 많은 사람들에게 새로운 사회, 대안적 사회에 대한 열망을 불어넣었다. 바울이 세우고 보살핀 공동체들은 대안적 가치들과 사회적 관계들을 통해 어느 정도로는 로마의 제국적 질서를 거스르는 대안적 사회를 이루었다. 그들은 제국 안에 있었지만 제국에 속하지 않았다. 그것은 일종의 해방구, 코뮌이었다. 로마제국은 예수를 살해했지만, 살해당한 자의 종교는 제국의 곳곳에 스며들었다. 교회라는 새로운 공동체가 제국의 몸속에서 점점 세포를 증식해 나갔다. 그것도 제국에 대한 저항의 상징이었던 십자가를 지렛대로 삼아 그렇게 했던 것이다.

이 대안적 공동체의 정신이 어떤 것이었는지는 갈라디아서 3장 28절에 가장 잘 나타난다. "유대인도 그리스인도 없고, 종도 자유인도 없으며, 남자도 여자도 없습니다. 여러분은 모두 그리스도 예수님 안에서 하나입니다." 이것은 초대 기독교의 입교의례였던 세례에서 사용되었던 세례고백문이었다. 그렇다면 이 구절은 당시 초대 기독교 운동의 근본 정신을 드러내는 말이라고 할 수 있다. 이 세례고백문은 신약성서에서 세 번 나오는데, 바울이 쓴 서신에서 두 번, 골로새서에서 한 번 인용되었다. 인종적·성적·계급적 위계구조 아래서 자기 삶의 주인이라는 자각을 갖기 어려웠던 당시 대중들에게 이 말은 참으로 청명하게 들렸을 것이다. 그리고 '평화'와 '번영'을 구가하는 제국의 질서 속에서 실은 뿌리 뽑힌 삶을 영위하고 있던 민중들에게 새로운 사회의 원리를 제시해 주었을 것이다. 그것은 바로 보편적 평등의 원리였다.

바울은 복음이 당시의 일반적인 범주들, 국가적인 것이든 이데올로기적인 것이든 정치적 선전선동에서 작동하는 뻔하고 일반적인 구호들이나 가치들, 법적인 원리들로 해소되지 않기를 원했다. 예수 그리스도의 기쁜 소식이 로마제국의 법이나 시민권, 또는 그와 관련된 법적 권리들과 동일시될 수는 없었다. 로마제국이라는 계급사회 내에서 특정한 위치를 차지하거나 권리를 획득하는 것과 기독교인이 되는 것은 아무 상관이 없다. 알랭 바디우Alain Badiou가 말했듯이[3] 어떠한 공식적이고 법적인 범주들로도 기독교인의 삶은 대체되지 않는다. 어떠한 사회계급에 속하거나 성이나 인종에 속하는 것과 기독교인이 되는 것과는 아무 관계가 없다. 그래서 교회 안에는 노예와 여성뿐 아니라 온갖 계급과 직

3 알랭 바디우, 『사도 바울』, 현성환 옮김 (서울: 새물결, 2008).

종, 국적의 사람들이 아무런 제한도 특권도 없이 받아들여졌을 것이다. 그러므로 바울은 유대교라는 틀만이 아니라 로마제국의 국가적·제도적 틀을 넘어선 곳에 자신의 교회공동체가 정초하기를 원했고, 그것이야말로 교회의 종말론적 토대로서 그리스도의 십자가가 바울에게 의미하는 바였을 것이다. 십자가에 달린 그리스도에 대한 믿음은 끊임없이 그에게 세계에 대한 종말론적 상상력을 불어넣어 주었을 것이다. 그리고 이 상상력이야말로 문명의 전환기에 처한 우리에게 절실히 요구되는 것이다.

죄는 어디에서 오는가

1

미국의 핵무기 제조 계획, 맨해튼 프로젝트의 총책임자였던 존 오펜하이머John R. Oppenheimer는 특이한 인물이었다. 그는 자타가 공인하는 천재적인 이론물리학자였을 뿐만 아니라 문학과 철학, 종교에도 조예가 깊었다. 호메로스와 플라톤을 희랍어 원문으로 읽었고, 단테의 신곡을 읽기 위해 이탈리아어를 배우고, 고대 인도철학에 심취해서 그것을 원문으로 읽고 싶어 산스크리트어를 배울 정도였다. 핵실험이 성공하고 원자탄이 폭발하는 것을 보면서 그는 힌두 경전 『바가바드기타』의 한 구절을 떠올렸다고 한다. "이제 나는 죽음이, 세계의 파괴자가 되었다." 나중에 그는 미국 정부의 수소폭탄 제조 계획에 반대하고 매카시 광풍으로 인해 고초를 겪기도 했다. 그는 최초의 원자로 설계자였던 엔리코 페르미Enrico Fermi에게 보낸 편지에서 원자폭탄을 만들 것이 아니라 방사성물질을 독일의 밭에 뿌리면 손쉽게 50만 명 정도의 독일인들을 죽일 수 있지 않을까라고 썼다.

한 사람의 인간으로서 그는 괜찮은 사람이었을 수 있다. 탐미주의자였을 수도 있고 지적 속물이었을 수도 있다. 원폭 투하가 성공한 후 그는 한편으로는 우쭐해하고, 또 한편으로는 자기가 무슨 일을 저질렀는지 두려워했다. 그는 히로시마와 나가사키의 일본 사람들을 떠올리며 "저 불쌍한 사람들, 저 불쌍한 사람들"이라고 몇 번이나 중얼거렸다고 한다. 그러나 그가 편지에 썼다는 말은 섬뜩하다. 그 글을 쓰는 순간 그의 머릿속에 있었을 생각들을 떠올리면 "이것이 인간인가?"라는 프리모 레비Primo Levi의 물음이 떠오른다. 오펜하이머는 핵분열에 수반되는 방사능의 위험성을 잘 알고 있었던 것이다. 그것이 수많은 살아 있는 사람들을 죽음과 처참한 불행 속으로 몰아넣을 수 있다는 것을 알았으면서도 그는 과학자로서 원폭실험을 안 할 수 없다고 했다. 1960년 히로시마를 방문해서도 그는 후회하지 않는다고 했다. 어떻게 그럴 수 있었을까? 한 사람의 비범한 과학자이자 교양인이고, 우리 모두와 마찬가지로 장점과 단점을 가진 인간이었을 그가 어떻게 그럴 수 있었을까? 이것이 인간인가?

맨 처음 핵분열 연쇄 반응을 발견한 과학자들은 이미 그 위험성을 알고 있었다. 다카기 진자부로는 『원자력신화로부터의 해방』에서 핵분열 현상에 대해서 알기 쉽게, 친절하게 설명하고 있다. 그에 따르면 핵기술이 발전하기 전까지 인류의 모든 기술은 기본적으로 분자 단위의 변화에 근거한 것이었다. 원자 주위의 전자의 변화에 의해 원자와 원자, 분자의 결합이 변하면서 일어나는 에너지의 방출이나 흡수를 활용한 것이었다. 이때 원자핵은 전혀 건드릴 수 없었다. 원자핵은 매우 단단하게 결합되어 있어서 분해할 수 없다고 생각했던 것이다. 그런데 20세기에 들어오면서 이 불가능하다고 생각했던 것이 가능하게 되었다. 인위적인 방법을 통해 원자핵을 불안정하게 하거나 쪼갤 수 있게 된 것이다. 그리고 이 핵분열 현상이 일어날 때 핵자를 결합시키는 힘, 즉 핵력이 엄청난 에너지로 방출되면서 동시에 방사능이라는 파괴적인 물질이 함께 나온다는 사실도 알려졌다. 과학자들은 방사능이 무서운 물질이라는 것을 알았지만, 그보다는 핵분열에서 일어나는 에너지를 활용할 가능성을 생각했다. 그러나 그 에너지의 활용 가능성 역시 대단히 파괴적인 것이었다.

1939년 레오 시라드Leó Szilárd라는 물리학자는 실험을 통해 핵분열에서 엄청난 에너지를 얻을 수 있다는 것을 확인하고 "세계가 재앙으로 치닫고 있다는 것을 생각하지 않을 수 없었다"[1]는 글을 남겼다. 이탈리아의 물리학자 엔리코 페르미 역시 1944년 아직 원자폭탄이 만들어지기 전에 "기본적으로 이것은 핵무기의 재료가 될 것이다. 이것은 치사성 방사능을 대량으로 방출하는 기술이며, 그러한 테크놀로지를 앞으로 일반인들은 받아들이지 않을 것"[2]이라고 했다. 그러니까 핵분열 현상을 발견했을 때 과학자들은 이미 이 엄청난 에너지가 원자폭탄으로 사용될 것이고, 그것이 인류에게 재앙이 되리라는 사실을 직감적으로 알았던 것이다.

이 엄청난 파괴력을 가진 현상을 인간이 알게 되었을 때 어떤 일이 일어나는지 우리는 이미 알고 있다. 핵분열 현상이 알려진 지 얼마 지나지 않아 세계는 2차 대전의 소용돌이에 휘말려들었고, 이를 계기로 핵무기 제조의 가능성은 대단히 구체적인 것이 되었다. 레오 시라드를 비

---

1 다카키 진자부로, 『원자력 신화로부터의 해방』, 18쪽.
2 같은 책, 25쪽.

롯한 과학자들은 나치 독일이 핵무기를 손에 넣기 전에 먼저 선수를 쳐야 한다고 생각했다. 아인슈타인조차도 처음에 이 생각에 동참했다. 그래서 일군의 물리학자들이 나서서 미국 정부에 원자탄 개발을 촉구했고, 미국은 얼마 후 맨해튼 프로젝트를 수립한다. 그 뒤는 우리가 잘 알듯이 히로시마와 나가사키, 지구를 수십 번 폭파하고도 남을 핵무기, 그리고 스리마일과 체르노빌, 후쿠시마이다.

핵분열은 생명체가 서식할 수 있는 자연세계 안에서는 일어나지 않는 현상이다. 지구별이 형성되는 아득하게 긴 시간 동안 핵분열 현상이 다하고 방사능이 거의 사라지고 안정적이 된 후에야 지구상에 생명체가 서식할 수 있게 되었다고 한다. 그러니까 핵분열이란 그런 지구 현상을 거꾸로 돌려서 생명체가 살 수 없는 공간으로 만드는 것이다. 그것은 자연계에 없는 물질의 운동을 인위적으로 투입하는 것이고, 그 결과 엄청난 에너지와 함께 방사능 물질이 일상세계에 쏟아져 들어오게 되는 것이다. 결국 핵분열 현상은 모든 생명체의 안전을 위협한다. 왜냐하면 인간을 포함한 모든 생명체가 서식하고 있는 물질세계의 안전성이 원자핵의 안정성에 근거하고 있고, 핵분열이란 바로 그 원자핵의 안정성을 무너뜨리는 것이기 때문이다. 여기에 근본적인 문제가 있다.

단언해서 말하자면, 히로시마와 나가사키, 체르노빌, 후쿠시마는 오늘날 과학이 '살인'과 뗄 수 없게 연결되어 있다는 것을 보여준다. 인류 최고의 지적 능력이 집약적으로 발휘되어 결과적으로는 인간을 포함한 자연세계를 죽이는 일에 동원되고 있는 것이다. 그리고 그 살인 행위가 멈춰지지 않는다는 것은 과학자들과 정치가들만이 아니라 우리 모두에게 죄가 있다는 것을 의미한다. 물리학에서 말하는 핵분열 현상은 생물학에서 연구하는 생명복제 현상과 쌍둥이라는 생각을 떨칠 수가 없다.

그것은 둘 다 생명세계의 가장 근원적인 안정성을 어지럽히며, 따라서 절대적인 악이다.

2

핵분열 현상을 발견하고 과학자들이 온통 핵무기 개발에 매달렸을 때 그들의 머릿속은 나치 독일이나 소련의 손에 핵무기가 먼저 들어가면 온 세상이 망한다는 생각으로 가득 차 있었다. 그래서 원폭실험이 성공하고 곧이어 히로시마와 나가사키에 원자폭탄이 터졌을 때 맨해튼 계획에 참여했던 과학자들은 물론이고 대부분의 미국인들은 덕분에 전쟁이 일찍 끝났다고, 수많은 사람들이 생명을 구하게 되었다고 환호했다. 정말 그랬을까?

실은 당시 독일은 핵무기 계획을 가지고 있지 않았고, 일본은 미국이 핵폭탄을 떨어뜨리지 않았어도 망하게 되어 있었다고 한다. 당시 많은 군사전문가들이 일본의 항복은 시간문제라고 했다. 늦어도 1945년 말이면 일본은 항복할 것이라고 했다. 영국의 전쟁사가 리델 하트Lidell-Hart에 따르면 당시 일본은 선박의 10분의 9 정도가 침몰하거나 항해가 불가능했고, 공군력과 해군력은 재기 불능의 타격을 받았고, 공업은 파괴되었으며, 국민들의 식량 공급량 또한 점점 줄어들어 일본의 붕괴는 확실했다.[3] 또한 미국 전략폭격조사단의 보고에 따르더라도 일본은 원자폭탄 투하 없이도 무조건 항복을 할 수밖에 없는 상황이었다. 말하자면

----

3 Lidell-Hart, *History of the Second World War* (London: Cassell, 1970).

군사적인 이유에서는 원폭 투하를 할 이유가 없었던 것이다.

그렇다면 왜 미국은 일본의 항복을 좀 더 기다리지 않았을까? 여기에는 두 가지 이유가 있었다고 한다. 하나는 당시 소련이 막판에 참전해서 전리품을 할당받으려 하기 전에 하루라도 빨리 전쟁을 끝내고 싶어 했다는 것이고, 다른 하나는 이미 맨해튼 계획에 2억 달러나 썼기 때문에 미국 국민들에게 뭔가를 보여줘야 했다는 것이다.[4] 아마 후자의 이유가 더 직접적이지 않았을까 생각된다. 만들었으니 써봐야 하지 않겠나 하는 심사였을 것이다. 수많은 사람들에게 이루 말할 수 없는 고통을 가져다주는 역사상 중대한 결정들은 대개 이런 식으로 내려진다. 이 두 가지 국제정치적·국내정치적 이유는 히로시마와 나가사키의 무고한 사람들이 당한 고통과 그 후 지금까지 벌어지고 있는 일련의 사태들에 비추어보면 너무나 사소한 이유들이다. 아니 그런 고통과 비참을 가져다줄 정당한 이유라는 것은 이 세상에 없다.

결국 인간이 문제인 것이다. 당시 핵무기 제조를 계획 실행하고 원폭 투하를 결정했던 사람들에게 세계는 어떤 것이었을까? 그들에게 세계는 국가만으로 구성되어 있고, 인간은 그 국가의 일부분일 뿐이었다. 그것은 살아 있는 인간을 국가라는 거대한 기계의 한 부품처럼 생각하는 것이다. 인간을 기계로 취급하는 것이다. 그랬기 때문에 그들은 살아 있는 구체적인 인간을 생각했다면 당연히 떠올랐을 복잡한 질문들을 하지 않았다. 방사성물질을 어떻게 처리할 것인가, 또 그런 물질이 환경에 들어왔을 때 구체적인 인간과 사회에 실제로 어떤 영향을 끼치게 될 것인

---

4   쓰루미 슌스케, 『전향: 쓰루미 슌스케의 전시기 일본정신사 강의, 1931-1945』, 최영호 옮김 (서울: 논형, 2005), 182~183쪽.

가. 당연히 했어야 했던 이런 질문들을 하지 않고, 그들은 서둘러 핵무기 개발을 실행에 옮겼던 것이다.

지금도 그렇지만 그때도 정치 지도자들이나 과학자들은 자신들의 머리로 파악하고 예측하는 것이 세상의 전부인 양 행동했다. 살아 있는 사물을 기계로 대할 때에는 안다고 착각하기가 쉽다. 그래서 그들은 마치 삶이 자기들 손아귀 안에 있고, 삶을 잘 알고 예견할 수 있기나 한 것처럼 주제넘게 오만을 부렸다. 그러나 그들은 알지 못했다. 게다가 그들은 얼마나 왜소했던가. 국가라는 경계 앞에서 상상력과 도덕과 양심이 멈춰버리는 왜소한 인간들이 전 지구적인 가공할 위력을 가진 핵에 대해 결정권을 가졌던 것이다. 왜소하기 짝이 없는 인간들이 자신들의 조그만 머리통 속에서 상상하고 예측하는 것을 전부라고 생각하고 절대시했을 때 어떤 파괴적인 결과가 초래될 수 있는지 히로시마와 나가사키, 그리고 후쿠시마는 분명하게 보여준다.

인간은 알지 못한다. 우리가 역사에서 반복해서 배우는 것도 실은 인간은 알지 못한다는 사실이다. 역사는 거듭 우리에게 이 점을 일깨워준다. 가령 16세기 스페인 식민주의자들은 비약적으로 발전한 선박기술과 항해술에 의지해서 세계를 안다고 생각했고, 세계를 지배하고 소유하려 했지만, 인디오가 인간이라는 가장 기본적인 사실조차 알지 못했다. 또한 원자력발전을 계획하고 실행했던 사람들은 모든 가능한 위험 상황을 예측하고 대비한다고 했지만, 도무지 그들은 예측하지 못한다는 것을 그동안의 수많은 원전 관련 사고들이 웅변으로 말해준다. 결국 인간의 도덕적·과학적 인식이라는 것은 언제나 불완전하다.

그러므로 만일 우리가 이러한 불완전한 지식에 근거해서 오만하고 위험한 행동을 한다면 그 결과는 파국일 수밖에 없다. 그런 행동을 막을 수 있는 제도적 장치나 대중적 감각이 존재하느냐 여부가 실은 그 사회의 문화적·도덕적 수준을 나타낸다. 정말 교양이라는 것은 책 몇 권 더 읽고 안 읽고의 문제가 아니고, 공연장이나 전시회를 가고 안 가고의 문제도 아니다. 그것은 '황우석'이 무엇을 의미하는지 알아보는 능력이고, 강은 강으로 흘러야 한다는 것을 아는 능력이며, 원자력발전은 무조건 안 된다는 것을 아는 능력이다. 이런 지적 능력은 실은 인간은 알지 못한다는 사실을 알고 인간의 한계를 겸허하게 인정하는 데 근거한다. 이 사실을 인정하지 않을 때는 아무리 교양미 넘치는 인간이라도, 오펜하이머 같은 천재라도, 괴물이 된다.

정말로 인간은 알지 못한다. 그런데 알지 못하면서 인간은 삶 속에서 무언가 결정을 내리고 행동을 해야 한다. 그것이 인간 조건이다. 그렇다면 어떻게 행동하는 것이 현명하겠는가. 자신이 안다는 데 근거해서 행동하는 것이 현명하겠는가, 아니면 알지 못한다는 것을 아는 데 근거해서 행동하는 것이 현명하겠는가. 헛똑똑이들만 넘치게 많은 세상이다.

3

인간의 지식이 불완전하다는 것은 주어진 사실이다. 문제는 인간이 알지 못한다는 데 있는 것이 아니라 알지 못하면서 마치 모든 것을 알고 예측할 수 있는 것처럼 행동하는 데 있다. 알지 못한다는 사실을 인정하라는 것, 다시 말해 한계를 인정하라는 것은 고대의 현자들이 반복해서 말하고 있는 것이기도 하다. 오이디푸스는 자신이 도덕과 정의에 근거해서 행동했다고 여겼지만 실은 부친살해와 근친상간의 죄를 범하고 있다는 사실을 몰랐다. 오이디푸스의 이야기 역시 인간은 근본적으로 알지 못한다는 점을 말해준다. "너 자신을 알라"는 소크라테스의 말도 자신이 알지 못한다는 사실을 아는 것이 지식의 출발점이라는 뜻일 것이다. "아는 것이 무엇이냐, 아는 것을 안다고 하고 모르는 것을 모른다고 하는 것이 아는 것이다"라는 공자님 말씀 역시 무언가를 알려면 무엇을 모르는지 우선 분명히 알라는 말이 아니겠는가.

중요한 것은 인간성의 한계를 인식하는 것이고, 알지 못하는 가운데 잘 행동하는 방법을 아는 것이다. 웬델 베리Wendell Berry가 말했듯이 만일 우리의 지식이 불완전하다는 사실을 잘 알고, 알지 못하는 상태에서 어떻게 행동하는 것이 옳은지 끊임없이 성찰하면서 행동하고 결정을 내린다면, 설사 불완전한 지식이라 하더라도 우리가 가진 지식은 매우 유용할 수 있다. 왜냐하면 그동안의 연구와 경험은 상당히 확실해 보이는 지식을 우리에게 제공해주었기 때문이다. 그러나 그렇게 확실해 보이는 지식이 완전한 지식이라고 착각하거나, 아니면 우리가 불완전한 지식을 완전한 지식인 것처럼 사용하더라도 우리의 지식이 빠른 속도로 진보 발전해서 그로 인한 나쁜 결과가 나타나기 전에 아마도 막을 수 있으리라고 가정하고 행동하는 것은 위험하다.

원자력의 역사를 살펴보면 처음부터 과학자들은 방사능의 위험성을 알았다. 그러나 그들에게는 방사성폐기물 문제를 언젠가 해결할 수 있으리라는 기대가 있었다. 그러한 낙관주의, 과학의 진보에 대한 신뢰 때문에 그들은 방사능 문제를 해결하지 않은 채 핵무기를 만들고, 원자력 발전을 실행했던 것이다. 그러나 방사성폐기물 문제는 해결되지 않았다. 방사성폐기물은 영원히(백만 년은 인간의 관점에서 보면 영원이다) 남는다는 근본적인 문제는 그대로 남아 있는 것이다. 그 과학자들이 그렇게 행동한 것은 자신들이 알고 있는 '확실해 보이는 지식'이 완전한 지식이라고 착각했거나, 아니면 과학이 빠른 속도로 발전해서 방사능으로 인한 폐해를 곧 해결해주리라고 믿었기 때문일 것이다. 그들은 과학의 진보를 믿었고, 믿었기 때문에 일단 저질렀다. 이러한 과학자들의 행동은 합리적이지도, 과학적이지도 않고, 사실은 종교적이다. 그런데 그것은 '나쁜 종교'다. 그래서 웬델 베리는 현대의 과학적 낙관주의를 '현대의 미신'이라고 부른다.

더 많은 정보나 더 나은 이론을 축적한다 해도, 더욱 정확한 예측가능성에 도달하고 엄청난 주의를 기울인다 하더라도, 인간이 과학과 산업 활동에 핵을 이용하는 행위는 엄청난 위험성을 내포하며, 이 위험성을 줄이거나 완화할 방법은 없다. 그러므로 방사능과 방사능폐기물의 문제를 근본적으로 해결하지 못하는 원자력발전이야말로 과학의 발전에 대한 막연한 믿음, 언젠가 슈퍼맨 같은 과학적 천재가 나타나서 해결해줄 수 있으리라는 잘못된 믿음에 근거한 미신적 행위이다. 미신은 해를 끼친다. 이것은 비단 원자력발전에만 국한되지 않는다. 생명 현상의 가장 내밀한 부분인 유전자와 생식세포를 건드리는 이른바 생명공학 역시 과학적 지식의 불완전성을 진지하게 고려하지 않는 미신적 과학이기는 마찬가지다. 우리는 생명공학이 얼마나 위험스럽고, 허약한 토대 위에 있는지, 그리고 불완전할 뿐만 아니라 비양심적인 인간들의 손 안에 있는지 '황우석 사건' 때 이미 보았다.

그러므로 인간의 '알 수 있음'을 개인적·집단적 행동의 근거로 삼는 것이야말로 현대문명의 밑바닥에 있는 오만이며, 종교적 언어로 말하자면, 죄이다. 그렇다면 이것은 과학과 지식을 통틀어서 부정하자는 것인가? 그런 것이 아니다. 그렇게 하는 것은 현실적으로 가능하지 않으며,

또 그렇게 해서도 안 된다. 왜냐하면 그렇게 하는 것은 삶 자체를 부정하는 것이고, 인간 조건을 제대로 이해한 것이 아니기 때문이다. 실제로는 인간이 '알지 못함'을 인정하고 행동할 때 오히려 인간의 '알 수 있음'이 잘 발휘된다. 따라서 중요한 것은 알지 못하는 가운데서 행동할 때 무엇이 우리 행동의 기준과 목적이 되어야 하느냐는 것이다.

웬델 베리는 이럴 때 인간 행동의 기준은 기술적 능력이 아니라 지역과 공동체의 성격에 근거해야 한다고 말한다. "무게중심을 생산성이 아니라 지역에 대한 적응성에, 기술혁신이 아니라 친밀성에, 힘이 아니라 우아함에, 비용이 아니라 검소함에 두어야 한다"[5]고 말한다. 그리고 인간적이고 생태적인 건강과 관련해서 규모와 의도의 타당성에 대해 생각하는 법을 배워야 한다고 한다. 간단히 말해 추상적인 수치나 진보의 이념이 아니라 구체적인 인간과 인간들의 공동체, 인간이 서식하고 있는 세계에 관심을 두는 지식과 행동이어야 한다는 것이다.

핵분열 현상이 알려지자 서둘러 핵무기 제조 계획에 뛰어들었던 과학자들은 사실 애국자들이었다. 그리고 핵무기 계획을 입안한 지도자들, 히로시마와 나가사키에 핵폭탄을 떨어뜨린 조종사들도 일말의 애국심을 가지고 있었을 것이다. 그런데 그들에게 조국이란 무엇이었던가. 우네 유타카宇根豊는 「자급은 원리주의로 있기를 바란다」라는 글에서, 국가라는 구조물을 지키기 위해 내셔널리즘을 밀어붙이는 국가에 거슬러서 향토애라는 좀 더 근원적인 감정에 근거한 농본주의를 실천할 것을 주장하고 있다. 그러면서 그는 독일인 미헬스R. Michels의 「향토애」라는 글을 길게 인용하고 있다.

5   웬델 베리, 『삶은 기적이다』, 박경미 옮김 (대구: 녹색평론사, 2006), 24쪽.

조국이란 우리가 아이였을 때 저물녘까지 실컷 놀았던 들판이고, 알전구 밑에서 가족이 둘러앉은 식탁의 따뜻함이고, 소금이나 설탕이나 과자를 파는, 마을에 있던 작은 상점의 진열대를 가리킨다. 열매가 익기를 기다리던 석류나무와 감나무가 있는 정원에, 바로 그곳에 조국이 있다. 집에서 보이는 굽이굽이 흐르는 계곡물, 죽 이어진 산비탈의 계단논, 반딧불이가 반짝이던 실개천, 떼 지어 날아다니던 고추잠자리, 멀리서 허연 흙먼지를 일으키며 달리던 버스, 고갯길을 오르던 추억, 구슬픈 자장가, 축제 때 춤과 음악을 들으며 뛰던 가슴 …… 그것이 조국이다. 인간에게 조국이란 국가가 아니라, 유년시절 우연히 겪었던 한때의 그리운 기억, 희망에 넘쳐 미래를 그렸던 시절의 추억을 가리킨다.[6]

조국이란 결국 우리 속에 있는 어린 시절이고, 내 안에 있는 어린아이인 것이다. 그런데 우리는 지금 어린 시절의 강물과 논밭, 계곡물과 반딧불이, 마을의 상점과 친구와 가족을 다 빼앗긴 채 그런 것 말고 또 무슨 조국이 있기라도 한 양 들떠 있다. 그리고 우리에게서 어린 시절을, 조국을 빼앗아간 무리들은 끊임없이 숫자를 들이대며 우리를 더 깊은 낭떠러지로 밀어뜨리고 있다. 그들에게 국가는 브랜드지만, 내게 조국은 어린 시절이다. 원자력발전은 우리에게서 어린 시절만이 아니라 삶 자체를 빼앗아갈 것이다. 웬델 베리가 말하는 '지역에 뿌리를 둔 과학'이란 바꿔 말하면 이 어린 시절을 기억하고 보존하는 작고 겸손한 과학일 것이다.

---

6   야마자키농업연구소, 『자급을 다시 생각한다』, 최연희·황대권·김형수 옮김 (서울: 녹색평론사, 2010), 117~118쪽에서 재인용.

노자는 세상 사람들이 사랑하지 않으면서 용감하고, 검소하지 않으면서 널리 쓰고자 하며, 남의 뒤에 설 줄 모르면서 남을 이끌려고 한다고 했다. 아마 그때도 사람들은 문제였던 것 같고, 이 말은 지금도 매우 타당하게 들린다. 이 말을 돌려서 하자면, 결국 애정과 검소함, 겸손함을 가지고 사람과 사물을 대하는 것이 스스로 '알지 못한다는 것'을 알며 살아야 하는 우리의 행동 지침이 되어야 할 것이다.

4

신약성서 요한복음 9장에는 예수가 앞 못 보는 소경을 고쳐준 이야기가 한 편 나온다. 예수가 보지 못하는 사람을 보게 해주었다는 이야기는 복음서들에 반복해서 나오지만 요한복음서의 이 이야기는 독특하다. 기적적인 치유 자체보다 그 후일담에 초점이 있기 때문이다. 후일담은 보지 못하다가 보게 된 이 사람을 그의 이웃과 바리새 당국이 차례로 불러서 조사를 하면서 시작된다. 이 후일담에 일관되게 나타나는 주제는 '죄'의 문제이다.

먼저 예수와 제자들이 예루살렘의 거리를 지나다가 나면서부터 소경인 한 거지를 만난다. 제자들이 그를 보고 "선생님, 이 사람이 눈먼 사람으로 태어난 것이, 누구의 죄 때문입니까? 이 사람의 죄입니까? 부모의 죄입니까?"라고 묻는다. 이 질문에 예수는 "이 사람이나 그의 부모가 죄를 지은 것이 아니다. 하느님께서 하시는 일을 그에게서 드러나게 하시려는 것이다"라고 짤막하게 대답한 뒤에 그를 보게 해준다.

지금 우리가 보기에는 제자들의 질문도 이상하고 그에 대한 예수의

답변도 이상하다. 그러나 제자들의 질문은 오랜 유대교적 배경을 지닌
다. 예수 당시 유대교에서는 죄와 고통 사이에 직접적인 관련이 있다고
생각했다(누가 13:2). 어른이 병에 걸렸을 때는 쉽게 그의 행동에 뭔가
잘못이 있었으리라고 생각했고, 어린아이가 장애나 병을 가지고 태어나
면 '조상의 죄' 탓(출애 20:5)이라고 생각했다. 쉽게 말해 고통은 죄의 결
과라는 것이다. 사실 이것은 당시 유대교만이 아니라 오늘날에도 존재
하는 매우 일반적인 사고방식이다. 고통과 불행을 보고 그 당사자에게
서 원인을 찾는 태도는 매우 보편적인 것이다. 그러나 "이 사람이나 그
의 부모가 죄를 지은 것이 아니다. 하느님께서 하시는 일을 그에게서 드
러나게 하시려는 것이다"라는 예수의 답변은 고통과 죄의 관련성에 대
한 이러한 일반적인 생각을 뒤집는다.

자세히 보면 예수는 그 사람이 보지 못하는 것을 결과로부터 원인으
로 바꾸어놓고 있다. 제자들의 질문에서는 '장님인 것'이 죄의 결과였던
반면 예수의 답변에서는 하느님의 일을 드러내기 위한 원인으로 바뀌고
있다. 예수는 이 사람이 소경이 된 원인에 대해 질문을 받았는데, 그 목
적에 대해 답변하고 있는 것이다. 이렇게 해서 제자들의 질문과 그 배후
에 있는 관점이 모두 거부된다. 질문 자체가 잘못된 것이다. 소경은 보
지 못한다. 소경이 보지 못하는 것은 주어진 현실이다. 그것은 죄도 아
니고 잘못도 아니다. 물어야 할 것은 그게 아니라 보지 못하는 상태에서
어떻게 할 것인가이다. 이 이야기에서는 보지 못하는 것을 보게 하는 것
이 하느님의 일이고, 예수는 그를 보게 해준다.

이어지는 후일담에서는 바리새인들이 등장한다. 그들은 예수가 안식
일에 병을 고쳤다는 것을 걸어 예수를 죄인으로 몰고, 더불어 소경이었
던 사람도 죄인으로 몰려고 한다. 이 장면에서는 예수가 등장하지 않고

대신 소경이었다가 고침 받은 사람이 바리새인들과 대결한다. 신문 과정에서 바리새인들의 논증의 근거는 모세의 율법이고, 이 고침 받은 사람의 진술의 근거는 자신이 예수에게서 고침을 받았다는 단순한 사실이다. 그는 예수와 자신이 죄인이라는 바리새인들의 주장에 맞서 싸운다. 자신이 직접 경험한 일과 유대인들이 정해놓은 기준 사이에 충돌이 일어났을 때, 그는 자신이 지금 경험한 것에 확고하게 근거해서 말한다. 그의 하느님은 책 속에, 율법서 안에 사는 것이 아니라, 바로 그에게 베풀어진 자비의 행위 안에 사신다. 그는 이러한 인식을 모세를 위해서라 할지라도 결코 포기하려 들지 않는다. 결국 바리새파 사람들은 그를 회당 밖으로 쫓아낸다. 그리고 이렇게 회당 밖으로 쫓겨났을 때 거기서 그는 예수를 다시 만난다.

쫓겨난 이 사람을 만난 예수는 자신이 보지 못하는 사람은 보게 하고 보는 사람은 보지 못하게 하기 위해서 세상에 왔다고 말한다. 마지막에 예수는 본다고 주장하는 바리새인들에게 이렇게 말한다. "너희가 눈이 먼 사람들이라면 도리어 죄가 없었을 것이다. 그러나 너희가 지금 본다고 말하니 너희의 죄가 그대로 남아 있다"(요한 9:41). 어떤 의미에서 보면 맨 처음에 제자들이 죄에 대해서 했던 질문에 대한 답이 여기서 주어진 것이다. 보지 못하는 것은 죄가 아니다. 보지 못하면서 본다고 하는 것이 죄이다. 그러므로 이 이야기에서는 보지 못하는 맹인이 아니라 보지 못하면서 본다고 하는 바리새인들이 죄인인 것이다.

결국 요한복음서의 언어로 말하자면 '보지 못하는 것', 즉 인간의 '알지 못함'은 죄가 아니다. 보지 못하면서 본다고 하고 거기 근거해서 행동하는 것, 실은 알지 못하면서 안다고 주장하고 거기 근거해서 행동하는 것이 죄다. 이것은 기독교적 인식의 핵심에 있는 것이고, 신구약성서를 통해 반복해서 나온다. 창세기의 타락 이야기도 결국은 '알지 못하는' 인간이, 자기중심적일 수밖에 없는 인간이 선악의 지식, 선악 판단의 중심이 되어 선악을 안다고 주장하는 것이 죄임을 말해준다. 그리고 보지 못하면서 본다고 주장하는 죄에 빠지지 않으려면, 이 이야기의 고침 받은 사람이 그랬듯이, 그럴듯한 이념이나 구호, 명목상의 법규정에 매달리는 것이 아니라 어린아이처럼 자신의 구체적이고 진실한 경험을 끝까지 지키는 길밖에 없다. 이 이야기의 바리새인들로 대표되는 배웠다는 사람들, 안다고 주장하는 사람들이 늘어놓는 복잡한 요설에 속지도 기죽지도 말고, 살아가는 방식을 통해 서로에게 전달되는 올바름에 대한 감각을 끝까지 신뢰하는 길밖에 없다. 이러한 소박한 감각은 지식인이 구사하는 이데올로기적 도구보다 훨씬 소중하고 정신적으로 고양된 것이다.

그리스어로 '죄'는 하마르티아(hamartia)이다. 신약성서가 그리스어로 쓰여질 때 '죄'에 해당하는 적절한 단어가 없어서 이 말로 표현되었다. 그러나 하마르티아라는 말의 원뜻은 '과녁에서 벗어남'이다. 말하자면 '실수, 과오'라는 의미가 더 일차적이다. 열심히 더 연습하면 언젠가는 과녁을 잘 맞출 수 있을 것이다. 그러나 원래 성서에서 '죄'는 그런 것이 아니다. 실수나 과오는 노력해서 고치면 된다. 말하자면 내가 열심히 인격을 도야해서 훌륭한 사람이 되면 실수나 과오는 사라질 수 있다. 그래서 그리스어에서 도덕 개념을 나타내는 표현들은 대개 장인의 수공업적 작업을 나타내는 말들에서 유래했다. 반면 구약성서에서 '죄'란 늘 누군가를 '향해서', 이웃과 하느님에 '대해서' 지은 죄이다. 즉 성서의 죄는 늘 구체적인 관계를 전제한다. 죄는 누군가에게 짓는 것이고, 따라서 죄를 지은 사람이 훌륭한 인격자가 된다고 해서 그 죄가 사라지는 것이 아니다. 죄가 없어지려면 상대방이 용서를 해야 한다. 그래서 구약성서에서 죄나 의 등 도덕적 개념들은 대개 법정적 언어들로부터 유래했다. 바울이 믿음으로 의롭게 된다고 했을 때 그 말도 역시 법정적 언어로부터 나온 말이다. 죄인이 죄로부터 벗어나는 것은 재판정에서 무죄판결을 받듯이, 상대방으로부터 의롭다고 인정을 받아야 한다는 것이다.

이것은 기독교의 죄 이해가 철저히 관계적·공동체적 개념임을 말해준다. 인간의 행동, 선악 판단의 기준은 늘 구체적인 이웃, 하느님과의 살아 있는 관계 속에서 현실화될 수밖에 없다는 것을 말해준다. 나아가서 이것은 기독교가 인간성의 완성에 대한 낙관적 신념에 근거하지 않고 인간성에 대한 철저히 현실적인 이해에 근거해 있음을 말해준다. 제대로 이해된 기독교는 인간과 사회에 대한 관념적·감상적 낙관주의에 빠지지 않는다. 오히려 인간의 '알지 못함'을 뼛속 깊이 인식하고 거기에 근거해서 겸손하게 행동할 것을 요구한다. 알지 못하면서 안다고 하는 것, 보지 못하면서, 실은 보이는 것만 볼 뿐이면서 본다고 주장하는 것, 그것은 하느님 앞에서 오만이고, 죄이다.

"우리는 우리 자신의 힘으로 알 수 있고, 앎으로써 이해할 수 있으며, 이해함으로써 현명한 선택을 할 수 있다."[7] 아마도 이것이 후쿠시마 사태의 근저에 깔려 있는 관점이고, 그것은 근대적 오만이며, 한마디로 말해 죄이다. 지금 후쿠시마 이후의 관점에서 보면 그런 생각은 죄일 뿐만 아니라 둔하고, 솔직히 말하자면, 바보 같아 보인다. 삶과 세계에 대한 겸허하고 정직한 자세를 견지하지 못하는 지식, 알 수 없는 깊이와 모르는 차원을 인정하지 않는 모든 지식은 어리석고 파괴적이다. 후쿠시마

------

7   에드워드 윌슨, 『통섭』, 최재천·장대익 옮김 (서울: 사이언스 북스, 2005), 506쪽.

는 우리에게 그 점을 뼈아프게 알려준다.

카렌 암스트롱Karen Armstrong은 그녀의 저서 『축의 시대』에서, 동서양의 인류가 고양된 종교적 의식에 도달했던 '축의 시대'의 공통된 시대적 특징을 끔찍한 폭력의 상황이었다고 쓰고 있다. 고대 국가가 형성되는 과정에서 필연적으로 발생했던 엄청난 폭력에 직면해서 역설적으로 동서양의 전사들은 공감의 감수성을 형성했고, 그것이 축의 시대의 영성의 바탕이 되었다는 것이다.[8] 적군 병사의 공포에 질린 눈을 마주보면서, 살아 있는 사람의 육체 깊숙이 칼을 꽂으면서, 고통으로 떨리는 칼끝의 느낌을 손에 느끼면서 어쩌면 역설적으로 살아 있다는 것을 실감했을지 모른다. 그리고 다음 순간 나도 내 손에 죽어가는 저 병사와 같은 존재라는 것을 깨달았을지 모른다. 나도 그처럼 아파하고 죽을 수밖에 없다는 것을 말이다. 사람은 한 번 태어나서 사는 것이고, 살아 있다는 것은 좋은 것이다. 그리고 그것은 누구나 마찬가지다. 고대의 전사들이 제 손에 피를 묻혀가며 비로소 깨달았듯이 이제 우리도 히로시마와 나가사키, 체르노빌과 후쿠시마의 폭력과 희생을 거치면서 깨달을 것인가. 아니면 우리 모두 희생자가 되고 말 것인가.

---

8   카렌 암스트롱, 『축의 시대』, 정영목 옮김 (서울: 교양인, 2010).

제3부

하느님의 사람들, 국가를 묻다

권력과 인간

1

창세기에 나오는 요셉 이야기는 한 편의 소설을 읽는 것처럼 극적이다. 아버지의 귀여움을 독차지하던 막내 도련님이 형들의 미움을 사 노예로 팔려갔다 다시 최고의 지위로 올라가는 인생역전이 그야말로 변화무쌍하다. 그리고 이렇게 요동치는 인생역전에서 결정적인 때마다 등장하는 것이 꿈 이야기다.

야곱의 금지옥엽 요셉은 꿈장이였다. 그는 이집트 파라오 앞에 서기 훨씬 전부터 꿈을 잘 꾸었다. 요셉의 아버지 야곱은 정실 둘, 소실 둘을 두었고, 네 아내에게서 열두 아들을 낳았다. 그중 야곱은 자기가 가장 사랑했던 여자 라헬에게서 낳은 요셉을 애지중지하여 그에게만 색깔 있는 옷을 입히고 유달리 편애했다. 그것만으로도 형들의 미움을 사기 족했을 텐데, 요셉은 아버지의 소실 빌하와 실바에게서 난 형들을 아버지에게 좋지 않게 일러바치곤 했다. 형들은 막내아우 요셉이 미워서 그에게 정다운 말 한마디 건네지 않았다(창세 37:1-4). 그러거나 말거나 요셉은 속보이는 꿈 이야기를 해서 형들의 속을 뒤집어놓는다. "내가 꾼 꿈 이야기를 들어봐요. 글쎄 밭에서 우리가 곡식 단을 묶고 있는데, 내가 묶은 단이 우뚝 일어서고 형들이 묶은 단이 둘러서서 내가 묶은 단에게 절을 하지 않겠어요?"(37:7) 형들은 당연한 반응을 보인다. "네가 정말 우리에게 왕 노릇 할 셈이냐? 네가 정말 우리에게 주인 노릇 할 셈이냐?" 형들은 요셉을 더욱 미워했다. 그러나 요셉은 아랑곳하지 않고 또 꿈 타령을 한다. "글쎄 내가 꿈을 또 꾸었는데 해와 달과 별 열하나가 내게 절을 하더군요." 이번에는 아버지 야곱까지 나서서 꾸지람을 했다. "네가 꾼 꿈이 대체 무엇이냐? 그래, 나와 네 어머니와 네 형제들이 너에게 나아가 땅에 엎드려 절을 할 것이란 말이냐?"(37: 8-10) 창세기 기자에 따르면 이 말을 듣고 "형들은 그를 질투했지만, 아버지는 그 일을 마음에 두었다"(37:11).

요셉이 꾸었던 꿈은 지배자가 되고자 하는 꿈, 권력을 향한 꿈이었다. 부모형제와 온 민족이 자기 앞에 와서 무릎을 꿇고 머리를 조아리게 만드는 꿈, 병거 타고 행차할 때마다 앞서서 "물렀거라" 하고 외치게 하는 꿈, 온 세상의 통치자가 되는 꿈, 정치가의 꿈이었다. 그는 이 꿈 이야기를 했다가 형들의 미움을 사 이집트에 노예로 팔려가지만, 우여곡절 끝에 이 꿈은 실현된다. 결국 요셉의 꿈대로 아버지 야곱과 형제들은 이집트 총리대신이 된 요셉 앞에 머리를 조아리며 도움을 구하게 된다. 그러나 요셉이 그 꿈을 이루게 되는 것은 다른 사람의 꿈을 정확히 해석해주는 일을 통해서였다. 감옥에 갇히게 된 요셉이 감옥으로부터 풀려나게 되는 것도, 이집트 총리대신의 지위에 오르게 되는 것도 다른 사람의 꿈을 해석해준 덕분이었고, 총리대신으로서 그의 가장 중요한 임무는 다른 사람의 꿈, 시대의 징조를 해석하고 실천하는 것이었다.

파라오는 아침부터 마음이 뒤숭숭해서 아무 일도 손에 잡히지 않았다. 간밤의 꿈 때문이었다. 파라오는 이집트의 마술사와 현자들을 다 불러들이고는 간밤의 꿈 이야기를 들려주었다. "짐이 나일 강가에 서 있었다. 난데없이 살이 찌고 잘생긴 암소 일곱 마리가 강에서 나와 갈대풀을 뜯고 있었다. 그런데 곧이어 여위고 볼품없는 암소 일곱 마리가 뒤따라 나왔다. 그 여위고 볼품없는 소들이 강가에 먼저 나와 있는 소들 곁으로 가는가 했더니 이내 그 살이 찌고 잘생긴 소들을 잡아먹었다. 그러다가 짐은 꿈에서 깨어났다. 그런데 다시 잠이 들어 다시 꿈을 꾸었다. 이번에는 줄기 하나에서 일곱 이삭이 나와 토실토실 여물어가는 것이 보였다. 그런데 뒤이어 돋아난 일곱 이삭은 샛바람에 말라 여물지 못하는 것이었다. 더욱이 그 마른 이삭이 토실토실하게 잘 여문 일곱 이삭을 삼켜버리는 것이었다. 그러다가 짐은 잠이 깨어 그것이 꿈인 줄 알았다. 누가 이 꿈을 해석해내겠는가." 그러나 뻔해 보이는 파라오의 이 꿈을 아무도 감히 해석하지 못했다. 그때 술잔을 드리는 시종장이 파라오에게 아뢰었다. "오늘에야 제 잘못이 생각납니다. 언젠가 폐하께서 소신과 빵 구워 올리는 시종장에게 노하셔서 경호대장 댁 감옥에 집어넣으신 일이 있으셨습니다. 소신과 그는 같은 날 밤에 꿈을 꾸었는데 두 꿈의 내용이 너무나 달랐습니다. 그때 거기에는 우리와 함께 젊은 히브리 사람 하나가 있었는데 그는 경호대장의 종이었습니다. 저희들이 꿈 이야기를 들려주었더니 그는 그 꿈을 하나하나 풀이해주었습니다. 그리고 그가 우리에게 해몽해준 대로 소신은 복직이 되었고 나머지 한 사람은 매달려 죽었습니다." 파라오는 요셉을 불러 그에게 꿈 이야기를 하고 해몽해보라고 했다. 요셉은 이렇게 말했다. "폐하의 꿈은 결국 같은 내용입니다. 앞으로 될 일을 하느님께서 폐하께 미리 알려주신 것입니다. 잘생긴 암소 일곱 마리는 일곱 해를 말합니다. 잘 여문 이삭 일곱도 일곱 해를 말합니다. 그러므로 그 꿈은 결국 같은 내용입니다. 뒤따라 나타난 마르고 볼품없는 일곱 암소나 샛바람에 말라비틀어진 일곱 이삭도 일곱 해를 말합니다. 이것은 흉년이 일곱 해 계속될 것을 보여주는 것입니다.……앞으로 올 일곱 해 동안 이집트 온 땅에는 대풍이 들겠습니다. 그러나 곧 뒤이어 흉년이 일곱 해 계속될 것입니다. 이집트 땅에서 언제 배불리 먹은 일이 있었더냐는 듯이 옛일을 까마득히 잊어버리게 될 것입니다. 이런 흉년으로 나라는 끝장이 납니다. 이렇듯이 뒤따라오는 흉년은 하도 심해서 배부르다는 것이 어떤 것인 지조차 아는 사람이 없게 될 것입니다. 폐하께서 같은 꿈을 두 번씩이나 꾸신 것은 하느님께서 이런 일을 어김없이 하시기로 정하셨고 또 지체없이 그대로 하시리라는 것을 말해 주는 것입니다. 그러니 폐하께서는 슬기롭고 지혜로운 사람을 뽑아 세워 이집트 온 땅을 다스리게 하시는 것이 좋겠습니다. 이 나라 일을 감독할 자들을 세우시어 풍작이 계속되는 일곱 해 동안 이집트 땅에서 나는 것을 그 오분의 일씩 받아들이도록 조처하십시오. 앞으로 올 좋은 세월 동안 온갖 식량을 거두어들이셔야 합니다. 폐하의 권한으로 밀을 거두어들여 도시들에 식량을 저장하도록 하십시오. 그 식량은 이집트 땅에 일곱 해 계속될 흉작에 대비하는 것입니다. 이렇게 하면 온 나라가 기근으로 망하는 일을 면할 것입니다."

파라오와 그의 모든 신하는 요셉에게 그 일을 맡긴다. 파라오는 이렇게 말한다. "하느님께서 너에게 이 모든 것을 알려주셨으니 너만큼 슬기롭고 지혜로운 사람이 어디 있겠는가? 그러니 나의 온 왕궁을 네 수하에 두 겠다. 내 백성은 다 네가 시키는 대로 따를 것이다. 내가 너보다 높다는 것은 이 자리에 앉았다는 것뿐이다." 그리고 파라오는 요셉에게 "내가 너를 이집트 온 땅의 통치자로 세운다." 하며 손에서 옥새 반지를 빼어 요셉

의 손에 끼워주고는 고운 모시옷을 입혀준 다음 목에다 금목걸이를 걸어
주었다. 그리고는 요셉을 자기의 병거에 버금가는 병거에 태우고 행차할
때마다 앞서가며 "물렀거라." 하고 외치게 하였다. 파라오는 요셉에게 말
했다. "내가 왕이지만 너의 승낙 없이는 이집트 전국에서 사람들은 손 하
나 발 하나 움직이지 못할 것이다." 파라오는 요셉에게 사브낫바네아라
는 새 이름을 지어주고 온이라는 곳의 사제 보디베라의 딸 아세낫을 아내
로 주었다. 이렇게 해서 요셉은 이집트 온 땅의 통치자로 나타났다.

_ 창세 41:1-45

확실히 요셉은 꿈보다는 해몽을 잘했다. 요셉은 그 자신이 꿈꾸는 사
람이기도 했지만, 다른 사람의 꿈을 해석하고 실천해주는 사람이었다.
이 둘이 요셉이라는 한 사람의 인생 안에 한데 얽혀 있다. 요셉이라는
한 인물 안에 권력을 향한 개인의 꿈과 시대의 징조, 시대의 꿈이 일치
하고 녹아들었다는 점에서 요셉은 무엇보다도 정치가의 면모를 보여준
다. 한 사람의 정치가 안에는 이 둘이 하나로 녹아들 수밖에 없다. 권력
의지 없이 시대의 꿈을 해석하고 실천하는 것은 근본적으로 불가능하
며, 시대의 징조, 시대의 꿈에 대한 인식이 없는 권력의지란 정치 이전
의 이전투구에 지나지 않기 때문이다. 이 점에서 요셉 이야기는 한 사람
의 정치가가 탄생하는 과정에 대한 이야기로 읽을 수 있다. 창세기는 그
과정에서 요셉 개인의 야망이나 그로 인한 형들의 시기와 질투 같은 것
들은 그냥 바람이 불고 꽃이 피고 지는 것처럼 당연하고도 자연스럽게
사실적으로 묘사하고 있다. 그리고 7년간의 풍작과 이어지는 기근에 대
한 묘사, 거두어들인 곡식을 시골이 아닌 도시에 저장하는 것이라든가
권력자의 행태에 대한 묘사 등은 너무나 사실적이어서 아마 겪어본 사

람이 아니고는 그렇게 말할 수 없었을 것이다.

창세기는 권력을 향한 요셉의 꿈을 부정적으로 묘사하지 않지만, 그런 꿈을 가진다는 것이 어떤 것인지, 그런 사람이 인생을 어떤 방식으로 살게 되는지 가감 없이 보여준다. 아무리 깊은 나락으로 떨어져도 요셉은 절대 낙담하지 않으며, 놀랄 만한 상승 욕구를 가지고 솟아오른다. 그는 어디서나 본능적인 후각으로 가장 중요한 사람이 누구인지 알아보고 그 사람의 눈에 들기 위한 가장 빠른 길을 찾아 실행에 옮긴다. 요셉은 형들은 저리가라 하고 아버지 야곱만 믿고 따랐다. 아버지를 위해 서출 형들을 고자질하는 짓도 서슴지 않았다. 그리고 감옥에서도 잡범들과 어울리기보다는 함께 갇혀 있던 시종장들의 꿈을 해석해주고, 나가서 좋은 세월을 만나거들랑 부디 나를 잊지 말아달라고 부탁하는 것을 잊지 않는다. 요셉은 용의주도하고 꼼꼼하며 집요하다. 언제나 목표를 의식하고 현재의 삶을 그 목표를 향해 정렬하는 데 익숙하다. 이런 사람들은 언제나 윗사람의 눈에 들게 마련이고, 실제로 아버지 야곱과 경호대장 보디발, 이집트 파라오는 요셉을 믿고 아꼈다. 이렇게 보면 요셉 이야기는 뜻을 세우고 결국에는 그 뜻을 이룬 흔한 입지전적인 이야기로 읽힐 수 있다. 아마도 창세기 안에 들어오기 전에 사람들 입에 오르내리던 요셉 이야기는 그런 종류의 성공담, 입지전적인 이야기였는지도 모른다.

그러나 다른 한편으로 창세기의 이야기에 따르면 요셉의 총명함이라든가 유능함, 목표를 향한 노력 같은 것이 그의 인생에 별 도움이 되지 않는다. 그런 그의 노력은 수포로 돌아가고 실제로 그의 인생역전에서 상승곡선은 늘 예기치 않은 꿈들과 관련되어 있다. 살아보고자 출세를 위해 애쓰는 요셉의 꿈들은 그를 좌절로 이끌지만, 그런 그 자신의 꿈과 아무 상관이 없는 다른 사람의 꿈들, 삶의 복잡함, 알 수 없는 수많은 것들이 얽혀서 만들어내는 신비스러운 일들, 그리고 한 시대의 생사를 가르는 가장 근본적인 자연의 이치를 깨달을 수 있도록 하느님이 그에게 허락한 지혜가 그를 훌륭한 정치가로 만든다. 이런 점에서 요셉 이야기는 인생지사 새옹지마, 겉보기에 좋은 일이고 행운으로 여겨지는 것들이 불행으로 이끌고, 불행이었던 것이 행운으로 이끄는 예측불허의 미래, 삶의 복잡함, 신비함에 대한 고대인의 인식을 잘 드러내준다. 그러므로 이 이야기는 한 모범적인 인물의 성공담이기 이전에 삶의 신비에 대한 고대인의 깊은 통찰을 담고 있는 이야기이며, 한 사람의 훌륭한 정치가가 된다는 것은 삶의 신비, 우주 대자연의 이법을 깨닫고 시대의 징조를 읽어내며 거기 맞게 행동하는 것이라는 사실을 보여준다.

2

칼리굴라 황제 시대에 이집트 알렉산드리아에 살았던 필로는 매우 부유한 유대인 집안 출신이었다. 그는 예수, 바울보다 좀 더 일찍 기원전 20년 전후에 태어나 적어도 기원후 47년 무렵까지, 70세 정도까지 살아 있었으니 당시로서는 장수한 셈이다. 그는 소수만이 누릴 수 있었던 특권층의 삶을 영위했다. 운동경기와 극장에 드나들었고, 공적 행사에 참석했다. 그러면서도 명상하기를 좋아했고, 특히 성서가 제시하는 궁극적 실재에 대해 깊이 사색하기를 좋아했다. 높은 수준의 그리스식 교육도 받았다. 성서만이 아니라 그리스 철학과 수사학에 조예가 깊었고, 유대인으로서 확고한 정체성을 지녔으면서도 유대교 신앙과 성서의 의미를 그리스적 교양이 풍부한 언어와 개념들로 해석하는 글들을 많이 남겼다. 그야말로 부유하고 교양 있고 양식 있는 디아스포라 유대인의 전형이었다.

그런 그가 구약성서의 요셉에 대해서, 그것도 정치가로서의 요셉에 대해서 몇 편의 글을 남겼다. 우선 그는 「요셉에 대하여」라는 글에서 이 히브리인 목동이 "채색옷"(필로는 이것을 여러 색깔의 옷이라는 의미로 이해한 듯하다)을 입었다는 사실을 언급하면서 이렇게 말했다.

> 정치란 잡다하고 복잡한 것이다. 그것은 개인의 성격과 구체적인 상황에 따라서, 개개의 구체적인 행동의 동기와 장소와 일의 다양성에 따라서 무한히 변화한다. 항해사는 바람의 방향이 바뀌는 데 따라 다양한 수단으로 배를 조종해야 성공적으로 항해를 할 수 있다.…… 의사 역시 모든 환자들에게 한 가지 처치 방식만 쓰지 않는다.…… 이와 마찬가지로 정치가 역시 여러 얼굴을 가질 필요가 있다. 평화 시일 때와 전쟁 시일 때 그는 달라야 하며, 소수가 그를 반대할 때와 다수가 그를 반대할 때 각기 다른 모습을 보여야 한다. 소수가 반대할 때는 단호한 조처를 취해야 하지만 다수가 반대할 때는 설득의 방법을 사용해야 한다.[1]

뒤에 가서 필로는 요셉이 파라오의 꿈들을 해석할 줄 알았다는 점을 언급하면서 이렇게 말했다.

> 어쩌면 몇몇 지각없는 사람들은 웃을지 모르겠다. 그러나 나는 정치인이 란 어쨌든지 간에 꿈의 해석자라고 말하겠다. 분명히 말해두건대 나는 정

---

1 "On Joseph", 32~33. 이하의 필로 인용은 *Philo with an English Translation by E.H. Colson & G. H. Whitaker,* The Loeb Classical Library, 10 vols. (Cambridge: Harvard University Press/London: William Heinemann LTD, 1933~1962) 참조.

치인을 협잡꾼으로 보지 않는다. 사람들이 자면서 본 환상을 해석할 줄 안다고 영리한 척 나서서 돈이나 울궈먹는 허풍장이는 더더욱 아니다. 정치인이 제대로 해석해야 하는 꿈은 자고 있는 사람만이 아니라 깨어 있는 사람이 꾸는 꿈, 즉 크고 공공적이고 보편적인 꿈이다.[2]

필로는 이어서 여러 가지 사례를 들어가면서 자고 있을 때와 마찬가지로 깨어 있을 때도 우리는 사물의 실상을 깨닫지 못하며, 모든 것이 변화와 사멸에 종속되어 있다는 것을 장황하게 늘어놓은 다음 결론적으로 이렇게 말한다.

그러므로 인간 삶이 이렇게 엄청난 혼란과 무질서와 불확실성으로 가득 차 있기 때문에 정치가는 꿈을 해석하는 현자와 같이 앞에 나서야 하며, 스스로 깨어 있다고 생각하는 사람들의 백일몽과 환상을 해석해야 한다. 이성과 상식의 인도를 받아 그 각각의 환상들의 진실된 모습을 보여주어야 하는 것이다. 이것은 아름답고 저것은 추하며, 이것은 정의롭고 저것은 정의롭지 못하다는 식으로 계속 제시해주어야 한다. 즉, 무엇이 신중하고 용기 있는 것인지, 무엇이 경건하고 신실한 것인지, 무엇이 유익하고 이로운 것인지, 그리고 반대로 무엇이 이롭지 못하며, 합리적이지 못하고, 비열하며 불경건하고 해로우며 이기적인 것인지 알려주어야 한다.[3]

필로는 정치를 이차적인 것으로 본다. 그는 국가를 지배하는 "정치"

---

2 "On Joseph", 125.
3 같은 글, 143.

와 자연의 "쓰여지지 않은 법"을 대조하고 진정한 세계는 이 "쓰여지지 않은 법"에 의해 다스려진다고 본다. 정치란 주님만으로 충만한 자연질서에 덧붙여진 것이며, 정치는 자연과 조화를 이루며 사는 사람에게 덧붙여진 역할이라는 것이다.[4] 필로는 그의 주특기인 알레고리적 해석에 따라 '요셉'이라는 히브리 이름을 그리스어로 "주님이 덧붙인 것($\kappa\iota\rho\iota\sigma\upsilon$ $\pi\rho\sigma\theta\epsilon\sigma\iota\varsigma$)"이라고 설명한다.[5] 즉 요셉은 이 '주님이 덧붙인' 역할, 이차적인 역할을 잘 수행했던 사람이라는 것이다. 이처럼 필로는 「요셉에 대하여」에서 자연법에 덧붙여진 정치가의 역할을 인정하며, 요셉을 그러한 정치가의 전형, 즉 끊임없이 변하는 그림자 같은 삶과 세계의 본성을 올바로 해석하는 사람으로 그리고 있다. 삶이란 환상이지만 그 환상 가운데서 끊임없이 빛을 지시해주는 현자, 내지는 철인으로서 정치가의 역할을 인정하고 있는 것이다.

그러나 이와 대조적으로 「꿈 2」에서는 요셉을 몽상가로 그리며, 자연법에 덧붙여진 정치가의 역할을 매우 부정적으로 묘사한다. 난삽하고 따라가기 힘든 알레고리적 주석과 장황한 예들 사이를 뚫고 글의 흐름을 쫓아가보면 여기서 필로는 요셉을 몽상가로 그리면서 실은 자기 자신을 미친듯이 정치에 빠진 취객에 비유하고 있다.[6] 그는 이제 더 이상 정치적 몽상가에게 휘둘리지 않고 그로부터 벗어나고 싶어 한다. 학자들은 필로가 이렇게 자기 자신에 대해 언급하게 된 것은 알렉산드리아에서 일어났던 한 사건에 연루되었던 것이 계기였다고 한다.

....

4　Samuel Sandmel, *Philo of Alexandria: An Introduction* (New York/Oxford: Oxford University Press, 1979), p. 108.

5　"On Joseph", 28.

6　"On Dreams", 2.104.

필로가 태어나서 살았던 이집트의 알렉산드리아는 로마제국 제2의 도시였다. 기원전 332년 알렉산더에 의해 정복된 이후 이집트는 그리스의 통치 아래 있게 된다. 이집트의 귀족층은 이집트인이 아니라 일차적으로 그리스인들이었고, 이것은 기원전 30년 이집트가 로마에 의해 정복된 후에도 변함이 없었다. 이러한 상황에서 알렉산드리아에 있던 유대인 공동체는 정치력을 발휘해 그들의 고유한 관습에 따라 자치권을 누릴 수 있도록 허락받았던 것 같다. 따라서 알렉산드리아의 유대인들은 유대인 자치공동체 즉, 폴리테우마(politeuma)의 구성원이 될 수 있었다. 그러나 알렉산드리아 시의 각종 기구와 시설, 가령 김나지움이라든가 전반적인 시의 공적 생활에 참여하려면 유대 자치공동체 회원에서 더 나아가 알렉산드리아 시민권이 필요했다. 학자들은 대부분의 유대인들과 이집트 원주민들이 이 권리를 가지지 못했고, 소수의 상류계층만이 가졌을 것이라고 본다. 그리고 마지막으로 알렉산드리아 시민권보다 훨씬 더 큰 특권이었던 로마 시민권이 있었다. 도시의 최상류층만이 이 권리를 가지고 있었고, 아마도 필로와 그의 가문은 이 시민권을 가지고 있었던 것으로 보인다.

필로의 형은 막대한 재산을 소유했고, 알렉산드리아에서 고위 행정 관직에 종사했다. 그는 20만 드라크마나 되는 돈을 유대 왕으로 부임했던 헤롯 대왕의 손자 헤롯 아그립파 1세에게 빌려준 적도 있었다.[7] 그리고 그의 아들이자 필로의 조카였던 티베리우스 율리우스 알렉산더는 유

---

7   요세푸스, 『고대사』 18.159~160.

대교를 버리고 기원후 46~48년에는 유대지방 행정장관(procurator)으로, 66~70년에는 이집트 총독으로 부임했다. 이것은 필로와 그의 가족이 로마 시민권을 가진 최상류층 유대인으로서 유대적 정체성과 그리스-로마적 주류 문화 사이의 경계에 위치했음을 말해주는 것이라고 할 수 있다.[8] 이러한 미묘한 경계인의 위치에서 필로는 그리스-로마 문화에 흠뻑 젖어 있으면서도 그의 의식 속에서는 유대인으로서의 정체성을 확고하게 가지고 있었다.

필로는 이러한 특권적인 지위 때문에 생애 말년에 알렉산드리아의 정치에 깊이 관여하게 된다. 그는 이 일을 경험하고 나서, 일종의 질투가 그의 영혼이 하늘나라를 향하는 것을 불가능하게 만들고 자신을 '시민사의 대양' 속으로 밀어 넣었다고 말하고 있다.[9] 그것은 38년 알렉산드리아에서 있었던 유대인 학살사건으로 인해 필로가 로마에 사절단을 이끌고 황제 칼리굴라를 알현한 일이었다. 필로는 「플라쿠스 반박」과 「가이우스 알현사절단」에서 이 일을 소상하게 기록하고 있다.

사건의 배경은 알렉산드리아의 유대인들과 이집트 원주민 등 다른 집단 사이의 긴장관계였지만, 발단은 38년 유대 왕 헤롯 아그립파 1세가 알렉산드리아를 방문한 일이었다. 헤롯 대왕은 손자들을 로마에 유학시켜 어려서부터 유력 가문과 교우관계를 맺도록 했는데, 헤롯 아그립파야말로 그 전략이 주효한 경우였다. 헤롯 아그립파의 어릴 적 친구였던 가이우스, 즉 칼리굴라가 황제에 즉위했던 것이다.[10] 칼리굴라는

----

8 케네스 셍크 (2005), 『필론: 입문』, 한남성서연구소 송혜경 옮김 (서울: 바오로딸, 2008), 42쪽.

9 "On the Special Laws", 3.3

10 '칼리굴라'라는 말은 군화(軍靴) 스타일의 유아화(幼兒靴)를 의미한다. 이것은 그가 어린

이 어릴 적 친구를 헤롯 대왕 이후 공석이었던 유대 왕으로 임명했고, 부임차 예루살렘으로 가는 길에 헤롯 아그립파는 알렉산드리아를 방문하게 된다. 이처럼 유력한 유대인이 알렉산드리아에 와 있다는 사실은 그 도시 군중들의 반유대인 감정을 자극했다.

로마제국 도시의 주민들은 유대인들이 뇌물과 술수를 통해 자치권을 획득하고 황제숭배와 군대를 면제받는 등 특권을 누리고 있다고 여겨 적대적인 감정을 가진 경우가 많았다. 특히 과중한 세금으로 허리가 휘던 사람들은 유대인들이 누리던 성전세 징수 특권이 탈세와 연결되지 않나 의심하고 있었다. 헤롯 아그립파의 알렉산드리아 방문은 이러한 반유대인 감정을 자극했다. 그리하여 많은 사람들이 김나지움에 모여 아그립파를 조롱했다. 그들은 미친 사람에게 왕의 옷을 입혀 아그립파를 흉내 내게 하고 그 주변을 행진하면서 아람어로 '주님'이라 부르며 그에게 경배하게 했다.[11] 알렉산드리아에 있던 유대인들의 기도처(회당)에 칼리굴라 황제 동상이 강제로 세워졌고, 가장 큰 회당에는 전차를 탄 전사와 그가 이끄는 네 마리 말의 동상이 세워졌다. 그뿐만 아니라 유대인을 상대로 폭력 행위가 벌어졌다. 유대인들은 맞고 칼에 찔리고 온 도시를 끌려다녔다. 유대인들의 시체를 불에 태우고 썩도록 방치했다.[12] 필로의 기술에 과장이 있을 수는 있지만, 알렉산드리아에서 유대인 학살사건이 실제로 일어났던 것은 요세푸스 같은 역사가의 기술을 통해서도 확인된다.[13]

....

시절 아버지 게르마니쿠스를 따라서 라인 지방에 있을 때 군대로부터 받은 애칭이었다.

11 "Flaccus", 36~39.

12 같은 글, 65~71.

13 요세푸스, 『고대사』, 18.259.

그러나 로마 총독 플라쿠스는 폭동을 잠재우기 위해 아무 조치도 취하지 않고 그냥 보기만 했다. 게다가 플라쿠스는 알렉산드리아의 유대인들을 "외국인이며 외지인"이라고 선언했다. 이것은 알렉산드리아 시민권을 박탈하는 것을 의미했으며, 실제로 유대인들에게는 김나지움 입학 자격을 상실하고 법에 호소할 길이 막히는 것을 의미했다. 이것이 직접적으로 영향을 미치는 대상은 알렉산드리아의 상류층 유대인들이었을 것이다. 사태가 조금 진정된 뒤 필로는 그 도시의 유대인을 대표하여 법에 호소하기 위해 39년 사절단을 이끌고 로마로 간다.[14] 사절단은 남부 이탈리아에서 처음으로 잠깐 칼리굴라를 만났다. 칼리굴라는 39년 9월 파견단을 로마에 팽개쳐둔 채 골과 게르마니아로 떠나서 그 해 대부분을 거기서 보냈다. 이 무렵 칼리굴라가 예루살렘 성전에 자신의 동상을 세우려 한다는 소식이 사절단에게 전해졌다. 이 소식은 그들의 사기를 꺾었다.[15] 칼리굴라는 얍네(Yabneh/Jamnia)에 있던 유대인이 황제숭배용 제단을 파괴했던 것에 대한 복수로 예루살렘 성전에 자신의 황금상을 세우도록 요구했던 것이다. 율리우스 카이사르 이래 지속되었던 로마 황제와 유대인들 사이의 우호적인 관계에 금이 가기 시작한 것이다. 실제로 유대인과 로마제국 사이의 관계는 이후 계속 악화되어 66~70년 유대전쟁이라는 파국적인 결과를 가져오게 된다.

한편 칼리굴라의 이 명령을 이행하기 위해 시리아 총독 페트로니우스가 유대 지방으로 남하하는데, 유대 역사가 요세푸스에 따르면 여기서는 유대 고위층이 아니라 농민사절단이 나선다. 페트로니우스는 프톨

---

14 "On the Embassy to Gaius", 190.

15 같은 글, 184~196.

레마이오스에서 갈릴리의 자영농민, 즉 소농들로 이루어진 직소단과 마주쳤다. 더 가서 그는 갈릴리의 티베리아스에 도착하는데, 여기서도 직소단이 그를 기다리고 있었다. 그들은 끈질겼다. 그들은 예루살렘 성전에 황제의 상을 세운다면 헤롯 가문의 수입원이자 로마에 바칠 조공의 근거였던 농작물의 수확을 거부하겠다고 했다. 얼마 안 있으면 농작물을 세금으로 거두어들이고 때 맞춰 조공을 바칠 일이 황제의 고집 때문에 차질을 빚고 "도둑들이 수확"을 하게 되지나 않을까 두려워 한 헤롯 가문의 관료들은 페트로니우스와의 사이에서 중재를 시도했다. 농민들의 목숨을 건 저항에 드디어 페트로니우스는 뜻을 꺾고 칼리굴라 황제에게 명령의 철회를 요청하는 편지를 썼다. 다른 한편으로 로마에서는 헤롯 아그립파 1세가 칼리굴라와 면담하여 설득하는 데 성공했던 것 같다. 그러나 거기에 페트로니우스의 편지가 도착하자 그것을 읽은 칼리굴라는 격노한다. 그는 페트로니우스의 불순종에 대한 벌로 자살을 명하는 편지를 썼지만, 그것이 페트로니우스의 손에 도착하기 전에 칼리굴라는 이집트에서 자신의 근위장교에게 암살당했다.[16] 41년 1월의 일이었다.

이러한 일련의 사태 속에서 황제가 암살당하기 몇 주 전 필로의 사절단이 칼리굴라와 면담하게 된다. 사절단은 알렉산드리아 유대인의 시민권을 요청할 작정이었다. 필로에 따르면 칼리굴라는 다른 사사로운 일에 한눈팔고 있었으며, 유대인들이 자신을 신으로 인정하지 않는 데 대해 적대감을 갖고 있었고, 또 유대인들이 돼지고기를 먹지 않는 이유 등 중요하지 않은 문제에만 관심을 가졌다고 한다. 칼리굴라는 당시 그가

16　요세푸스, 『고대사』, 18.261~309.

머물던 집의 공사에 마음이 빼앗겨 있었다. 필로는 이렇게 쓰고 있다. 집에 대해서 몇 가지 명령을 내린 후 "그는 우리들에게 자못 심각하고 중요한 질문을 했다. '너희들은 어째서 돼지고기를 먹지 않느냐?'" 그의 옆에서 수행하고 있던 자들은 모두 웃음을 터뜨렸다. 곧바로 유대인 사절단이 시민권에 대해 말하기 시작하자 칼리굴라는 "결코 경멸스럽다고 할 수는 없는 태도로" 가로막고 "쏜살같이 큰 방으로 뛰어들어가서 창문에 대해 뭐라고 지시를 내렸다." 그는 유대인들에게 돌아와서 물었다. "너희들이 말했던 것이 뭐라고?" 이제 칼리굴라는 유대인들은 "악하다기보다는 불행한 백성으로 보인다.……"고 말한다. 그리고 그는 심문을 끝냈다.[17] 칼리굴라는 유대인들의 청을 허락하지 않았다. 그에 뒤이어 제위에 오른 클라우디우스 역시 학살사건에 대한 책임을 인정하지 않았고, 유대인들의 청을 들어주지 않았다.

농민들은 승리했는데 이 부유하고 학식 있고 존경받는 유대인 필로는 수모를 당했고, 자존심이 꺾였다. 게다가 그는 자신이 이끄는 다섯 명의 사절단을 세계 모든 유대인들을 위한 희망으로 여기고 있었다.[18] 그는 그 일을 떠맡은 것을 후회했고, 정치가란 근본적으로 악할 수밖에 없다고 했다. 정치가에 대한 그의 이해는 대단히 부정적이 된다. 그는 권력의 '허세'를 깨달은 모든 이들은 당연히 그것을 혐오할 것이고, 그것도 아주 진저리를 치며 싫어하고 거부할 것이라고 말한다.[19] 그리고 그는 한 가지 비유를 들었다. 알렉산드리아의 유대인들은 시장에 갔을 때

----

17 "On the Embassy to Gaius", 361~367.

18 같은 글, 370.

19 "On Dreams", 2.98.

"통치자들을 위해서, 그리고 멍에를 맨 짐승들을 위해서" 재빠르게 길을 비키지만 그 동기는 다르다고 말한다. "통치자와 만나면 우리는 존경의 마음으로 행동을 하고, 멍에를 맨 짐승을 만났을 때는 두려움으로 행동을 취한다. 그래서 우리는 그들에게서 어떤 심한 상해도 입지 않는다."[20]

　　필로는 글을 쓸 줄 아는 사람이다. 앞서 가이우스 알현 장면에 대한 묘사에서도 그렇고, 지금 이 비유에서도 그는 비꼬아서 말하고 있다. 액면 그대로 보면 여기서 필로는 통치자 앞에서는 존경의 마음으로, 짐승 앞에서는 두려움 때문에 길을 비켜야 한다고 말하고 있다. 그러나 사실 그가 말하려는 것은 통치자나 짐승이나 똑같이 피해야 할 대상이고, 그 점에서 통치자는 짐승이나 마찬가지라는 점이었을 것이다. 그는 통치자와 시장에서 오물을 튀기며 지나가는 짐승을 나란히 입에 올리는 외람된 행동을 하면서 점잖은 척 말을 돌려서 사실은 비꼬고 있는 것이다. 통치자나 짐승이나 똑같은 부류니 짐승에게 더럽혀질까 피하듯이 통치자에게 해를 입지 않도록 피해야 한다는 것이다. 그러므로 실질적인 의미로 여기서 '존경'과 '두려움'은 동의어이며, '두려움' 쪽에 무게가 실려 있다.

　　이 사건 이후 필로의 생애에 대한 사실로 확인되는 것은 47년 알렉산드리아에서 클라우디우스 황제를 기념하여 개최한 경마대회에 참석했다는 것이다. 그 수모를 겪고도, 통치자에 대해 그렇게 비꼬는 투로 말하면서도 그는 황제를 위한 경마대회에 갔다. 그는 그냥 살던 대로 살다가 죽었을 것이다. 그렇다고 필로의 진정성을 의심할 이유는 없다. 필로

20　같은 글, 2.91~92.

역시 여타 유대인들과 마찬가지로 로마의 정치권력을 혐오하고 그것이 무너지기를 간절히 원했을 것이다. 게다가 그는 목석이 아니었다. 그 무서운 세금을 내지 못해 비참한 처지에 놓이게 되는 동료 유대인들에 대해 그는 마음 아파했다. 적어도 그는 이런 글을 남겼다.

최근에 우리 가운데 한 사람이 조세징수원에게 불려갔는데, 이 사람은 아마 가난 때문에 조세를 못 내고 있었던 것 같다. 결국 그는 감당하기 힘든 처벌이 두려워 줄행랑을 쳤다. 그의 아내와 자식들과 부모, 그리고 모든 친척들이 끌려가서 매를 맞고 학대를 당했으며 갖가지 수치스러운 폭행을 겪어야만 했다. 결국 그들은 그 도망자가 숨어 있는 곳을 자백하거나 아니면 그가 진 빚을 모두 갚아야 했는데 그중 아무것도 할 수 없었다. 일단 그들은 그가 어디에 있는지 몰랐다. 또한 그들은 도망을 간 그 사람과 똑같이 가진 것이 없는 사람들이었다. 조세징수원은 그들의 육신을 온갖 고문 도구로 괴롭히더니 결국 전대미문의 방식으로 그들의 생명을 빼앗았다. 그는 바구니에 모래를 가득 담아 밧줄로 묶은 뒤 그 무거운 것을 그들의 목에 걸고서 햇빛을 가려주는 덮개 하나 없는 시장바닥으로 끌고 갔다. 마침내 그들은 자신들에게 닥친 처벌의 끔찍한 압력과 바람과 태양열과 지나가는 사람들의 시선으로 인한 수치심과 짓누르는 짐의 무게로 절망적인 상태에 빠졌다. 그러나 이러한 처벌을 목격해야 했던 다른 이들도 미리 그 고통을 느꼈다. 이러한 사람들 가운데 일부는 눈으로 보는 것이라기보다는 영혼으로 예리하게 바라보면서 다른 사람에게 자행되는 학대를 자기가 당하는 것처럼 느끼는 사람이며, 이들은 그들의 생명을 칼이나 독이나 밧줄 등으로 일찍 끝내주었다. 이러한 불행에 빠진 그들에게는 고문의 고통 없는 죽음은 엄청난 행운이기 때문이다.[21]

그는 동시대 밑바닥 사람들의 참상을 모르지 않았다. 글을 이렇게 쓰는 것을 보면 필로는 사물을 제대로 느낄 줄 알고, 적어도 '올바름에 대한 감각'이 있는 사람이다. 그러나 그는 현실주의적이었고 신중했다. 그는 어디서 멈춰야 하는지 알았다. 그는 칼리굴라에 대해 묘사할 때도 노골적인 경멸의 언어를 사용하지 않았고, 감정을 섞지 않고 글을 썼다. 그리고 그는 이집트인이건 유대인이건 군중을 싫어했다. 그들에 대해 냉정했고, 무지몽매한 폭도라며 경멸했다. 아마 그는 유대 왕 헤롯 아그립파 1세만이 아니라 로마의 관리들과 어울리고 그들의 환심을 얻기 위해 선물을 하고 때로는 아첨도 했을 것이다. 필로는 당시 유대인 엘리트, 아니 시대와 장소를 막론한 대부분의 엘리트, 그것도 양심적인 엘리트의 한 전형이라고 할 수 있다. 어차피 필로가 저 갈릴리 농부가 될 수 없는 것이라면, 필로는 대부분의 지식인의 정치의식이 도달할 수 있는 최대치에 이른 사람이었다고 말할 수 있을 것이다.

그러나 그렇다 해도 이 질문만은 하고 싶다. 과연 필로처럼 사는 것이 살아 있는 것처럼 사는 것일까? 속으로는 망하기를 바라는 대상인데 습관적으로 그들과 함께 밥을 먹고 술을 마시고 고담준론을 나누며 그는 정말 즐거웠을까? 아마도 꿈속에 있는 것처럼 먹어도 먹는 것 같지 않고 마셔도 마시는 것 같지 않았을 것이다. 깨어 있어도 꿈 같았을 것이다. 그는 살아 있는 것처럼 살았던 것이 아니라 그 자신의 말대로 꿈속에서처럼, 환상 속에서처럼 살았을 것이다. 괴로움과 시련으로 가득 차 있어도 살아 있는 현실의 삶. 저 갈릴리 농부들처럼 정말 살아 있는 삶을 살 것인가, 아니면 환상 속에서 살 것인가. 사실 이것은 윤리적 질

---

21 "On the Special Laws", 3.159 이하.

문이기 이전에 미학적 질문이다. 그나저나 오늘날 필로의 수준에라도 도달할 수 있는 지식인이 과연 몇이나 될까?

창세기에서 요셉의 꿈은 해피엔딩으로 끝난다. 현실에서도 그럴 수 있을까? 요셉의 꿈이 형들에게 악몽이었듯이, 대체로 정치가의 꿈은 보통 사람들에게는 재앙이다. 역사는 그것을 너무나 분명하게 보여준다. 헤롯 대왕의 꿈이 유대인들에게는 피눈물이었고, 카이사르와 아우구스투스의 꿈은 수많은 개인들의 목숨을 대가로 했다. 필부필부들은 요셉의 꿈과 필로가 말했던 '크고 공공적이고 보편적인 꿈' 사이에서 혼란스럽다. 정치가들은 항상 이 두 가지 꿈을 뒤섞어서 우리 앞에 내놓는다. 창세기의 이야기에 따르면 요셉의 꿈은 '크고 공공적이고 보편적인 꿈'으로 이어졌다. 그리고 그것은 오로지 하느님의 인도하심에 따라서 가능했다. 오늘 우리 사회의 '요셉들'이 꾸는 꿈도 '하느님이 보우하사' 그런 크고 공공적이고 보편적인 꿈이 될 것인가. 필로가 요셉의 꿈과 '크고 공공적이고 보편적인 꿈' 사이에서 흔들리고 절망하면서도 계속 기대를 꺾지 못했듯이 우리 역시 그럴 것이다. 그리고 그 사이 갈릴리의 농부들은 닦달을 당하고 또 일어서고 할 것이다.

4

필로가 가이우스를 알현했던 41년으로부터 채 20년이 못 되어서 필로와 마찬가지로 디아스포라 유대인 출신이었던 바울은 로마에 있는 그리스도인들에게 편지를 썼다. 로마서가 그것이다. 이 20년 사이에 로마 제국과 유대인 사이의 관계는 악화일로에 있었고, 로마의 유대인들 역시 한 차례 소동 끝에 추방을 당했다가 이제 막 귀환하고 있는 중이었다. 통치자가 "공연히 칼을 차고 있는 것이 아니라는"(로마 13:4) 사실을 유대인이라면 누구나 두려움 속에서 뼛속 깊이 느끼고 있을 때였다. 그리고 여기서도 역시 세금이 문제였다. 로마의 세금은 무시무시했고 악명이 높았다. 사람들은 세금 때문에 땅을 빼앗기고 고문당하고 죽임을 당했다.

바울은 로마 당국의 폭력과 무거운 세금의 압력 아래 짓눌린 사람들에게 "하느님이 주시지 않은 권위는 하나도 없고, 세상의 모든 권위는 다 하느님께서 세워주신 것"(13:1)이므로 "권위를 거역하면 하느님께서 세워주신 것을 거스르는 자가 되며" 심판을 받는다고 말한다(13:2). 또 "통치자들은 결국 여러분의 이익을 위해서 일하는 하느님의 심부름꾼"(13:4)이라고 한다. 과연 진심으로 하는 말인지 의심스러운 발언들 끝에 바울은 결론적으로 이렇게 말한다. "여러분이 여러 가지 세금을 내는 것도 이 때문입니다. 통치자들은 그와 같은 직무들을 수행하도록 하느님의 임명을 받은 일꾼들입니다. 그러므로 여러분은 그들에게 해야 할 의무를 다하십시오. 국세를 바쳐야 할 사람에게는 국세를 바치고 관세를 바쳐야 할 사람에게는 관세를 바치고 두려워해야 할 사람은 두려워하고 존경해야 할 사람은 존경하십시오"(13:6-7). 한마디로 말해 세금을 내라는 것이다. 문맥상으로 보면 앞에 나오는 말들은 이 말을 하기 위한 수사(修辭)이지 정언적인 신학적 선언이 아니다. 모든 권위는 하느님이 세우신 것이고, 통치자는 우리 모두의 이익을 위한 하느님의 심부름꾼 운운하는 말들은 모두 이 말 한마디, "그러므로 세금을 내라"는 말을 하기 위한 수사학적 전제일 뿐이다. 즉, 로마서 13장 1~7절에서 통치자의 권력에 관한 바울의 그 모든 문제적인 수사는 "그러므로 세금을 내라"는 한마디로 수렴된다.

　바울의 수사에는 필로의 글이 보여주고 있는 것과 같은 빈정거림, 비꼼, 여유 같은 것이 없고, 오히려 긴박성과 당면한 사안에 대한 두려움 같은 것이 느껴진다. 특정 상황으로부터 유래했을 모종의 긴박성이 바울로 하여금 그가 쓴 다른 편지들과도 모순되고, 그 자신의 신학과도 모순되는 수사를 하게 만들었을 것이다. 바울은 다른 편지들에서와는 달리 로마서에서는 유독 자신의 동족인 유대인을 옹호하는 발언을 하고 있다. 로마서 9~11장은 구원사에서 유대인의 특권적인 위치에 대해 말한다. 학자들은 이것을 49년 클라우디우스 황제 때 로마에서 유대인들이 추방당했던 사건과 관련시킨다. 로마의 유대인 공동체 안에서 그리스도 신앙을 가진 유대인들과 그렇지 않은 일반 유대인들 사이에 갈등이 일어났고 이로 인해 당국의 폭력적인 개입이 있었던 것 같다(사도 18:2). 이 사건으로 인해 추방당한 유대인들 가운데는 그리스도인들도 포함되어 있었고, 이들이 이제 네로 황제에 의해 추방령이 해제되면서 다른 유대인들과 함께 로마로 귀환하게 된다. 귀환한 이들을 맞은 것은 그 사이 다수가 이방인으로 교체된 그리스도인 공동체였고, 이방 그리스도인들은 바울의 가르침대로 구원에 대한 유대인의 특권을 인정하지 않았을 뿐만 아니라 돌아온 로마의 유대 그리스도인들을 무시했던 것 같다. 그래서 바울이 유독 로마서에서 자신의 동족인 유대인들을 옹호했을 수 있다. 그리고 로마제국에서 세금은 늘 문제였다. 크고 작은 소요, 농민들의 저항운동은 대부분의 경우 세금 거부와 관련이 있었다. 아마도 바울로 하여금 구체적으로 긴박감을 느끼게 만든 움직임이 있었을 것이고, 6~7절의 바울의 언급으로 보아 필시 그것은 세금 거부와 관련되었을 가능성이 있다. 그러한 움직임은 이제 막 로마로 돌아와서 다시 자리 잡기 위해 안간힘을 쓰고 있던 유대 그리스도인들을 사지로 몰아 넣을 가능성이 있었을 것이다. 바울의 마음을 온통 사로잡았던 염려는 그런 것이 아니었을까 추측해볼 수 있다. 아마도 그래서 바울은 이렇게 '두려움'으로 가득 찬, 긴박감이 묻어나는 글을 썼을 것이다.

세금 거부를 극구 만류하고자 했던 바울의 태도가 정치적으로 현명하고 올바른 선택이었는지는 다른 문제이며, 따져봐야 한다. 그러나 로마서 13장 1~7절은 바울이 직접 쓴 편지라고 인정되는 것들 가운데서 매우 특이하고 기이한 본문임에도 불구하고 사람들은 유독 이 본문만을 문맥으로부터 분리해서 액면 그대로 통치권력에 대한 바울의 신학적 선언으로 둔갑시켰고, 그것을 내세워서 통치권력에 대한 그리스도인의 복종을 요구하거나 아니면 반대로 통치권력에 대한 바울의 태도를 비판해 왔다. 말하자면 바울은 이천 년 동안 그렇게 모욕당해온 것이다. 물론 그럴 소지를 바울 자신이 만들어놓았지만 말이다.

앞서 필로의 글들과 비교해본다면 로마서 13장 1~7절의 바울의 수사에는 확실히 문제가 있다. 필로라면 바울처럼 그렇게 바보같이 말하지 않았을 것이다. 바울은 자기가 마치 자식을 걱정하는 부모인 양 말하고 있지 않은가? 자신을 누추하게 만들면서까지, 평소 자신의 신념과 위배되는 말을 하면서까지 미련을 가지고 누군가 보호하고 감싸야 할 대상이 필로에게 있었을까? 꿈속에서, 환상 속에서 사는 사람에게는 그럴 일이 없다. 땅에 발을 딛고 있지 않기 때문이다. 무엇보다도 바울은 절박한 사안을 앞에 두고 구체적인 사람들을 대상으로 분명한 목적을 가지고 '편지'를 썼고, 필로는 '저술 활동'을 했다. 바울은 자신이 쓴 글이 그렇게 오랫동안 자기가 알지 못하는 수많은 사람들에게 읽히고 영향을 끼칠지 꿈에도 생각하지 못했을 것이다. 반면 필로는 앞으로 자신의 독자가 될 익명의 수많은 독자를 끊임없이 의식하면서 글을 썼다. 어쩌면 거기에서 두 사람의 '글쓰기'의 모든 차이가 비롯되지 않았을까? 후대의 기록에 따르면 한 사람은 참수형에 처해졌고, 한 사람은 죽기 얼마 전까지 황제를 위한 경마대회를 관람했다. 아마도 필로는 평온한 죽음을 맞았을 것이다. 필로 역시 그 나름대로 할 말이 있을 것이고 명민하고 존경받을 만한 인물이지만, 그래도 이 세상에 사랑이니 우정이니 하는 말이 아직 살아남아 있다면, 나는 그것은 필로 같은 사람이 아니라 바울 같은 사람 덕택일 것이라고 생각한다.

국가의 역사, '하느님의 백성'의 역사

1

19세기 말 이집트 나일 강 서쪽 옥시린쿠스의 쓰레기 더미에서 발견된 옥시린쿠스 파피루스는 한마디로 고대 문서들의 보고였다. 신약성서 단편들과 함께 희랍어로 된 도마복음서의 일부가 포함되어 있는 것으로 유명하지만, 사실 그것은 이 파피루스의 극히 일부분일 뿐이고, 이 문서의 대부분은 법정 속기록, 칙령, 명부, 공무 답변서, 인구 조사서, 조세 평가서, 청원서 같은 공문서와 임대차 계약서, 유언장, 영수증, 물품 목록, 점성술과 관련된 문헌과 편지 등 개인 문서들을 포함하고 있어서 그 자체로 고대 이집트인들의 삶을 들여다볼 수 있는 훌륭한 창이었다.

이 잡다한 문서들 속에서 기원후 300년경 한 인물이 신에게 묻는 질문들을 적어 신전에 바친 질문서가 나왔다. 그의 질문들은 이랬다.

내가 보조금을 받게 될까요?

내가 선한 일을 하게 될까요?

내가 돈을 받게 될까요?

내 재산이 경매장에서 팔리게 될까요?

내가 팔리게 될까요?

내가 걸인이 될까요?

내가 도망가야만 하는 일이 일어날까요?

나의 도망에 끝이 있을까요?

내가 시의원이 될까요?

내가 내 아내와 이혼하게 될까요?

내가 독살을 당하게 될까요?

내가 나 자신으로 살 수 있을까요?[1]

예나 지금이나 사는 것은 만만치 않다. 아주 밑바닥 사람으로 보이지는 않지만, 삶에 짓눌린 이 가련한 인물이 써 내려간 질문들과 우리 시대 많은 사람들의 마음속에 있는 질문들 사이에는 별 차이가 없을 것 같다. 차이가 있다면 오늘 우리는 더 이상 이런 질문들을 신에게 하지 않는다는 데 있을 것이다. 신에게 묻지 않는 대신 우리는 국가에게 묻고, 국가가 무언가 해주기를 기대한다. 복지제도가, 국가의 보호망이 삶의 불안과 두려움을 해소해주기를 기대한다. 국가를 믿지 못하면 알아서 능력껏 보험을 들고 주식을 사고 은행에 돈을 비축하고 땅을 사고 금을 산다. 옛 사람들이 불안 때문에 신을 찾았다면, 오늘날 우리는 불안 때문에 국가에 의지하고 돈에 의지한다.

1 *Select Papyri with an English translation*, tr. by A.S. Hunt and C.C. Edgar, Mass. (Cambridge: Harvard University Press, 1959), vol. 1, n. 195.

저 이집트인은 신에게서 어떤 답변을 얻었을까? 삶을 좀먹어가는 자잘하면서도 절박한 질문들 끝에 이 무명의 인물은 "내가 나 자신으로 살 수 있을까요?"라고 그의 신에게 물었다. 이 질문은 모든 시대를 관통하는 질문이며, 시공을 초월해서 삶의 밑바닥에서 인간이 맞닥뜨리는 질문이다. 부당하게 침탈당하거나 강요받지 않으면서 우리는 우리 자신으로 살 수 있을 것인가? 질문을 받은 이집트의 신은 그에게 뭐라고 답했을까? 그는 신의 답변으로 위안을 얻었을까? 그렇다면 오늘 우리는? 오늘날 국가는 우리에게 이 질문에 대한 답을 해줄 수 있을까? 저 이집트인에게 그의 신이 해주었던 만큼의 위안과 도움을 오늘날 국가가 우리에게 해줄 수 있을까? 국가에 의지해서, 제도에 의지해서 얼마나 나 자신으로 살 수 있을까?

오늘날 국가 없는 사회를 상상하기란 불가능에 가깝다. 우리가 사는 신자유주의 시대에 자본이 국가를 능가하는 힘을 행사해서 국가의 힘이 약화되리라 생각하는 사람들이 있었다. 그러나 오늘날 국가는 자본과의 상부상조에 의해 더욱 강력해진 힘으로 건재하고 있다. 아니 자본주의가 결국에는 자기모순에 의해 망한다 해도 '불공정의 제도화'를 위한 효과적인 도구로 국가는 존속할 것이고, 이를 통해 지배와 피지배, 착취와 수탈의 계급구조는 존속할 것이다. 또한 가라타니 고진柄谷行人이 『세계공화국으로』에서 말했듯이, 아무리 국가 없는 사회를 지향한다 해도 주변 국가들과의 관계에서 볼 때 국가는 내부로부터 소멸되거나 약화되지 않는다.[2] 더욱이 오늘날과 같은 신자유주의 세계에서는 무자비한 자본의 침탈을 막아줄 유일한 보호막으로 국가권력의 강화를 생각하게 된

2 가라타니 고진, 『세계공화국으로』, 조영일 옮김 [서울: 비(도서출판b), 2007].

다. 그래서 사람들은 매번 다시 속는 셈치고 정치가들의 말에 귀를 기울이고, 투표장에 간다. 저 무명의 이집트인이 삶의 불안 속에서 신에게 매달렸듯이, 근대 이후의 인간은 국가에 매달린다. 이 때문에 국가 없는 사회를 상상한다는 것 자체는 현실에서 아무 힘도 발휘하지 못한다.

그러나 국가 없는 사회에 대한 상상은, 끊임없이 나를 읽을 수 있는 숫자로 만들고 그럼으로써 나의 자율성을 침해하는 것이 국가의 본질이라는 사실을 깨닫게 한다. 그리고 이러한 인식은 현실 국가의 제어되지 않는 힘에 대한 기대를 접고 다른 가능성을 생각해보게 한다. 국가 없는 사회에 대한 상상은 '국가 없는 사회'로 이끄는 것이 아니라, 민주주의에 대한 급진적 상상력을 불러일으켜 저 이집트인이 물었던 물음, "나는 나 자신으로 살게 될까요?"라는 한 개인의 물음 앞에 국가를 소환한다. 그 앞에서 국가로 하여금 스스로를 변론하게 만든다. 만일 이 질문 앞에 국가를 소환하지 못한다면, 그때는 민주주의도 없다. 그때 국가는 약자에게 무거운 짐을 지우고 그 위에 올라타서 채찍질을 하는 야수에 지나지 않는다.

저 이집트인의 신이 진짜였는지 가짜였는지 우리는 알지 못한다. 그러나 분명한 것은 신은 끊임없이 신의 정당성을 묻는 인간적 질문들을 통해서 그 참된 존재가 경험된다는 것이다. 그렇지 않은 신은 그저 돌덩어리요, 쇳조각에 지나지 않는다. 국가는 어떤가? 끊임없이 약자 앞에 소환당하지 않는 국가는 돌덩어리와 쇳조각을 넘어서 '국가 기계', '국가 우상'이 된다. 그리고 그 아래서 우리 모두 '국가의 미신'에 사로잡혀 우상에 매달리는 가련한 인생이 되고 만다.

2

오늘날 우리에게 '국가 없는 사회'는 상상 속에서만 존재하지만, 옛 사람들에게 '국가 없는 사회'는 상상이 아니라 실제였다. 고대 이스라엘도 마찬가지였다. 구약성서 기술의 근저에는, 국가 아닌 대항사회로서 '하느님의 백성'이라는 유토피아와 국가 형태로 조직화된 사회 간의 대결이 깔려 있다. 이것은 '신명기계 역사서'에 아주 두드러지게 나타난다. '신명기계 역사서'란 구약성서 신명기의 핵심 사상에 입각해서 씌어진 역사서로서 여호수아서에서부터 사사기, 사무엘 상·하, 열왕기 상·하를 가리킨다. 구약학자 게오르크 브라울리크Georg Braulik에 따르면 '신명기계 역사서'의 근원적인 질문은 "국가가 '하느님의 백성'의 형태가 될 수 있는가?"라는 것이었다. 노르베르트 로핑크Norbert Lohfink는 이 질문에 대해 신명기계 역사서는 "국가에 대한 분노"의 역사서라고 답했다. 신명기계 역사서는 이 질문에 입각하여 가나안 땅 정복 직전부터 왕국 수립과 멸망의 시기, 즉 바빌론 포로까지 약 700년에 이르는 이스라엘 역사를 기술하고 있다. 그러니까 신명기계 역사서는 북이스라엘과 남유다의 패망을 경험한 기원전 6세기에 그러한 파괴와 고통의 사건이 왜 일어났는지 신학적으로 설명하고 있는 것이다. 국가의 멸망에 대한, 국가라는 형태로 '하느님의 백성'이라는 이상을 실험했던 것이 실패로 돌아간 데 대한 신학적 설명인 것이다. 신명기계 역사가는 이에 대해 하느님의 잘못이 아니라 이스라엘의 '죄' 때문이라고 설명하고 있다. 나중에 기독교에까지 이어지는 유대교의 첨예한 죄의식은 실은 이들의 발명품이었다고도 말할 수 있다.

국가의 멸망은 정치사회적인 의미에서만이 아니라 종교적으로도 커다란 위기였다. 왜냐하면 국가의 대결은 곧 국가의 신들의 대결을 의미했기 때문이다. 따라서 기원전 587년 유다가 바빌로니아에게 패배했을 때 그것은 유다의 신 야훼가 바빌로니아의 신 마르둑에게 패배한 것을 의미했다. 일찍이 야훼는 예언자 나단을 통해 다윗 왕조가 영원할 것이라고 약속했고(2사무 7:4-17), 예루살렘 역시 영원할 것이라고 약속했다(시편 48:8-14). 그러나 이제 예루살렘 성전은 파괴되었고, 다윗 왕가 최후의 왕 시드기야는 두 아들이 자기 앞에서 처형당하는 모습을 보아야 했고, 두 눈이 뽑힌 채 포로가 되어 바빌론으로 끌려갔다. 이러한 패배의 경험은 야훼의 약속과 그 능력에 대해 회의하게 만들었다.

신명기계 역사서는 이러한 신앙의 위기에 대한 응답이었고, 야훼를 다시 정당화하기 위한 것이었다. 고대의 상식에 따르면 왕국 멸망이라는 파국적 상황 앞에서 마르둑 신에게 패배한 야훼는 퇴출당해야 마땅했지만, 신명기계 역사가의 신학적 작업에 의해 야훼 하느님은 살아남을 수 있었다. 즉, 이스라엘 역사를 이스라엘 왕과 백성이 저지른 죄악의 역사, 야훼 하느님과 맺었던 계약 위반의 역사로 묘사함으로써(여호 23:12-16; 사사 2:11-22; 1사무 12:12-25; 2열왕 17:7-18; 21:1-16 등) 왕국 멸망과 포로라는 파국은 이스라엘의 죄에 대한 하느님의 벌이고, 따라서 파국에 대한 책임은 오로지 이스라엘 측에 있다는 것을 보여주고자 했던 것이다. 이렇게 보면 그들이 당하는 뼈아픈 고통과 파국은 야훼의 패배나 무력함을 나타내는 것이 아니라, 오히려 하느님의 정의와 힘을 드러내는 것이 된다. 이렇게 해서 신명기계 역사가는 국가의 멸망이라는 비극적 상황 앞에서 하느님을 정당화하는 데 성공했다.

오늘날 학자들에 따르면 이 역사서를 쓴 역사가들은 유다 궁정에서 공적 기록의 편집에 종사했던 서기들로 이들이 가지고 있던 자료들, 예를 들어 국가의 운영과 관리에 필요한 행정문서, 실록, 국가 선전을 위한 본문들이 신명기계 역사서를 구성하는 원자료가 되었으며, 이것들은 당연히 모든 사회문제의 해결 방책은 국가라는 관점에 입각해 있었다. 그들은 예루살렘 함락 후, 자신들의 손에 있던 풍부한 사료를 가지고 미스바로 도망가서(2열왕 25:23), 거기서 이스라엘의 가나안 정착 이후 왕국 멸망에 이르기까지 하나로 이어지는 장대한 역사서를 편집했다고 한다. 국가 붕괴 이후 이 최종 형태의 신명기계 역사가 국가를 회고하는 관점은 원자료의 관점과는 달라지게 되었고, 그래서 신명기계 역사가는 국가에 대해 비판적인 방향으로 자료의 경향을 바꾸어 편집했다. 이 역사서는 용어나 사상 면에서 신명기와 눈에 띄게 공통점을 보이기 때문에 독일 구약학자 마르틴 노트Martin Noth 이래 일반적으로 '신명기계 역사서'라고 불리고 있다.

이들의 가슴속에 꺼질 줄 모르고 타올랐던 질문은 "왜 야훼께서 이 땅에 이렇게 하셨는가? 타오르는 이 큰 분노는 어찌 된 것인가?"(신명 29:23)라는 물음이었다. 이것은 그들의 국가에 대한 분노로 이어졌고, 구체적으로는 이스라엘을 이방 제의, 우상숭배로 이끈 왕들의 죄에 대한 고발로 이어졌다. 야훼의 분노에 관한 정형화된 문구들은 신명기계 역사서의 모든 책들에 나오지만 특히 열왕기에 기술된 타락한 왕들에 대한 판결에서 무더기로 나온다(1열왕 16:26; 22:53-54; 2열왕 21:6). 야훼 하느님의 분노는 정확히 왕들을 향해 있다. 신명기계 역사가의 비난의 화살은 가차 없다. 그 화살은 현실적인 의미에서 국가를 발전시키고 외교적으로 유능했던 왕들, 심지어 다윗, 솔로몬 같은 왕들도 비껴가지 않는다. 기준은 한 가지, 야훼 하느님과의 계약을 위반한 죄, 즉 우상숭배이다. 하느님은 우상숭배로 이끈 왕들을 심판하고 징벌하신다. 그런데 물질적 번영과 문화적 교류를 추구하고 실리적 외교를 펼쳤던 지극히 상식적이고 소위 유능한 왕 치고 '우상숭배의 죄'에 대한 신명기계 역사가의 비난을 면한 사람이 없다. 실제로 신명기계 역사가가 비난했던 왕들, 가령 므낫세 같은 왕이 정치적으로나 외교적으로 유능한 경우가 더 많았고, 반대로 그들이 칭찬했던 왕, 가령 히스기야나 요시아 왕은 현실적으로 보면 무모했다.

신명기계 역사가가 반복해서 말하는 '우상숭배의 죄'에 대한 비난은 오늘날 현대인의 감각으로는 받아들이기 어려운 점이 분명히 있다. 오로지 야훼만을 내세우는 고집불통의 야훼중심주의, 게다가 그것을 표현하는 언어들이 보여주는 지독한 여성 혐오 경향은 보기가 딱할 지경이다. 신명기계 역사서들을 읽노라면 분노에 차 수염을 부르르 떠는 가부장의 모습이 저절로 떠오른다. 자기 자신이나 자신의 신념을 상대화하고 대수롭지 않게 생각할 수 있을 때 생겨나는 유머, 여유, 유쾌함, 이런 것들은 그들과 거리가 멀다. 이런 외골수, 내지는 정서적 빈곤에는 시대의 탓으로만 돌리기 어려운 과도함이 분명히 있다. 그러나 종교적 광신주의, 배타주의로 읽힐 수 있는 이 과도함이 왕정 비판, 권력 비판이라는 맥락과 결부되었을 때 엄청난 에너지를 지닌 정치적 열정으로 끓어오른다. 신명기계 역사가는 이 무시무시한 정치적 열정을 지렛대로 삼아 700년에 이르는 이스라엘 역사 전체를 들어 올렸고, 그 결과 다 죽어가던 그들의 하느님 야훼를 기사회생시켰으며, 포로기 이후 국가 없이도 유대교와 유대인이 하나의 사회적 실체로 존속할 수 있게 했다. 유례없이 첨예한 죄의식을 덤으로 떠안은 채 말이다.

그러므로 신명기계 역사서의 완고한 야훼중심주의는 사실상 권력에 대한 비판, 권력의 탈신성화가 이루어질 수 있었던 근거였다. 이스라엘이 가장 영광스러웠던 시절의 왕, 그 왕좌가 영원히 지속되리라 약속받았던 다윗, 솔로몬마저도 비판의 대상이 될 수 있었던 것은 다른 모든 신들, 모든 인간적 힘과 권세를 무력하게 만드는 야훼 하느님에 대한 믿음 때문이었다. 이것은 이스라엘의 예언자들에게서도 볼 수 있는 태도이고, 실제로 학자들은 아모스, 호세아 같은 포로기 이전 예언자들의 말씀을 책의 형태로 편집한 사람들이 바로 이 포로기 이후 파국의 시대를 살았던 신명기계 역사가들이었다고 본다. 특히 예레미야서의 편집자와 신명기계 역사서의 편집자는 동일하거나 상당히 근접한 집단 사람들이었다고 생각되고 있다.

이렇게 보면 이스라엘의 멸망에 직면하여 하느님을 정당화하고자 했던 신명기계 역사가의 과업은 정치적 성격을 지닌다. 그것은 일종의 정치신학이고, 그러한 정치신학이 신명기계 역사서 전체를 관통하고 있다. 그리고 이 정치신학의 현실적인 의미는 왕권 비판, 하느님의 뜻을 실천하는 방식으로서 국가라는 실험의 실패에 대한 책임을 왕을 비롯한 지배집단에게 엄중하게 묻는다는 데 있다. 그들은 국가의 번영과 발전에 대해 요란스럽게 선전선동하고 마치 온 세상을 자기들이 이끌어가는 양 수선을 피웠지만, 정작 삶의 가장 단순하고 소박한 원리, 야훼 하느님이 주신 율법에 따라 살지 못했다. 화려한 궁전, 웅장한 성전을 건축하고 온갖 미사여구를 동원해 자신들의 치적을 선전했지만, 그것은 그들만의 잔치였을 뿐, 허리 굽혀 땅에 무릎 꿇고 심고 가꾸고 거두는 농민들이 자기 자신으로 살아갈 수 있는 길을 가로막았다.

솔로몬 치하에서 계속되었던 건축사업으로 과중한 세금과 부역에 더 이상 견디기 어려워졌던 농민들은 그 아들 르호보암 왕에게 자신들의 부담을 경감해줄 것을 요구한다. 그러나 르호보암은 "왕이 백성의 종이 되어 저들을 섬기라"는 경험 많은 노인들의 조언을 무시하고 젊은이들의 조언을 따라 강압적인 태도를 취했고, 이에 농민들은 "다윗의 집"의 왕으로부터 지배받기를 거부하고 통일왕국으로부터 이탈을 선언한다(1열왕 12:1-19). 이때 그들은 이렇게 말한다. "다윗의 집에 우리들의 받을 몫이 조금이라도 있는가. 이새의 아들(다윗)과 함께 할 유업은 없다. 이스라엘아, 저마다 자신의 장막으로 돌아가라. 다윗아, 이제 자신의 집안 일이나 돌보는 것이 좋겠다"(1열왕 12:16). 그리고 그들은 각자 자기 장막으로 돌아갔다. 국가라는 것이, 왕이라는 존재가 무엇인지 간파한 농민들이 더 이상 국가를 위해, 왕을 위해 농사짓지 않고 자기 장막으로 돌아간다면 어떻게 될까? 자신을 국가와 동일시하는 인간들에게 그것만큼 두려운 일이 또 있을까?

사실 이러한 왕권 비판, 권력 비판 전승은 비단 신명기계 역사서에만 국한되지 않는다. 예전에 학자들은 왕들의 어리석은 통치로 인해 결국 국가가 멸망했다는 역사적 체험에 입각해서 후대에 그러한 왕권 비판 전승이 형성되었다고 보았다. 그러나 최근에는 왕국 수립 이전부터 이스라엘이 의도적으로 중심적 권력이 형성되는 것을 피했고, 부족사회의 분권적·평등주의적 질서를 유지하려 했다는 사실에 근거해서, 이스라엘에서는 이미 왕국 성립기나 초기 왕정시대에 왕권에 비판적으로 대립하는 강력한 운동이 존재했다고 가정하게 되었다. 즉, 단순히 왕권 비판이 아니라 왕국 수립, 국가 형성 자체에 저항하는 국가 비판의 흐름이 신명기계 역사서만이 아니라 구약성서 전반에 흐르고 있다는 것이다. 이렇게 볼 경우 단순히 악한 왕을 선한 왕으로 대신한다는 차원이 아니라, 인간에 의한 인간의 지배를 거부한다는, 그래서 국가체제 자체에 대한 비판과 거부의 차원이 구약성서 안에 존재한다고 말할 수 있다. 아마도 국가의 역사에 대한 대응 개념으로서 '하느님의 백성'의 역사, 즉 구원사의 흐름이 현실적으로 의미하는 바가 바로 그런 것이라고 할 수 있을 것이다. 신명기계 역사가가 의도한 정치신학의 실질적인 의미 역시 이러한 구원사의 맥락 안에서 찾아야 할 것이다. 그것은 야훼중심주의를 통한 권력의 탈신성화와 그에 따른 반지배주의 외에 다른 것이 아니다. 야훼중심주의는 끊임없이 국가권력을 '하느님의 백성' 앞에 소환하는 법정이었던 것이다.

3

인간에 의한 인간의 지배를 거부하는 반왕권적·반국가주의적 정서는 출애굽의 하느님 야훼의 모습과도 잘 부합한다. 출애굽 사건은 이스라엘 부족동맹의 핵심을 이루는 공동의 체험으로 후대에도 반복해서 기억되고 있는 사건이다. 이 출애굽 사건에 나타나는 야훼 하느님은 강제 노역에 시달리는 하비루들, 권력의 맷돌에 곡식 낱알처럼 갈리는 작은 사람들을 편들고 그들을 구원하는 하느님이다. 국가가 멸망한 상황에서 신명기계 역사가들이 불붙듯 노여워하신다고 여겼던 하느님 역시 그 옛날 이집트의 강력한 제왕 람세스 2세를 좌절시키고 "노예의 집으로부터 해방하셨던" 바로 그 야훼 하느님이었다.

그런데 오늘날 학자들은 국가를 이루기 이전 이스라엘 선조들이 실제로 출애굽 사건을 공통으로 경험했던 것은 아니라고 보고 있다. 그리고 국가를 이루기 이전 부족시대 이스라엘에서 처음부터 야훼라는 신이 숭배되었던 것도 아니라고 보고 있다. '이스라엘'이라는 이 부족동맹의 명칭에서 '엘'이라는 말은 '신'을 지칭하는 셈어의 보통명사이거나 페니키아 또는 가나안 만신전의 최고신을 가리키는 고유명사였다. '이스라엘'이라는 명칭은 '엘 지배에 따르다', 또는 '엘이여 지배하소서'라는 의미를 지닌다. 따라서 학자들은 '이스라엘'이라는 이 부족동맹의 명칭은 이스라엘이 처음부터 야훼 숭배를 중심으로 형성된 것은 아니라는 점을 말해준다고 보고 있다(창세 33:20. 이 구절에 따르면 야곱은 세겜에서 제단을 쌓고 그 제단을 '이스라엘의 하느님 엘'이라고 부른다). 야훼 종교가 도래하기 이전에 이미 '엘'을 중심으로 하는 '이스라엘'이라는 부족동맹이 형성되기 시작했고, 그 후 보다 강력한 신 야훼가 나와서 이 '엘'과 동일시됨으로써 '이스라엘의 신'이 되었다고 학자들은 추측한다.

반면 야훼와 출애굽의 관계는 처음부터 아주 밀접하게 나타나기 때문에 야훼 숭배는 출애굽 집단이 출애굽 전승과 함께 이스라엘에 가져왔을 가능성이 크다고 본다. 즉 야훼 신앙의 수용은 출애굽 전승의 수용과 같이 간다는 것이다. 그렇다면 어째서 이스라엘의 일부에 지나지 않는 출애굽 집단의 신앙과 전승이 이스라엘 전체의 구원체험으로 공유되기에 이르렀는가? 그것은 출애굽 신앙과 전승이 과거 그들이 알지 못했던 특이하고도 강력한 신 관념을 표현했기 때문이었다. 그 신은 당시 근동 최고의 국가였던 이집트의 군사력을 무력화하는 힘을 지녔으면서 동시에 억압받고 고통당하는 노예들을 해방하는 신, 인간에 의한 인간의 지배로부터 해방하고 자유를 주는 신이었다. 강력하지만 제왕을 옹호하는 것이 아니라 노예를, 힘없는 하비루를 옹호하는 신의 관념이었다.

이러한 독특한 신 관념, 엄청난 힘을 가졌으면서도 지배권력이 아니라 약자를 옹호하는 신의 관념은 이스라엘 부족동맹이 가나안 땅에 정착하는 과정에서 적극적으로 수용되었다고 학자들은 추측한다. 가나안 땅에 출현했던 원 이스라엘 집단은 이전 주민이나 주변 민족과 격렬한 싸움을 할 수밖에 없었고, 그 과정에서 강력한 전쟁신, 구원하는 야훼 신의 관념이 적극적으로 수용되어, 야훼 신앙이 팔레스타인에 산재했던 여러 집단을 하나로 결집하고 강력한 결속을 가져오는 구심력으로 작용했으리라고 학자들은 보고 있다. 공동의 신을 숭배하는 부족동맹이 형성되었다는 것이다. 원래 팔레스타인 중앙 산악지대에 정착했던 유목적 배경을 지닌 여러 집단들이 공동의 적과의 전쟁, 공동의 신 야훼의 수용을 통해 서서히 부족동맹을 형성했다는 것이다. 그리고 이스라엘은 하나이고, 공통의 선조에서 유래했다는 계보학이 발전하면서 훗날에 이르면 이스라엘 전체가 출애굽을 경험했다고 믿게 되었다는 것이다. 그들은 과월절 축제 때마다 선조들에 대한 야훼 하느님의 위대한 구원 행위를 기억하고 그것을 자신들의 구원으로 추체험해 나가면서 세대에서 세대로 이야기를 전승했던 것이다(출애 12:1-27).

이렇게 해서 출애굽 사건은 이스라엘의 원초적인 구원사건이 되었고, 출애굽의 신 야훼는 이스라엘 전체의 신이 되었다. 그리고 이 출애굽의 신 야훼 하느님과 그에 대한 신앙이 지니는 독특한 성격은 이후 고대 이스라엘의 역사적 경험 속에서 아주 독특한 형태로 표출되었다. 가령 이스라엘은 부족동맹이 성립된 이후에도 200년 내지 300년 동안 국가를 수립하지 않았다. 이것은 당시 이미 도시국가들을 이루고 있었던 가나안 사람들이나 민족국가를 건설했던 암몬, 모압, 에돔인과 비교해도 매우 이례적이었다. 이것은 그냥 어쩌다 그렇게 된 것이 아니라 그들의 신 야훼가 '노예의 집으로부터 해방하는' 신이고(출애 20:2), 야훼 종교가 인간이 인간을 지배하는 것을 인정하지 않는, 본질적으로 반왕권적 성격을 지닌 종교였던 것과 관련이 있을 것이다(사사 8:22-23; 9:7-15).

결국에는 이스라엘도 국가를 수립하는 길로 가게 되지만, 그 길은 결코 순탄하지 않았다. 구약성서 사사기, 사무엘 상·하에는 왕정제가 순조롭게 이스라엘에 정착하지 못했음을 알려주는 이야기들이 나온다. 아마도 국가의 수립을 둘러싸고 현실적·합리적인 역사인식에 근거해서 그 길로 갈 것을 종용하는 '진보주의자들'과 야훼만이 왕이라는 야훼 종교의 이념에 근거해서 거기 반대하는 '보수주의자들' 사이에 상당한 대립과 갈등이 있었던 것 같다.

기원전 1000년 경 이스라엘 부족동맹은 안팎으로 국가 수립을 향한 도전에 직면하게 된다. 내적으로는 인구가 비약적으로 증가하고 사회구조가 복잡해지고 다양해지면서 기존의 토지가 공급하는 농업, 목축의 산물이 인구 증가를 따라가지 못하게 된다. 다른 한편으로 직접 생산활동을 하지 않으면서 교역이나 유통에 종사하는 사람들이 생겨났고, 시장이 성립되었으며, 교역의 안전과 질서를 확보할 필요성도 생겨났다. 이와 같은 경제적·사회적 변화는 당연히 더욱 크고 복잡한 정치사회 시스템으로 변화해갈 것을 요구했고, 비교적 평화롭게 거주했던 산악지대로부터 평야지대로 진출하게 만들었다. 또한 밖으로부터는 해안평야 지역에 블레셋인들이 정착하면서 지속적이면서도 강력한 군사적 위협이 되었다. 철제무기와 전차군단, 궁병(弓兵)을 보유하고 있던 블레셋인들에 비해 이스라엘은 단연 열세였다. 이스라엘 사람은 블레셋인의 압도적인 군사력 앞에 계속해서 패배했고, 율법을 모셔둔 '계약궤'조차 전리품으로 빼앗겼으며(1사무 4:1-11), 당시 이스라엘의 성소이자 주요 거점이었던 실로도 파괴당했다(예레 7:12-14 참조). 문자 그대로 존망의 위기에 봉착하게 된 것이다.

이와 같은 블레셋인의 침략은 그때까지 이스라엘이 상대했던 적들과는 차원이 달랐다. 그동안 이스라엘 농민들은 전쟁이 일어나면 그때그때 "보습을 쳐서 칼로" 만들어 싸우다가 전쟁이 끝나면 다시 "칼을 쳐서 보습으로" 만들어 농사를 계속할 수 있었다. 이른바 농민 민병대로 대처할 수 있었던 것이다. 그러나 조직화된 군대를 가진 블레셋이라는 침략자를 막기 위해서는 이스라엘 자신도 직업군인으로 이루어진 강력한 군대가 필요했다. 그것은 이스라엘이 부족들 간의 평등하고 자발적인 결합을 기반으로 했던 부족동맹으로부터 중앙집권적인 통치체제로, 강력한 군대를 가진 왕정제 국가로 이행하는 것을 의미했다. 왜냐하면 전쟁에 전념할 전사계급과 상비군을 유지하기 위해서는 세금과 부역을 통해 농민을 합법적으로 수탈할 수 있는 사회체제로 이행해야 했기 때문이다.

간단히 말해 국가체제로 이행해야 할 이유는 넘쳐났다. 국가체제로 이행하면 본래 자급자족적이었던 이스라엘 부족사회와 촌락공동체의 구조는 근본적으로 변하고, 계급분화 역시 급속도로 진행된다. 그러나 이스라엘은 당장의 난국을 타개할 강력한 사회지도력의 출현을 원했다. 이스라엘 안에서부터 왕을 요구하는 소리가 나왔다. "우리들도 다른 모든 국민과 같이 되어 왕이 재판을 행하고, 왕이 전차의 머리에 서서 나가며 우리들의 싸움을 할 것이다"(1사무 8:20). 보다 큰 권력, 보다 제도화 된 지배구조를 지닌 국가의 출현은 모두가 원하는 바인 것 같았다. 그러나 이스라엘에서는 이와 같은 정치경제적·사회적 상식에 반해서 왕정제의 도입을 어렵고 복잡하게 만드는 강력한 힘이 작동했다. 사사기 9장에 묘사된 아비멜렉의 이야기는 이러한 맥락에 있다.

사사 기드온은 왕이 되어달라는 백성들의 요구를 물리쳤지만, 그의 아들이었던 아비멜렉은 아버지의 권력을 물려받는 데서 더 나아가 왕이 되고자 했다. 그는 70명에 이르는 형제들을 모두 죽이고 세겜에 주민들을 모아놓고 스스로 왕이라고 선언했다. 그러나 그리심 산 꼭대기에서 요담이 일어나 저 유명한 '요담의 우화'를 말한다.

하루는 나무들이 모여서 자기들을 다스릴 왕을 세우기로 하고 올리브 나무에게 청을 드려보았소. "우리 왕이 되어주게나!" 그러나 올리브 나무는 사양을 했소. "내 기름은 모든 신과 사람을 영화롭게 하는 것. 그런데 나 어찌 기름을 내지 않고 자리를 떠나 다른 나무들을 내려다보며 으스대겠는가?" 그래서 나무들은 무화과나무에게 청을 드려보았소. "자네가 와서 우리 왕이 되어주게나." 그러나 무화과나무도 사양을 했소. "나 어찌 훌륭한 과일을 내지 않고 나 어찌 이 달콤한 맛을 내지 않고 자리를 떠나 다른 나무들을 내려다보며 으스대겠는가?" 그래서 나무들은 포도나무에게 청을 드려보았소. "자네가 와서 우리 왕이 되어주게나." 그러나 포도나무도 사양을 했소. "내 술은 모든 신과 사람을 흥겹게 해주는 것. 그런데 나 어찌 이 술을 내지 않고 자리를 떠나 다른 나무들을 내려다보며 으스대겠는가?" 그래서 모든 나무는 가시나무에게 청을 드려보았소. "자네가 와서 우리 왕이 되어주게나." 그러자 가시나무는 그 나무들에게 이렇게 대답하는 것이었소! "너희가 정말로 나를 왕으로 모시려는가? 정녕 그렇거든 와서 내 그늘 아래 숨어라. 그러지 않았다가는 이 가시덤불이 불을 뿜어 레바논의 송백까지 삼켜버릴 것이다." _ 사사 9:8-15

이 비유를 말한 요담은 도망가야 했다. 아비멜렉은 3년을 다스렸으나 부족동맹의 자유롭고 평등한 삶에 익숙해 있던 이스라엘 사람들은 견디지 못하고 반란을 일으켰다. 아비멜렉은 그들을 진압하고 학살했다. 그러나 반란을 진압하고 나서 성루 옥상에 피신한 사람들에게 불을 지르기 위에 성루 문 앞에 있다가 한 여인이 던진 맷돌에 맞아 두개골이 깨졌다. 여자한테 죽게 되는 것을 수치스럽게 여긴 그는 자신의 무기 당번에게 칼로 죽여달라고 했고, 그는 그렇게 무기 당번에게 찔려 죽었다. 아비멜렉이 죽은 것을 보고 이스라엘 사람들은 각자 제 고장으로 돌아갔다. 다시 사사체제, 부족동맹체제로 돌아간 것이다. 이것은 이스라엘이 부족동맹시대에서 왕정체제로 이행하는 과정에서 일어났던 일화이다. 근육질의 남성 폭군이 한 여인이 던진 맷돌에 맞아 죽었다는 것도 흥미롭다. 아무튼 아비멜렉은 꺾였다. 이때는 막간극으로 끝났지만 같은 일이 반복된다. 사무엘 상 8장에 따르면 백성들은 당시 부족동맹의 지도자로 마지막 사사였던 사무엘에게 나아가 왕을 세우기를 요구한다. 그러나 그의 눈에 백성들의 요구는 "악으로 보였고", 이스라엘 본래의 왕인 야훼를 배척하는 것으로 보였다. 그래서 사무엘은 왕을 세워달라는 백성에게 야훼의 말씀을 이렇게 전한다.

왕이 너희를 어떻게 다스릴 것인지 알려주겠다. 그는 너희 아들들을 데려다가 병거대나 기마대의 일을 시키고 병거 앞에서 달리게 할 것이다. 천인대장이나 오십인대장을 시키기도 하고, 그의 밭을 갈거나 추수를 하게 할 것이며 보병의 무기와 기병의 장비를 만들게도 할 것이다. 또 너희 딸들을 데려다가 향료를 만들게도 하고 요리나 과자를 굽는 일도 시킬 것이다. 너희의 밭과 포도원과 올리브 밭에서 좋은 것을 빼앗아 자기 신하들에게 줄 것이며 곡식과 포도에서도 십분의 일 세를 거두어 자기의 내시와 신하들에게 줄 것이다. 너희의 남종 여종을 데려다가 일을 시키고 좋은 소와 나귀를 끌어다가 부려먹고 양떼에게도 십분의 일 세를 거두어갈 것이며 너희들마저 종으로 삼으리라. 그때에 가서야 너희는 너희들이 스스로 뽑아 세운 왕에게 등을 돌리고 울부짖겠지만 그날에 야훼께서는 들은 체도 하지 않을 것이다. _ 1사무 8:6-18

국가의 본질을 이보다 쉽게 말하는 본문이 또 있을까? 결국 사무엘은 이스라엘 열두지파 가운데 가장 약한 지파였던 베냐민 지파 출신의 사울을 왕으로 세워 은연중에 왕권을 제한하지만 결국은 그와 충돌하고 그를 폐위시킨다. 그러나 사무엘은 다시 다윗을 자기 손으로 왕으로 세울 수밖에 없었고, 그에게서 시작된 왕조가 포로기까지 이어진다. 그리고 이 '다윗의 집'의 실험, 국가의 실험은 실패했다. 신명기계 역사가는 이 실험의 실패가 명백해진 지점에 서 있다.

언제 국가의 실험이 실패하지 않은 적이 있는가? 그래도 이 실험은 계속될 것이다. 그리고 국가의 실험이 계속되는 한 국가가 없던 시절에 대한 이야기 역시 계속되어야 한다. 이스라엘이 국가를 수립하기 이전의 이야기인 사사기 맨 끝에는 재미있는 구절이 나온다. "그때에 이스라엘에는 왕이 없었으므로 각기 보기에 좋은 대로 행하였다"(21:25).

4

사무엘이 왕을 세우지 않을 도리가 없었듯이 오늘 우리는 근대국가를 피할 수 없다. 고대 이스라엘에서 백성들이 왕을 세우라고 사무엘을 다그쳤다면, 오늘날 삶의 모든 차원에서 국가의 개입은 도움과 보호를 바라는 국민의 이름으로, 국민의 지지와 더불어 진행된다. 우리 모두 국가의 수혜자이다. 적어도 오늘날 국가는 자유와 속박 둘 다의 기반이 된다. 그리고 오늘날에는 고대 이스라엘이 경험했던 국가체제와는 비교도 되지 않을 만큼 국가의 역량이 막강해졌다. 좌파든 우파든 똑같이 믿는 게 있다면 그것은 국가의 역량과 그것을 떠받치는 과학기술의 힘이다. 그리고 그 결과는 관료세력의 비대화와 개인의 무력화이다.

우리 사회에서도 국가는 급속한 근대화·산업화의 과정 속에서 국민의 습관과 생활방식, 노동의 형태, 심지어 도덕 감정에까지도 엄청난 변화를 가져오는 일을 서슴지 않고 추진해왔다. 기존의 전통사회에 대한 전반적인 불만과 그것을 바꾸고자 하는 대중적 희망에 힘입어 국가는 점점 더 비대해졌고, 이제는 아무리 사적인 영역이라 하더라도 국가의 통제 바깥에 놓여 있는 것을 견디지 못하는 사회가 되어버렸다. 국가는 과학기술의 힘을 빌려 동네 구석구석까지, 우리 집 안방에서 내가 보고 입고 먹는 것까지 관리와 통제의 손길을 뻗는다. 어떤 의미에서 지금 우리는 국가만 있고 '사회'는 없는 세상에 살고 있다. 아무리 자본의 이익을 대변하는 것이라 해도 이처럼 야심만만하게 사회의 전면적인 개조를 계획하고 집행할 수 있는 것은 국가뿐이다.

이미 19세기 말에 프루동은 국가의 통치에 대해 이렇게 말했다. "통치받는다는 것은 모든 활동과 상호교류가 주목받고, 등록되며, 계산되고, 세금이 매겨지고, 도장을 받고, 측정되며, 숫자가 매겨지고, 평가되며, 허가받고, 공인받고, 훈계를 받고, 금지되며, 수정되고, 처벌받는다는 것이다." 프루동이 사용한 이 추악한 단어들은 오늘날 관료들이나 관료계급을 생산해내는 교육기관의 입장에서는 진보를 뜻할 것이다. 사실 우리가 학교에서 배우는 것들이 바로 저렇게 하기 위한 기술이 아닌가? 그러나 바로 뒤이어 푸르동은 앞에서 자기가 쓴 단어들의 진정한 의미를 이렇게 말하고 있다. "또한 통치받는다는 것은 공익이라는 구실로,

그리고 일반이익라는 이름으로 기부하도록 강요받고, 훈련받고, 약탈당하고, 착취당하며, 독점당하고, 강탈당하고, 쥐어짬을 당하고, 속임을 당하고, 강도를 당하는 것이다."[3]

제임스 스콧이 말했듯이 대부분의 국가는 자신이 통치하고자 하는 '사회'보다 젊다. 국가는 '사회'를 개조하고 통치하려 하고 또 그렇게 하고 있다고 착각하지만, 언제나 '사회'는 국가보다 오래되고 크다. 국가를 이끌고 가겠다는 지도자들은 언제나 거대한 청사진과 전술을 제시하지만, 미지의 수많은 요인들은 언제나 그 해법을 무력화한다. 그리고 국가가 여기저기 썩고 마비되어 더 이상 기능하지 못할 때 그 국가에 속한 사람들의 삶을 유지하는 것은 저 오래된 '사회'의 자연적이고 자발적인 치유 기능이다.

그러나 오늘날 국가는 저 오래된 사회의 자정적인 치유 기능이 발휘되지 못할 정도로 사람들의 자율적이고 자치적인 삶과 자연을 파괴해버렸다. 오늘날 우리가 목도하는 엄청난 규모의 생태적 비극과 참사는 실은 진보와 자유, 개혁의 깃발이 나부끼는 가운데 국가권력에 의해 그 원인이 제공되고 추진된 것들이다. 체르노빌과 후쿠시마, 4대강 살리기라는 이름으로 진행된 강의 파괴. 이 모든 것이 인간 삶의 조건을 향상시킨다는 선전선동에 의해 고무된 것이다. 오늘날 커다란 비극은 항상 진보와 합리적 질서에 대한 낙관적 견해와 관련이 있고, 국가는 언제나 그러한 낙관적인 견해를 선전하면서 실은 재생 불가능할 정도로 인간적 삶과 자연을 파괴했다. 거기에는 좌파건 우파건, 진보건 보수건 차이가

3   P.-J. Proudhon, *General Idea of the Revolution in the Nineteenth Century*, tr. by John Beverly Robinson (Mineola, New York: Dover Publications, Inc., 2003), p. 294.

없다. 이제는 정말로 스콧이 말하듯이 국가의 개입에 의해 발생한 수익과 그것이 초래한 비용을 냉정하게 비교해볼 필요가 있다.

그러나 그런 손익계산에 앞서 지적하고 싶은 것은 이것이다. 국가권력과 그것을 조종하는 관료세력, 그들의 종이 된 지식인들이 오만하게도 자신들이 언젠가는 죽을 수밖에 없는 유한한 존재라는 사실을 망각하고 자신들이 마치 신이라도 되는 양 착각하고 행동하고 있다는 점이다. 게다가 이 시대 사람들은 동서양의 위대한 고전정신에 비추어 보면 참으로 기이하게도 부와 권력을 추구하는 행동을 수치스럽게, 미안하게 여기지 않는다. 오히려 그러한 욕망이 인간적 삶의 조건을 향상시키는 결과를 가져온다고 생각한다. 그러나 사실 그러한 기대는 치명적인 오류를 포함하고 있으며, 우리는 그 결과를 눈앞에 보면서도 인정하지 않을 뿐이다.

국가의 목적이 선한가 악한가, 국가의 존재이유가 수탈인가 공공복지 증진인가를 묻는 것은 부질없다. 오늘날 '국가의 실험'이 실패할 수밖에 없는 이유, 곧 '국가의 죄'는 국가가 선의를 가지고 있느냐 없느냐가 아니라 그 거대함, 자본과 과학기술과 결탁하여 스스로 감당할 수 없을 정도로 엄청나게 비대해진 그 크기 자체에 있기 때문이다. 이럴 때 가장 귀 기울여 들어야 할 소리는 어디에 있는가? 나는 그것은 슈마허E. F. Schumacher 같은 사람들의 목소리라고 생각한다. 그의 작은 책이 전해주는 목소리, 그 제목 그대로 정말로 "작은 것이 아름답다!"고 말해주는 새로운 미학적 선언이 무엇보다 필요하다고 생각한다. 규모에 기반을 둔 '국가의 미학'이 아니라 '작은 것들의 미학', 새로운 미학이 그 어느 때보다 절실하게 필요한 시점이다.

라헬의 통곡

1

아기 예수가 태어난 계절이다. 그리스도는 평화의 왕으로 오셨건만, 기독교인을 대통령으로 둔 이 나라는 전쟁의 먹구름이 짙어만 간다. 아기 예수의 계절에 연평도 노인들은 몇 주씩 찜질방을 전전하며 무릎이 아파 찜질방 계단을 기어서 오르내린다. 그들에게 국가란 무엇일까? 내 삶의 터전을 파괴하도록 내주어도 좋은 국가의 위신이라는 게 과연 있을까? 저들이 떠들어대는 주권국가라는 것이 정말 지킬 만한 가치가 있는 것일까? 힘없는 사람들만 사지로 내몰리는 이런 역사는 언제까지 반복될 것인가? 이런 위험천만한 모험을 통해 저들은 또 어떤 정치적 이득을 챙길 것인가? 벌써 어둠이 내린 저녁 산책길, 생각은 어지럽게 꼬리를 문다. 산중턱에 오르니 불빛은 휘황하고 군데군데 빨간 십자가가 보인다. 고속도로를 지나며 멀리 보이는 어느 도시의 밤 풍경처럼 낯설게 느껴진다. 이렇게 뿌리 없이 사는 게 정말 사는 것일까? 사람 사는 게 바람 앞에 등불 같다는 생각이 든다.

사람들은 시스템에 의지해서, 시스템의 보호 아래 안전을 누릴 수 있다고 생각하지만 그것은 착각이고, 역사는 시스템을 장악한 극소수의 인간과 나머지 대다수 인간과의 대결이었던 것 같다. 물론 이 싸움에서는 시스템을 장악한 자들이 거의 항상 승리했다. 그들이 쓴 역사책에서는 군사적 승리와 정복에 대해서, 위대한 문명과 놀라운 발견과 발명에 대해서 이야기한다. 거기서 숨기거나 빼먹고 있는 것은 그러한 모든 사건들에 수반되었던 끔찍한 인간 고통에 관한 이야기들이다. 밑바닥에서 수많은 사람들이 당했던 고통의 이야기들이다. 그런 것은 마치 없었던 것처럼, 역사적으로 아무 의미가 없는 것처럼 무시되었다.

그러나 정말로 중요한 것은 사람들이 당한 고난의 이야기다. 모든 전쟁과 정복의 역사는 전쟁에서 죽은 사람들과 부상당한 사람들의 역사이며, 고문당하고 학대당하고 학살당한 여자들과 아이들, 노인들의 역사이다. 이집트의 피라미드가 노예들의 피땀 위에 세워졌다면, 산업화시대의 진정한 역사는 공장과 광산과 건설 현장에서 착취당하고 고통당한 노동자들과 그 가족의 역사일 것이다. 오늘날에도 고도로 발달한 과학 기술과 정보화에 의해 경제적 세계화가 이루어지고 근대 이후 진보와 발전이 최고조에 달했다고 하지만, 극도의 빈곤과 비참 가운데 살아가는 사람들의 수는 과거에 비해 더 많아졌고, 고통도 더 심해졌다. 인류의 역사는, 적어도 기록된 역사를 가지고 있는 기간의 역사는 실제로는 고난의 역사였고, 고난의 역사야말로 진정한 역사이다.

그래서 그런지 우리를 감동시키는 것은 현실에서 이긴 사람들의 이야기가 아니라 진 사람들의 이야기다. 누군가의 고난에 대한 이야기를 들을 때는 아무리 강퍅한 사람이라도 멈칫한다. 한 사람의 고난의 이야기가 모든 사람의 고난의 이야기로 비약하는 순간 우리는 감동을 느낀다. 신기하게도 보편성을 획득하는 것은 고난의 이야기이지 성공담이 아니다. 이것은 이야기의 신비에 속하는 일이다. 군의 위신 운운하는 말은 어리석은 국민에게 잠시 안도감을 줄 수 있을지언정 사람 마음에 어떠한 감동도 일으키지 못한다. 반면 길 잃은 양처럼 집을 잃고 헤매는 연평도 난민들의 모습은 한 조각이나마 양심이 남아 있다면 거기에 작은 파문을 일으킨다.

일반적으로 고난의 이야기는 문학, 특히 민중문학과 구전문학을 통해 전해졌고, 공식적인 역사 기술은 지배자들과 왕들의 이야기였다. 우리가 역사 시간에 외웠던 왕들의 이름과 국가의 흥망성쇠는 역사란 '큰 이야기'라고 우리 뇌리 속에 각인시켰다. 역사는 늘 왕들과 귀족들과 남성, 국가 제도와 기구들의 역사였다. 그런 것이 이른바 정사(正史)였다. 그러나 진정한 인간 삶의 이야기로서 고난의 역사는 정사를 통해서가 아니라 사람들의 입에서 입으로, 이야기로 전해졌다. 호랑이는 죽어서 가죽을 남기고 민중은 죽어서 이야기를 남긴다. 우연찮게도 역사를 뜻하는 불어의 이스트와(histoir), 독일어의 게쉬히테(Geschichte)는 둘 다 '이야기'라는 말에서 왔다. 어쩌면 이것은 삶을 재구성해주는 고난의 이야기야말로 진정한 역사임을 말해주는 것일 수 있다.

구약성서는 고난의 이야기들이 일종의 정사로 기록된 예외적인 경우라고 할 수 있다. 물론 다윗 왕조 이데올로기 같은 것이 나타나기는 하지만 전체적으로 구약성서의 주류를 이루는 것은 고대의 피억압 식민지 민중으로서 이스라엘과 유대인들의 이야기다. 신약성서도 공인받기 전 로마제국의 압제 아래서 고통당하던 민중들의 이야기로서 초대 기독교의 이야기를 전하고 있다. 그것을 상징적으로 보여주는 것이 마태복음 2장에 나오는 베들레헴의 유아 학살 이야기다.

카이사르의 양아들이었던 옥타비아누스는 기원전 31년 악티움 해전에서 안토니우스-클레오파트라 연합군을 무너뜨리고 지중해 동부까지 정복해서 로마의 1인 지배자가 될 확고한 토대를 마련했다. 옥타비아누스는 로마의 통치 형태와 지배권을 둘러싸고 100년 가까이 지속되던 내전을 종식시키고, 지중해 연안을 평정하여 명실상부한 제국을 건설하고 기원전 29년 아우구스투스라는 칭호를 얻었다. 그는 자신이 건설한 제국의 질서를 '팍스 로마나'라고 칭했고, 거기 어울리는 제국의 가부장적 질서를 주도면밀하게 세워 나갔다. 그는 변방의 수비를 든든히 하고, 새로운 영토를 확장해 나감으로써 황제의 개인 금고를 살찌웠으며, 의회인 원로원에 대해 확실한 우위를 확보했다. 또한 그는 해적이 들끓던 바다를 평정하여 안전한 무역로를 확보했다. 당시로서는 세계를 의미했던 지중해 연안 전체의 지배자로서 그는 명실공히 세계 지배자였다. 아우구스투스는 생애 말년에 자신의 치적을 만천하에 이렇게 선포했다.

······ 나는 해적들을 정복하여 바다에 평화를 가져왔다. 그 전쟁에서 나는 공화국에 대항해 무기를 들었던 도주 노예들을 거의 삼만 명이나 주인들에게 보내서 처벌받게 했다. 이탈리아 전체가 자발적으로 내게 충성을 맹세했고, 전쟁 지도자가 되기를 요청했으며, 그 가운데 악티움 해전은 우리를 영광스러운 승리로 이끌었다. 나는 우리 제국에 복종하지 않는 이웃 인종들이 살고 있던 국경 지역에 로마인들의 영토를 확장했다. 나는 갈리아와 히스파니아와 게르마니아 지역에 평화를 회복했다. 나는 가깝게는 아드리아 해에서부터 멀리는 토스카나 해에 이르기까지 알프스 전역에

평화를 수립했다. 나의 군함은 바다를 따라서 라인 강 어귀에서부터 동쪽으로는 킴브리 국경에 이르기까지 항해했다. 이때까지 로마에서 육로로나 해로로나 거기까지 들어간 적은 없었다. 킴브리와 카리데스와 셈노네스와 또 다른 게르마니아 민족들이 사절들을 보내서 나와 로마인들과 우호관계를 맺기를 청원했다. 나의 지휘와 나의 용맹함 아래 두 군대가 동시에 하나는 에디오피아로, 다른 하나는 펠릭스라고도 불리는 아라비아로 갔다. 적군인 두 민족의 대부대는 전쟁에서 죽임을 당했고, 그들의 많은 도시들이 탈환되었다. 나는 이집트도 로마제국에 편입시켰다. 대아르메니아도 나는 그 왕 아르닥사스를 죽임으로써 우리 영토에 편입시킬 수 있었다.…… 6, 7번째 집정관일 때, 나는 내전을 다 평정하고 만인의 동의에 의해서 전 제국의 최고 소유권자가 되었고, 그 후에는 공화국을 나 자신의 권력으로부터 원로원과 로마인들의 자유로운 통치에 넘겨주었다. 나는 그 직무를 위해 원로원의 공포로 아우구스투스라는 칭호를 받았고, 나의 집 문 앞에는 월계수 잎이 장식되었다. 나의 집 문 위에는 시민이 준왕관이 고정되어 있고, 율리우스 원로원에 세워진 금으로 된 방패가 세워졌는데, 그것은 비문이 말하고 있듯이, 자비와 정의와 경건이라는 나의덕을 기리기 위해 원로원과 로마인들이 내게 선사한 것이다.…… 이것을 기록하는 나는 현재 76세이다.[1]

여기서 아우구스투스는 자신의 세계 정복은 "평화"를 가져온 것이고, 자신의 권력은 "만인의 동의"에 따라 이루어진 것이며, 자신의 통치는 "원로원과 로마인들의 자유로운 통치"라고 말하고 있다. 그리고 일생을

----

1 비문(碑文) 「신성한 아우구스투스가 이룬 일들(Res Gestae Divi Augusti)」.

군사적 폭력과 권력 투쟁으로 일관한 사람이 "자비와 정의와 경건"이 자신의 미덕이라고 말하고 있다. 이 남자 옥타비아누스, 즉 아우구스투스 통치 후반기에 예수가 태어났다.

신약성서 마태복음서에서는 아기 예수가 태어날 무렵 베들레헴에서 일어났던 한 사건에 대해 이야기하고 있다. 이 이야기에는 로마 황제의 가신이었던 헤롯 대왕이 등장한다. 마태는 이렇게 전하고 있다.

> 그때에 헤롯은 박사들에게 속은 것을 알고 크게 화를 내었다. 그리고 사람들을 보내어 박사들에게서 정확히 알아낸 시간을 기준으로 베들레헴과 그 온 일대에 사는 두 살 이하의 사내아이들을 모조리 죽여버렸다. 그리하여 예레미야 예언자를 통하여 하신 말씀이 이루어졌다.
> "라마에서 소리가 들린다.
> 울음소리와 애끊는 통곡 소리.
> 라헬이 자식들을 잃고 운다.
> 자식들이 없으니 위로도 마다한다." _ 마태 2:16-18

실제로 예수가 탄생했을 때 이 사건이 일어났는지에 대해서는 대부분의 학자들이 회의적이다. 유대 역사가 요세푸스는 헤롯의 잔인함을 대단히 강조했는데, 그에 따르면 헤롯은 자신의 왕권에 위협이 된다고 생각해서 세 아들을 처형시켰으며, 자신의 장례 때는 모든 사람이 슬퍼하도록 하기 위해 각 가정에서 한 사람씩 죽이게 했다고 한다.[2] 학자들은 요세푸스가 이 유아 학살 이야기를 알았다면 반드시 썼을 텐데 쓰지

---

2   요세푸스, 『고대사』, 17.180~181.

않은 것을 보면 역사적 사실이 아닐 것이라고 한다.

그러나 역사적 사실이 아니더라도 다른 차원에서 역사성이 드러난다. 비록 정확하게 예수가 태어났을 당시 유아 학살 사건이 일어나지 않았다 하더라도 마태는 예수 탄생과 함께 이 사건을 서술함으로써 역사의 갈등과 비극을 더욱 치열하게, 더욱 전형적으로 그려주었다. 어쩌면 이렇게 서술한 것이 인간 삶과 역사의 모습을 더 사실적으로 드러내줄지 모른다. 예수의 삶은 처음부터 인류 역사의 깊은 고통과 결부되어 있다는 것이다. 어떤 의미에서 마태의 서술은 소위 있는 그대로의 객관적인 역사 서술보다 더 사실적이며 더 역사적이다.

마태가 그리려고 했던 역사의 갈등과 비극은 어떤 것인가? 물론 마태의 이야기에는 아우구스투스가 등장하지 않는다. 그렇기 때문에 두 이야기를 직접 비교하기는 어렵다. 그러나 앞서 인용한 「신성한 아우구스투스가 이룬 일들」은 마태의 이 이야기와 관련해서 볼 때 비로소 그 실상이 드러난다. 아우구스투스는 자신이 '로마의 평화'를 가져왔다고 했지만, 마태의 유아 학살 이야기는 로마제국의 가신 헤롯이 통치하는 식민지의 피정복민에게 '로마의 평화'가 실제로 무엇을 의미했는지 생생하게 보여준다. 피정복민의 관점에서 보면 아우구스투스의 로마제국 통치는 군사적 폭력에 의한 지배였고, 그가 세운 새로운 세계질서, 즉 팍스 로마나는 삶을 황폐하게 하는 무질서였다. 마태의 유아 학살 이야기는 왕들의 역사의 실상을 폭로한다.

로마제국과 헤롯의 통치 방식은 사람들에게 공포와 두려움을 불러일으켜 복종하게 만드는 것이었다. 기본적으로 그것은 폭력에 의한 통치였다. 오늘날 미국이 자기 뜻에 맞지 않는 지역을 "악의 축"이라 부르며 군사적 폭력으로 위협하듯이, 1세기 세계 유일의 초강대국이었던 로마

제국 역시 유다와 갈릴리 같은 전통적인 소요지역 주민들을 폭력과 일
종의 테러리즘으로 다스렸다. 모든 제국은 결국 자기모순에 의해 멸망
하지만, 그 과정에 수많은 죄 없는 사람들을 사지로 몰아넣는다. 예수
활동의 주 무대였던 갈릴리 나사렛과 가버나움 같은 곳들에서도 로마
군대는 집과 마을을 불태우고 주민들을 학살했으며, 노예로 끌어갔다.
요세푸스의 『유대전쟁사』에 따르면, 기원전 4년 예수가 태어날 무렵에
도 수없이 많은 십자가 처형과 대량살육이 일어났으며, 고분고분하지
않은 촌락들은 불질러지고 주민들은 학살당하거나 집단 노예화되었다.
로마제국은 타민족에 대한 본보기로 아무 거리낌 없이 이런 짓을 했다.
팔레스타인은 전통적으로 로마에 고분고분하지 않은 지역으로 분류되
어 더욱 잔인한 테러리즘의 대상이 되었다.

　이를 반영하듯 마태의 예수 탄생 이야기는 숨넘어가는 아기 울음소
리와 날카로운 여인의 비명소리로 얼룩져 있다. 마태의 예수 탄생 이야
기에는 마구간도, 말구유도, 목자들도 등장하지 않는다. 그처럼 작은 사
람들 사이에서 일어난 조촐하고 아름다운 사건으로 예수 탄생 장면을
그리는 것은 누가복음서 저자의 취향에 알맞다. 누가는 아기 예수의 탄
생은 가난하고 억눌린 사람들이 오랜 세월 기다려온 것이고(2:22-38의 시
므온과 안나), 메시아의 탄생은 누구보다도 그런 작은 사람들 가운데서,
그들에 둘러싸여 일어났다고 전한다. 누가가 전하는 대로라면 아기 예
수는 베들레헴의 여관에 방이 없어서 마구간에서 태어났고, 메시아가
태어났다는 천사의 소식을 듣고 목자들은 양떼를 놓아둔 채 마구간으로
달음질쳐 온다.

　그러나 마태의 예수 탄생 이야기에는 동방박사와 헤롯이 등장한다.
피비린내 나는 유아 살해 장면이 떠오르고, 여인들의 울음소리가 들려

온다. 마태의 예수는 태어날 때부터 지배권력과 긴장과 갈등을 일으킨다. 오랫동안 기다려온 가난하고 억눌린 사람들에게 아기 예수의 탄생이 얼마나 기쁘고 해방적인 일이었는지를 누가의 이야기를 통해 확인할 수 있다면, 마태는 역으로 그것이 당시 제국의 시스템과 근원적으로 대립할 수밖에 없는 일이었음을 말해준다. 마태의 이야기가 있기 때문에 누가의 이야기는 단순히 목가적이고 낭만적인 데 머무르지 않고 현실성을 띠게 되며, 누가의 이야기가 있기 때문에 마태의 이야기는 한 맺힌 패배의 이야기를 넘어서게 된다.

마태의 유아 학살 이야기에는 몇 가지 현실이 중첩되어 나타난다. 우선 마태가 모세 출생 이야기를 염두에 두면서 예수 탄생 이야기를 서술했다는 것이 중론이다. 모세가 탄생했을 때 이집트 제국의 파라오가 사내아이들을 죽이라는 명령을 내렸듯이, 예수가 탄생했을 때는 로마제국의 졸개 헤롯이 사내아이들을 죽이라는 명령을 내린다. 또 "헤롯이 죽은 뒤에 주의 천사가 이집트에 있는 요셉의 꿈에 나타나서 '아기의 목숨을 노리던 자들이 이미 죽었으니 일어나 아기와 아기 어머니를 데리고 이스라엘 땅으로 돌아가라'"(마태 2:19-20)고 말하는데, 이것은 출애굽기의 비슷한 구절을 떠올린다. 출애굽기 4장 19절에서는 야훼가 모세에게 이렇게 말한다. "어서 이집트로 돌아가거라. 너를 죽이려고 찾던 자들이 다 죽었다." 모세도, 예수도 출발부터 제국의 시스템과는 상극이었다.

비단 예수 탄생설화에서뿐만 아니라 산상수훈(마태 5-7장)이나 변모 설화(마태 17:1-9) 등 마태복음 곳곳에서 출애굽기를 연상시키는 구절들이 나온다. 학자들은 마태가 예수를 모세에 비겨 서술한 이유는 예수가 '모세보다 큰 이'임을 드러내기 위한 것이라고 해석한다. 그래서 '모세 유형론'이라는 말이 나오기도 한다. 그러나 여기서 한 걸음 더 나가서 마태가 이 이야기에 모세가 일으킨 노예들의 해방사건인 출애굽의 현실까지 끌어들이고 있다는 사실을 함께 보아야 한다. 마태에 따르면 아기 예수는 모세처럼 출애굽과 같은 해방사건을 일으킬 인물이다. 이집트의 압제 아래 신음하던 히브리인들이 그들을 이끌어내 줄 해방자를 기다렸듯이, 로마와 유대 지배자들 아래서 고통당하던 유대인들 역시 새로운 통치, 즉 하느님의 통치, 하느님나라를 기다렸다. 아기 예수는 이 기다림의 끝을 쥐고 세상에 왔다는 것이다.

이것은 출애굽 사건 이후 천년 이상 이어진 기다림의 연속이었다. 출애굽으로부터 이스라엘의 예언자 전통, 나라를 잃은 뒤의 묵시문학 전통, 세례 요한으로까지 이어지는 이 기다림의 전통에는 끈질기고 용기있는 이스라엘 여인들도 하나의 흐름을 이루고 있다. 메시아가 탄생했을 때도 마찬가지다. 메시아의 탄생을 분별할 줄 아는 엘리사벳(누가 1:39-45), 혁명의 노래를 부르는 마리아(누가 1:46-55), 마태복음의 족보에 나오는 팔자 센 네 여인들(다말, 라합, 룻, 우리야의 아내. 마태 1:3, 5, 6, 7), 그리고 라헬로 상징되는 자식 잃은 어머니들이 바로 그들이다. 이들은 새 세상을 애타게 기다렸던 사람들이고, 이러한 기다림 속에 예수가 태어난 것이다. 따라서 그의 탄생은 천년 이상 전에 일어난 출애굽 사건과 그 후 이어진 기다림의 연속선상에 있다. 탄생설화에서뿐만 아니라 마태복음 전체에서 계속 반복되는 구약예언의 성취에 대한 서술은 이런 맥락에서 이해해야 한다(탄생설화에서의 예언 성취 보도. 1:22-23; 2:5-6, 15, 18, 22-23). 예수의 탄생은 그런 기다림의 성취라는 것이다.

그러나 천여 년 전 아기 모세가 탄생했을 때 파라오가 히브리인들의 해방을 두려워했듯이, 동방박사들이 "새로운 왕이 출현했다"고 말하자 헤롯은 당황하고 예루살렘은 온통 술렁거렸다. 새로운 왕의 출현은 그들에게는 두려운 일이었다. 그들은 새로운 왕을 받아들일 수 없었다. 그래서 헤롯은 아기 예수가 태어난 베들레헴과 그 일대에서 두 살 이하의 사내아이를 모두 죽여버린다. 천여 년 전 파라오가 해방의 씨를 말려버리기 위해서 히브리 사내아이들을 죽여버렸듯이, 헤롯도 하느님나라의 씨를 말려버리기 위해 아이들을 죽인다. 이 아이들의 죽음은 역사 속에서 이루어지는 희생에 대한 상징이라고 할 수 있다.

어느 면에서 보면 세상은 희생의 원리로 꽉 차 있다. 개인적 차원에서나 사회적 차원에서나, 나아가 생태계 전체 안에서도 생명은 희생을 통해 스스로를 이어간다. 이것은 희생을 정당화하고 안 하고의 문제가 아니라, 돌이켜볼 때 생물학적으로나 사회적으로나 희생은 삶의 객관적 조건이라는 것이다. 생명은 다른 생명의 희생에 의해 살아간다. 이것이 생명의 기본원리이다. 베들레헴의 유아 학살 이야기는 역사 속에서 일어난 희생에 대한 끔찍한 기억이다. 그것은 옛 세력과 새 세력이 대결한 결과이며, 새 생명인 예수가 인류에게 가져오는 전혀 새로운 생각에 대한 국가 시스템의 반응이다. 그리고 옛날에 모세의 누이 미리암과 히브리 산파들이 제국의 폭력으로부터 생명을 살려내고 해방의 씨앗을 길러냈듯이, 지금 마리아는 갓 낳은 예수를 이집트로 데려가 살려낸다. 파라오가 새로운 나라의 싹을 아무리 무참하게 짓밟았어도 모세를 죽이지 못했듯이 헤롯은 새로운 나라의 씨앗인 아기 예수를 죽이지 못했다.

그러므로 희생이 끝이 아니다. 마태의 이 이야기는 흙먼지를 일으키며 돌진해오는 제국의 전차바퀴 아래 저항 한 번 못하고 깔려 죽은 역사속의 희생자들을 기억하고 있다. 피상적으로 보면 역사는 약육강식의 세계이고, 우리가 역사에서 배울 것도 적자생존의 원리밖에 없다. 전쟁의 기계들은 강력하고, 생명은 강보에 싸인 아기처럼 연약하다. 그러나 그 연약한 생명이 쇳소리 나는 기계바퀴 아래서 살아남는다. 마태의 이 이야기는 아무리 전쟁기계들이 굉음을 울리며 돌진해서 모든 것을 파괴해도 생명은 살아남는다고 말하고 있다. 그래도 생명은 지속된다는 것이다.

그리고 결국은 세상의 가장 못난 것들이 세상에서 가장 위대한 일을 한다. 예나 지금이나 추상적인 명분과 주의 때문에, 정권욕 때문에 삶의 근본을 무너뜨리고 생명을 파괴하는 것은 잘난 것들이고, 그 과정에 필연적으로 수반되는 절망적인 괴로움을 견디고 삶을 지탱하는 것은 못난 것들이었다. 아무리 땅을 빼앗기고, 곡식을 빼앗겨도 못난 농부는 다시 쟁기질을 한다. 또 아무리 전쟁이 일어나고 자식을 빼앗겨도 바보 같은 여자들은 다시 아이를 낳는다. 이 바보들이 계속해서 농사를 짓고 아이를 낳기 때문에 내 입에 밥이 들어가고 인류의 생명이 지속된다. 라헬의 통곡은 역사의 깊은 고통과 절망 가운데서 생명을 이어가는 못난 것들의 울음소리다. 여인들의 비명소리는 생명을 죽이는 폭력적인 상황을 고발하는 외침이며, 새 나라가 동트기를 갈구하는 간절한 열망의 소리다. 결국은 이런 여자들이 다시 생명을 낳고 이어간다. '미운 오리'지만 실은 백조였고, 버림받았으나 실은 고귀한 공주였던 '바리데기'들에 대한 이야기들은 아마 이들을 두고 한 이야기일 것이다.

이것은 마태복음 2장 18절에 인용된 라헬의 통곡의 원 출처인 예레미야 31장 15절과 관련해서도 마찬가지다. 거기서 예언자 "예레미야는 무덤을 배회하면서 한 세기 전(기원전 721년)에 아시리아 사람들에 의해 포로로 잡혀간 아들들을 위해 통곡하는 요셉 지파(에브라임)의 어머니 라헬의 영혼을 상상한다".[3] 이어서 예레미야는 라헬이 애태운 보람이 있

---

3   존 브라이트, 『예레미야』, 국제성서주석 번역실 옮김 (서울: 한국신학연구소, 1992), 401쪽.

어서 야훼께서 자식들이 적국에서 돌아오리라고 약속하신다고 한다(16절). 역사의 그늘에서 애태우며 염려하는 라헬의 소리를 야훼께서 들어준다는 것이다. 일반적으로 라헬의 무덤이 베들레헴에 있는 것으로 알려져 있기 때문에(창세 35:19; 48:7) 마태는 별 어려움 없이 포로로 끌려가는 자식들에 대한 라헬의 통곡을 베들레헴에서 일어난 유아 학살 사건과 연결시킬 수 있었을 것이다. 이와 더불어 독자의 머릿속에는 과거 북이스라엘이 포로로 끌려가는 암울한 상황도 함께 따라 들어온다. 지금 죄 없이 죽어가는 어린아이들을 위해 우는 라헬은 강대국의 포로로 끌려가는 자식들을 위해 울던 라헬이라는 것이다. 아마 우는 것이 그들이 할 수 있었던 행동의 최대치였을 것이다.

3

라헬의 통곡에 대한 마태의 이 이야기는 희생자들의 편에서 쓴 역사이다. 그것은 왕과 신하들, 시스템을 움직이는 기술자들이 쓴 역사에만 몰두해 있을 때에는 잘 눈에 띠지 않으며, 또 보고 싶어지지도 않는다.

평화와 번영에 대해 큰 소리로 떠들어대는 로마제국의 선전선동, 결국은 소수의 이익으로 돌아갈 뿐인 국익 이데올로기, 군중의 불만을 달래기 위해 이따금 제공되는 빵과 서커스, 거기 열광하는 군중들. 마태는 이러한 것들을 배경으로 예수의 탄생이 지니는 의미를 이 이야기 속에서 보여주고 있다. 헤롯의 유아 학살이 끔찍한 폭력을 내포하듯이, 로마의 평화는 진정한 평화가 아니라 힘센 자가 약한 자를 창과 칼로 폭력적으로 침묵시킨 것에 불과하며, 전쟁의 승전보나 새로운 황제의 등극을 뜻했던 로마의 '복음[유앙겔리온(euangelion)]'도 사실은 전쟁으로 목숨을 잃은 수많은 이름 없는 사람들과 그들의 아내들, 자식들의 눈물과 희생을 생각할 때 결코 기쁜 소식, '복음'일 수 없다. 그리고 모두들 제국의 지배자인 황제를 '구원자[소테르(soter)]'라고 떠받들지만, 그는 결코 구원자가 아니라 "백성들 위에 군림하고 세도를 부리는"(마태 20:25; 마가 10:42; 누가 22:25) 이방의 통치자일 뿐이다. 그러므로 그는 결코 '믿음'과 충성[피스티스(pistis)]의 대상일 수 없으며, 그를 향해 '민회[에클레시아(ekklesia): 교회]'에서 행해지는 황제숭배는 허위일 수밖에 없다. 로마제국의 그럴듯한 선전선동의 망 배후에는 이러한 피비린내 나는 어두운 진실이 있으며, 마태는 그것을 아기 예수의 탄생과 관련해서 유아 학살과 라헬의 통곡에 대한 이야기를 통해 인상적으로 보여주고 있다.

성장과 발전, 눈에 보이는 수치에 매몰되어 맹목적으로 앞을 향해 달려 나가기만 할 때는 이러한 생명의 파괴와 희생이 결코 눈에 보이지 않는다. 진보와 발전에 대한 기대, 국가주의는 우리를 맹목적으로 만든다. 황제의 깃발이 나부끼는 제국의 경계 안에서 국가들과 왕들의 이야기, 제국의 팽창과 발전에 관한 이야기가 요란하게 울려 퍼지고 있지만, 그것은 실은 쇳소리 나는 전쟁과 파괴의 이야기이며, 밀어붙이는 기계의 이야기다. 그러나 이 이야기는 그러한 기계음 아래서 실제로 벌어지고 있는 일, 희생에 대한 이야기이다. 국가라는 괴물은 흔히 이 희생을 차가운 숫자로, 교묘한 언설로 가장하지만, 이 이야기는 희생을 희생으로, 따뜻한 피가 흐르는 살아 있는 생명체의 피흘림과 죽음으로, 사랑하는 사람들의 눈물과 통곡으로 그리고 있다. 기계들의 이야기가 아니라 살아 있는 생명의 이야기로 그리고 있는 것이다.

지금 벌어지고 있는 '4대강 사업'과 그로 인해 자전거도로와 생태공

원을 만든다고 몇 푼 안 되는 보상금을 손에 쥔 채 수십 년 농사지어온 땅을 빼앗기고 쫓겨나는 농민들, 그리고 그로 인해 사라져가는 동물과 식물들, 용산참사로 희생당한 사람들과 국가에 의해 도리어 가해자로 몰린 그 가족들, 남북한의 치킨게임으로 삶의 터전을 잃고 추위와 공포에 떠는 사람들. 이것은 모두 중장비와 포크레인, 전쟁의 쇳소리에 희생당하는 연약한 생명의 꺼져가는 숨소리이며, 성장지수와 GNP, 주가지수, 통장 잔고 같은 숫자놀음에 우리가 넋이 팔려 있는 동안 실제로 죽어 나가는 사람들의 신음소리다. 마태의 이 이야기는 끝없는 진보와 물질적 풍요에 대한 환상에 빠져 있는 우리에게 그 연약한 숨소리와 신음소리에 귀를 기울이라고 요청한다. 죽어가는 아기들과 어머니들의 비명소리는 결국 우리들 자신의 파괴와 죽음을 예고하는 소리다. 국가나 제도가 떠들어대는 선전선동에서는 그 소리를 들을 수 없다. 그것은 인간의 말이 아니라 기계가 내는 소리이기 때문이다. 결국 믿음이란 기계소리가 아니라 그 연약한 생명의 숨소리를 듣고, 파괴되는 것들의 편에 서는 것이다. 그것이 곧 진리의 편에 서는 것이다.

솔제니친은 그의 소설 「마뜨료나의 집」에서 집단농장화된 1950년대 소련에서, 땅에 기반을 둔 전통적인 러시아 농민의 삶을 이어가는 한 여인을 결코 잊을 수 없는 모습으로 그려주고 있다. 이 소설 하나로도 솔제니친이 위대한 작가라는 것을 알 수 있다. 마뜨료나는 러시아어로 어머니라는 뜻이고, 또 여주인공의 이름이기도 하다. 그녀는 러시아의 한적한 오지에 절름발이 고양이와 쥐와 바퀴와 함께 오래된 낡은 집에서 혼자 살고 있다. 이 소설의 화자인 "나"는 그녀의 집에서 하숙을 하게 된다. 낡고 더러운 집에서 낡고 더러운 모습을 하고 병들어 혼자 살아가는 이 여인의 모습을 화자는 실감나게 묘사하고 있다.

솔제니친은 이 소설의 끝 부분을 복받치는 듯한 어조로 이렇게 끝맺고 있다.

자기 남편에게조차 이해받지 못한 채 버림받은 여인. 여섯 자식을 차례차례 잃었지만, 선량 그대로의 그 성격은 결코 잃은 적이 없는 여인, 동생이나 시누이하고는 너무나도 동떨어진 생애를 보낸 여인. 남을 위해 무료봉사를 하는 얼빠진 바보 같은 여인. 이 여인은 죽었을 때 아무 저축도 없었다. 더러운 산양과 절름발이 고양이와 무화과나무뿐 ……
우리는 이 여인 바로 옆에 살면서 누구 한 사람도 이 여인이 의인이라는 것을 몰랐다. 그가 없으면 어떠한 도시도 서 있을 수 없다는 바로 그 의인 말이다.
도시뿐이랴, 온 세계도 ……[4]

결국 솔제니친이 말하듯이 도시와 온 세상을 살리는 것은 이런 의인들이고, 생명을 살리는 것도 그들이다. 시스템과 시스템을 움직이는 기술자들, 전문가들은 끝없이 요설을 늘어놓지만, 정말로 세상을 살리는 것은 그들이다. 하느님이 주신 땅과 그 안에서 허락받은 우리의 삶, 그리고 인간적 선량함을 끝까지 지키는 '거룩한 바보'들이 온 세상을 살린다. 오늘날 이런 삶은 우리에게서 너무나 멀게 느껴지고 받아들이기 어렵다. 그러나 되든 안 되든 진리의 길은 변함없이 거기에 있다고 생각한다.

4   솔제니친, 『마뜨료나네 집』, 박형규 옮김 (서울: 고려출판사, 1979), 565쪽.

제4부

문명의 전환과 복음의 기쁨

"하느님이 그들을 남자와 여자로 창조하셨다"(창세 1:27)
─이반 일리치의 『젠더』를 읽고

1

인간은 어떻게 인간으로 존재하는가. 수많은 오해와 비난의 대상이 되었던 이 책의 근저에 깔린 일리치의 질문은 바로 이 질문이었다고 생각한다. 거두절미하면 이 질문에 대해 일리치는 인간은 (암컷과 수컷이 아니라) 남자와 여자로 존재한다고 답하고 있다. 젠더가 인간의 가장 근원적인 존재양식이라는 것이다. 그리고 어떻게 우리가 젠더를 상실하면서 인간이 되는 길을 잃어버렸는지, 문화적으로 대단히 풍요롭고 품위 있는 세계로부터 멀어져서 화폐의 단일성이 지배하는 세계로, '문화의 사막'으로 들어오게 되었는지 성찰하고 있다.

일리치에 따르면 젠더의 상실은 화폐의 단일성이 지배하기 위한 전제 조건이다. 왜냐하면 남녀 간의 젠더 차이란, 모든 것을 균질적인 것으로 환원시켜서 돈으로 교환 가능하게 만들 수 없다는 징표이자 경계이기 때문이다. 남자와 여자는 서로 맞바꿀 수 없고, 또 남녀로 젠더화된 사회는 돈이라는 획일적이고 추상적인 범주가 투과할 수 없는 사회이다. 젠더를 상실한 현대사회에서는 모든 것을 돈으로 살 수 있지만, 젠더화된 사회에서는 그럴 수 없다. 말하자면 젠더는 세계가 평평하지 않다는, 균질적이지 않다는 징표인 것이다. 그러므로 돈의 추상적 보편성, 화폐의 단일성이 지배하기 위해서는 이 평평하지 않은 세계를 불도저처럼 밀어서 납작하게 만들어야 했다. 젠더를 문질러버려야 했다. 일리치는 이 과정을 단순히 자본주의화 과정이라고 말하지 않는다. 그에 따르면 유럽에서 젠더의 상실 과정은 12세기부터 18세기에 이르기까지 서서히 준비되었고, 이를 위한 내면의 공간을 만들어낸 일등공신은 교회이다. 근대 자본주의는 이러한 토양 위에 비로소 뿌리를 내릴 수 있었다는 것이다.

일리치는 우리가 흔히 '자본주의화'라고 부르는 과정을 젠더의 상실 과정으로, 젠더의 영역으로부터 섹시즘의 왕국으로 나아가는 오랜 이행 과정으로 설명하고 있다. 달리 말하면 이것은 '토착가치'의 영역에서 '희소성(scarcity)'의 세계로 넘어가는 이행이고, 문화적으로 규정된 남자와 여자의 세계로부터 동물적인 암수의 세계로, 문화적 사막으로 나아가는 이행이다. 이러한 문화적 사막에서 남성과 여성은 소비자와 노동자 기능 외에 인간으로서 다른 모든 특징들을 박탈당한 채 중성화된 경제적 행위자, 또는 암수의 인간동물로 전락한다. 그리고 현재의 조건을 만족스러운 것으로 여기든, 불만족스러운 것으로 여기든 세계를 '상보적 젠더의 세계'가 아니라 '획일화된 경제적 섹스'의 세계로 보는 점에서는 이른바 '진보'도 예외가 아니다.

일리치에 따르면 계급평등, 남녀평등을 내세우는 근대의 대안적 운동들과 이념들 역시 인간을 젠더를 상실한 중성화된 경제적 행위자로 보는 근대의 공리를 공유하고 있다. 그들은 이러한 공리에 대해 문제 제기를 하지 않은 채 경제적·정치적·법적·사회적 평등이라는 환상적 목표를 향해 매진한다. 일리치는 이러한 대안운동들이 내세우는 '평등'이라는 이념의 본질적 성격에 대해 문제를 제기하고 있는 것이다. 그는 세계를 평등한 것들의 총합으로, 교환 가능한 것들의 총합으로 단순화시켜버리는 데 대해 근원적으로 거부하고 있는 것이다. 일리치는 '평등의 신화'를 거부하는 대신 '경제의 축소'를 이야기한다. 오늘날 우리가 과거로부터 무언가 배울 수 있다면, 그것은 '경제의 축소'가 인간이 인간으로서 존재할 수 있는 길임을 가르쳐준다고 말한다. 큰 틀에서 볼 때 그것만이 답이라는 것이다.

그는 이 책에서 두려움 없이, 외롭게 이런 이야기들을 하고 있다. 『젠더』가 출간된 것은 1982년이었고, 이 책은 그의 후기 저서에 속한다. 당연히 이 책은 격한 논란을 불러일으켰고 그는 이해받지 못했다. 그때까지 나온 그의 저서들 『학교 없는 사회』, 『병원이 병을 만든다』, 『공생을 위한 도구』 등을 통해 그를 자기편이라고 생각했던 사람들은 당황하기도 했고 분노하기도 했다. 그러나 나는 이 책을 읽으면서 일리치의 방대한 지식에 다시 한 번 감탄했을 뿐만 아니라, 무엇보다도 우리 시대에 보편적인 진리라고 가정되는 그 어떤 이념들에도 속아 넘어가지 않는 그의 견고한 정신 앞에 머리를 숙일 수밖에 없었다. 그리고 근대라는 바윗덩어리, 인류 역사상 지극히 짧고도 기이한 시대를 들어 올릴 인식론적 아르키메데스의 점을 찾아내는 그의 시적 직관에 점점 설복당했다.

말년에 일리치는 극에 달한 모독에 대해서는 말을 하지 않고 침묵으로 말하는 것이 가장 많은 말을 하는 것이라고 했다. 20세기 말을 살았던 그의 절망의 깊이를 가늠할 수 있는 말이면서 동시에 그가 느꼈던 불통의 벽을 가늠할 수 있는 말이기도 하다. 그는 이 책을 쓰고 20년을 더 살았다. 지금 이 시대에도 일리치의 말은 광야에서 들리는 외로운 예언자의 소리이다. 그러므로 이런 말을 할 때는 아마도 예수처럼 이렇게 말하면서 이야기를 시작해야 할 것이다. "들을 귀 있는 자는 들으라!"

2

일리치는 자신이 사용하는 젠더라는 용어에 대해서 이렇게 말하는 것으로 시작한다.

나는 젠더라는 말을 행동에 있어서의 특징, 토착문화의 보편적인 특징을 지칭하기 위해 사용했다. 이 말은 남자와 연관된 장소, 시간, 도구, 일, 화법, 태도, 인식을 여자와 관련된 그것들과 구별한다. 이러한 연관성은 사회적 젠더를 구성한다. 왜냐하면 그것은 시간과 장소에 구체적으로 관련되어 있기 때문이다. 나는 그것을 토착적 젠더라 부른다. 왜냐하면 이러한 일련의 연관성은 토착 언어에서와 마찬가지로 전통적인 사람들에게 독특한 것이기 때문이다.…… 말하자면 나는 과거에는 너무나 분명해서 이름 붙일 필요조차 없었으나 오늘날은 너무나 거리가 멀어져서 섹스와 혼동되는 이중성을 지칭하기 위해 새로운 방식으로 젠더라는 말을 사용한다.[1]

---

1 이반 일리치, 『젠더: 젠더에서 섹스로』, 최효선·이승환 옮김 (서울: 도서출판 따님, 1996), 16쪽.

일리치에 따르면 산업시대 이전 모든 문화에는 도구의 사용이나 노동과 관련해서 남녀 젠더를 구분하는 선이 있었고, 어떠한 지역이나 공동체나 문화도 똑같은 방식으로 그 구분선을 긋지 않았다. 이러한 젠더 구분의 자취는 오늘날까지 남아 있는 유럽 농촌지역의 도구들에서도 볼 수 있다고 한다. 일리치는 전통사회에서의 젠더 구분을 이렇게 묘사하고 있다.

> 원주민은 멀리서 모습이 잘 보이지 않아도 그가 남자인지 여자인지 알 수 있었다. 계절과 시간, 농작물, 농기구를 통해 여자인지 남자인지 알 수 있는 것이다. 짐을 머리에 이었는지, 어깨에 멨는지를 보고 그들의 젠더를 구별해낸다. 만일 추수가 끝난 들판에 풀어놓은 거위를 발견하게 되면 틀림없이 망보는 소녀가 근처에 있을 것임을 안다. 또 양떼를 가로지르게 되면 소년을 보게 될 것임을 안다. 어딘가에 '속한다'는 것은 어떻게 하는 것이 자기들 식의 여자와 남자에 어울리는지를 알고 있다는 것을 의미한다.…… 만일 자기들이 다른 젠더의 일로 간주하는 행동을 하는 사람이 있다면 틀림없이 그 자는 낯선 이방인이거나 체면을 개의치 않는 노예이다. 젠더는 다리 사이에만 있는 것이 아니라 발걸음을 옮길 때마다, 행동거지마다 존재한다.[2]

전통사회에서 인간의 모든 활동은 젠더 경계가 지어진 전체 안에 뿌리를 내리고 있었고, 어떻게 뿌리를 내리는가는 공동체마다 달랐으며, 저마다 뿌리내리는 방식이 공동체 삶의 독특한 성격을 규정했다. 그리

2   같은 책, 88쪽.

고 이 다양한 젠더 구분의 방식이 일리치가 말하는 문화, 즉 '삶의 예술'로서 문화의 밑바탕을 이룬다. 이때 일리치가 말하는 문화란 전통사회의 사람들이 자신이 속한 시간과 장소에 뿌리내리고, 인간이 넘어설 수 없는 한계를 자각하면서 꽃피운 다양한 사회적 표현들이다.[3] 젠더는 이 '삶의 예술', '가난의 예술'로서 문화의 가장 밑바닥에 깔린 무늬였다는 것이다.

일리치가 말하는 젠더는 근본적이면서 동시에 어느 곳에서도 동일하지 않은 사회적 양극성, 남녀 이중성을 지칭한다. 그는 이러한 젠더의 특징에 대해 "애매모호한 상보성(ambiguous complementarity)", "비대칭적 상보성(asymmetry complementarity)"이라는 표현을 쓰고, 오른손과 왼손의 관계에 비유해서 설명하고 있다.[4] 오른손과 왼손은 다르지만, 서로 어울린다. 일반적으로 오른손을 왼손보다 더 많이 쓰고 오른손에 더 우위를 부여하지만, 기본적으로 양손은 서로 보완적인 활동과 동작을 위해 이용된다. 그리고 이 독특한 이원성은 늘 모호하다. 일리치는 오른손과 왼손이 이렇게 모호한 방식으로, 비대칭적으로 어울리듯이 남자와 여자는 서로 어울리며 한 쪽 없이는 다른 한 쪽도 제대로 일을 수행할 수 없다고 한다. 이때 일리치의 논점은 젠더의 비대칭성이 지니는 차별을 드러내는 데 있지 않고, 생존을 위해 양손의 상호작용에 의존하듯이, 인간의 삶은 남녀 젠더의 비대칭적 상보성에 의해 유지된다는 데 있다.

그리고 이처럼 모호한, 비대칭적 젠더의 이원성 안에서는 누구도 똑

---

3 Ivan Illich, "Needs", *The Development Dictionary*, ed. by Wolfgang Sachs (London: Zed Books, 1992).

4 이반 일리치, 앞의 책, 91~97쪽.

같지 않으며, 누구도 똑같은 일을 하지 않는다. 젠더의 상보성은 특정 시공간 안에 있는 남자들과 여자들이 똑같은 것을 말하고 행동하고 원하지 못하도록 떼어놓을 뿐만 아니라, 그 자체가 지역과 시간에 매인 이중성이기 때문이다. 일리치는 이 독특한 이원성은 어떠한 기계적인 이원성으로도 환원되지 않으며, 문화의 다양성, 독특한 삶과 죽음, 고통의 방식의 바탕이 된다고 한다. 남녀가 해야 할 일과 하지 말아야 할 일의 목록은 골짜기마다 다르다. 젠더는 무한히 보편적으로, 획일적으로 확장되는 세계를 가정하지 않으며 각각의 한정된 '우리'라는 공동체 안에서 세계를 "닫는다".[5] 그렇게 형성된 세계가 아무리 모호하고 부서지기 쉬우며 때로는 부당하고 부조리한 것이라 할지라도, 그 세계 안에서 이루어지는 활동들, 즉 아이를 키우고 요리를 하고 뜨개질을 하고 밭을 갈고 망치 또는 주전자를 사용하는 식의 활동들은 품위 있고 의미가 있으며, 공동체의 자립적 삶에 기여하는 바에 따라서 평가되기 때문에 젠더가 내포하는 차별에는 한계가 있다.

섹스가 하나에 하나를 더하여 정확히 똑같은 종류의 쌍을 만들어내는 이중성이라면, 젠더는 두 부분이 합해서 독특하고 새로우며 복제가 불가능한 전체를 만들어내는 이중성이다. 남자와 여자는 함께 전체를 창조해내지만, 두 개의 손이 이루어내는 '전체'가 한 사람 한 사람 다 다르듯이, 남녀가 이루어내는 '전체'도 각기 다른 본성을 가진 전체이다. 그러므로 토착적 젠더의 영역은 일리치가 '경제적 섹스의 왕국'이라 부르는 곳에서보다 훨씬 깊고 다양한 존재 형태를 꽃피운다. 젠더는 섹스와 다를 뿐만 아니라 그 이상이다. 그러나 일리치에 따르면 경제성장을

----

5   같은 책, 104쪽.

통해 젠더는 섹스로 전락해버렸고, 오늘날 사회과학은 이 점을 놓친 채 '경제적 섹스'의 프리즘을 통해 토착사회의 젠더를 재단한다.

토착적 젠더사회에서 경제적 섹스사회로의 이행은 '호모 이코노미쿠스(homo economicus)'의 탄생과 맥을 같이 한다. 일리치는 중세 말 영주에 의해 공유지가 사유화됨으로써 일어난 변화에 주목한다. 그에 따르면 공유지, 또는 공유재(Commons)에 일어난 이러한 변화는 자급적 삶을 위한 공유재가 상품 생산을 위한 '자원'으로, '희소한 가치'로 탈바꿈한 것을 의미한다. 이와 함께 인간은 자급적·자치적 존재가 아니라, 늘 무언가를 욕구하는 존재, 상품과 서비스에 의해 그 욕구가 충족되어야 하는 존재로 탈바꿈했다. 늘 '기본적 욕구(basic needs)'가 충족되어야 하는 소비자이자 산업 노동력, 즉 '호모 이코노미쿠스'가 탄생한 것이다. 그리고 이 호모 이코노미쿠스는 젠더를 상실한 인간이다.

일리치는 칼 폴라니karl Polanyi가 형식적인 시장경제의 '탈맥락화(disembedding)'라고 불렀던 것을 인류학적으로 젠더에서 섹스로의 변화로 기술하고 있다. 일찍이 칼 폴라니는 '실체적 경제'와 '형식적 경제'를 구분했다. 인간이 자연과 동료 인간들에게 의존해서 자신의 물질적 욕구를 충족시켜 나가는 상호작용의 과정이 '실체적 경제'라면, '형식적 경제'란 특정한 목적을 달성하기 위해 희소한 자원과 수단을 합리적으로 사용한다는 의미에서 효율적 선택의 과정을 의미한다. 폴라니는 산업혁명 이후 실체적 의미의 경제가 점점 은폐되고 형식적 의미의 경제가 비대해졌다는 점을 지적했다.

폴라니에 따르면 시장경제의 등장 이전 인간의 삶에서 경제는 사회적·문화적 관계들에 "묻혀 있었다(embedded)".[6] 인간은 사회집단의 일원이고, 개인의 경제 행위는 비경제적 목표들을 포함하는 보다 넓은 범위의 사회적 관계와 결합되어 있었다. 경제가 사회에 "묻혀 있는" 한, 개인의 경제 행위는 사회의 규범에 의해 제약을 받게 된다. 그러나 시장경제의 발전과 함께 경제는 점점 사회적·문화적 맥락에서 벗어나게 되었다. 경제가 자체의 법칙에 따라 움직이면서 사회적·문화적 관계가 시장의 규칙에 종속되기에 이른 것이다. 이렇게 폴라니가 '형식적 경제'와 '실체적 경제'를 구분하고, 비대해진 '형식적 경제'의 특징을 문화적·사회적 맥락으로부터의 '탈맥락화'라고 설명했다면, 일리치는 그것을 인류학적으로 젠더라는 맥락으로부터의 탈맥락화라고 설명하고 있다. 토착적 젠더의 이중성 안에 묻혀 있던 경제가 탈맥락화되어 사회 전체를 지배하게 됨에 따라 젠더 사회가 생식기의 차이만 남은 경제적 섹스의 왕국으로 변모했다는 것이다. 일리치는 젠더로부터 뿌리 뽑힌 '호모 이코노미쿠스'를 젠더 부재의 인간, '경제적 중성자'라고 지칭하고, 이러한 사회를 사회문화적 젠더의 맥락에서 유리된 경제적 섹스의 왕국이라고 부른다.

산업사회는 이러한 단일성(unisex)적인 인간, 젠더 부재의 인간을 가정하지 않고는 존립할 수 없다. 이 가정은 두 가지 성이 모두 동일한 일을 위해 존재하며, 동일하게 현실을 인식하고, 사소한 장식적 변조는 있지만 동일한 욕구를 가지고 있다고 보는 것이다. 그리고 모든 경제학에 근본적으로 내재하는 '희소성'에 대한 가정은 이 단일성적인 가정에 근거하고 있다.[7] 그러므로 경제이론이 전제하는 주체는 젠더 부재의 인간

---

6   칼 폴라니, 『거대한 변환: 우리 시대의 정치적·경제적 기원』, 박현수 옮김 (서울: 민음사 1991).

7   이반 일리치, 앞의 책, 23~24쪽.

이다. 모든 근대의 제도는 이러한 희소성의 가정을 내포하며, 또한 그것이 내포하는 단일성적인 가정들을 사회 전체에 퍼뜨린다. 이렇게 해서 각각의 토착문화에 내포된 미묘하고 이원적인 뉘앙스는 수천 년의 전통이 짓밟히면서 무시되고 혼동된다. 일리치는 이러한 전략이야말로 근대라고 하는 시대를 다른 어떤 시대와도 동떨어지게 만드는 결정적인 인류학적 특징이라고 본다. 이제 경제제도들은 문화적으로 뿌리내린 두 젠더를 단지 탈맥락화된 섹스에 의해서만 구분되는 경제적 중성자라는 새로운 존재로 바꾸어놓았다. 경제적 중성자는 온갖 문화적 의복을 벗기고 남은 생물학적 성에 의해서만 식별될 뿐이다.

일리치는 산업사회는 젠더를 파괴함으로써 성립했고, 이렇게 성립한 산업사회는 필연적으로 성차별적이라고 본다. 성차별이란 양성 간에 전제된 평등이 침해당했음을 뜻한다. 남자와 여자를 동일한 기준으로 비교할 수 없는 곳에서는 이러한 주장이 나올 수 없다. 젠더가 지배하는 조건에서는 남자와 여자가 근본적으로 다르고, 집단적으로 서로에게 의존한다. 상호의존 덕분에 투쟁과 착취와 상대방을 짓밟는 행위에 한계가 그어지는 것이다. 반면 "희소성이 지배하는 조건에서는 남녀가 전쟁을 계속하도록 강요당하며, 여자 개개인에게 언제나 새로운 형태의 짓밟힘이 강요된다. 젠더가 지배하는 조건에서는 여자는 종속적이 될 가능성이 있다. 하지만 경제가 지배하는 조건에서 여자는 어떠한 경우에도 제2의 성에 지나지 않는다".[8]

그러므로 일리치에 따르면 젠더를 무시한 채 경제적·정치적·법적·사회적 평등이라는 환상적인 목표를 향해 뻗어 나가는 이중성은 '경제

---

8 같은 책, 220쪽.

적 섹스'의 특징이고, 남자든 여자든 그러한 생각을 꿈꾸는 것은 허황하다. 아마도 그것은 '모두가 부자가 되는' 꿈처럼 허황할 것이다. 반면 상품 생산과 상품 의존을 포함한 금전적 연쇄 관계를 감소시키는 것은 결코 환상이 아니다. 만일 경제성장과 산업화가 필연적으로 젠더 파괴적, 다시 말해 섹시스트적이라면, 섹시즘은 경제의 축소를 통해서만 약화된다. 성차별의 약화는 돈과 관련된 것들의 축소와 비시장적·비경제적 형태의 자급 확대를 필수적으로 요구한다. 젠더의 파괴는 성차별의 전조이고, 성차별을 줄이는 길은 경제의 축소에 있다는 것이다.

성차별의 역사와 이유를 분석하는 것이 일리치의 관심사는 아니다. 일리치가 말하고자 했던 것은 성차별이란 젠더가 부재한 상황에서만 있을 수 있다는 것이다. 그는 근대의 중성화된 경제적 인간에 근거해서 평등을 추구하고 토착적 젠더를 평가하는 것은 유토피아에서 캐낸 개념을 가지고 과거를 재구성하는 것이라고 했다. 그는 "두 가지 성으로 이루어졌으나 젠더는 존재하지 않는 인간 간에 경제적 평등을 만들어내려는 몸부림은 직선의 자를 가지고 원을 재단해서 정사각형으로 만들려는 노력과 비슷하다"고 말했다. 그리고 이 몸부림이 거세면 거셀수록 결과는 더 불합리해질 것이라고 했다.[9]

일리치에 따르면 순전히 경제 중심의 사회란 젠더가 존재하지 않는다는 전제를 바탕으로 하는 것이고, 여성은 바로 이 전제에 의해 특정한 방식으로 상처를 입는다. 그러나 여권주의자들은 이 전제에 질문을 제기하는 대신 기존 범주 내에서 조작된 평등을 택함으로써 무한경쟁의 자유주의적 유토피아를 만들어내는 일에 매진하게 되었다. 일리치는 이

---

9 같은 책, 84~85쪽.

런 움직임이 서구 혁명정신의 마지막 발작에 해당한다고 하면서 발전을 위해 예전에 벌였던 여느 운동과 다름없는 결과를 낳을 것이라 예견한다. 즉, 소수에게는 더한 특권을, 다수에게는 더한 퇴보를 안겨주는 결과를 낳으리라는 것이다. 그리고 이 다수는 이중의 게토 안에 갇혀버리게 될 것이라고 한다. 이 이중의 게토란, 평등의 약속이 여전히 이행되지 않는 상태에서 젠더의 보호막마저 벗겨지는 상황을 두고 일리치의 동료 바바라 두덴Barbara Duden이 붙인 이름이었다.

3

경제 중심의 사회에서 여성은 어째서 늘 제2의 성이 될 수밖에 없는가? 이에 대해 설명하면서 일리치는 '그림자노동'이라는 새로운 조어를 만들어냈다. 그는 한 상품에 추가가치를 더하기 위해 소비자가 행하는 무보수노동을 가리키고자 이 용어를 만들었다. 상품이 실제 효용가치를 실현하고 소비되기 위해서는 추가적인 노동이 필요하다. 일리치는 이러한 활동이 번거로운 시간의 손실을 수반한다는 점에서 '노동'이라는 말을 썼고, 이러한 수고가 소비 행위에 연관되고 이를 위한 준비 과정임을 나타내기 위해 '그림자'라는 말을 썼다.[10] 그림자노동은 고도의 상품시장에 의존하는 근대 산업사회의 산물이며, 상품에 의존하지 않는 자급적이고 토착적인 사회에서는 존재하지 않는다. 임금노동 밖에서, 임금노동과 병행해서 제2의 유례없는 경제활동이 생겨나게 된 것이다. 그는

....

10 같은 책, 62쪽, 각주 30번.

그림자노동이 임금노동과 상품시장이 존재하는 산업사회의 산물임을 설명하기 위해 토착 젠더 사회의 여성과 현대 여성이 달걀 프라이 하는 과정을 비교했다.

현대의 주부는 시장에 가서 달걀을 사고 차를 타고 집으로 돌아와 엘리베이터를 타고 올라와 가스레인지를 켜고 냉장고에서 버터를 꺼내 달걀을 부친다. 그러나 그녀의 할머니는 그렇게 하지 않았다. 닭장에 달걀이 있나 보고 그것을 집어 와서 집에서 만든 돼지기름 덩어리를 조금 떼어낸 다음, 아이들이 공유지에서 해온 땔감으로 불을 붙이고 사둔 소금을 달걀에 뿌린다. 이 두 여자 모두 달걀 프라이를 하고는 있지만 한쪽만이 시장 상품과 고도의 자본화된 생산품인 자동차, 엘리베이터, 가전제품을 사용한다. 그녀의 할머니는 생활의 자립을 창출하는 젠더 특유의 작업을 수행하지만, 새로운 유형의 주부는 그림자노동이라는 가사의 짐을 견뎌내지 않으면 안 된다.[11]

여성만이 그림자노동을 하는 것은 아니지만, 가사노동은 전형적인 그림자노동이며, 따라서 여성이 그림자노동의 훨씬 많은 부분을 담당한다. 그림자노동은 타인을 위해 상품을 생산하는 생산노동과도 다르고, 돈과 상관없이 수행되는 토착적 활동이나 전통적 가사활동과도 다르다. 오늘날 여성들은 자신의 선조들은 하지 않았던 그림자노동이라는 지하경제에서 일하고 있다는 것이다.

일리치는 단순히 남녀의 임금 격차보다 산업사회에서 그림자노동,

----

11 같은 책, 66쪽.

지하경제가 차지하는 비중이 점점 더 커지고, 이것을 주로 여성들이 담당하고 있다는 사실에 주목한다. 그림자노동은 현대 경제학에서는 보이지 않는 부분이지만, 사실 드러나 있는 임금노동은 빙산의 일각에 불과하고, 수면 아래 잠겨 있는 지하노동, 그림자노동은 그것을 훨씬 웃돌며, 현대사회에서 기본적 욕구가 늘어날수록 이 부분은 더욱 커질 수밖에 없다고 한다.

산업사회는 점점 더 증대되는 기본적 욕구를 재화의 소비를 통해 만족시켜야 한다. 따라서 상품의 소비와 관련된 노고는 생산과 관련된 노고보다 더 근본적이다. 더욱이 기계화를 통해 생산에 투입되는 시간은 급격히 감소하는 반면 자본집약적 상품의 집중도가 증대됨에 따라 소비에 투입되는 시간은 증가하고 있다. 동시에 고도의 소비생활은 필수조건이 되었다. 이러한 소비생활이란 시간을 만족스럽게 이용하는 것이라기보다 시간을 도구로 이용해서 소비를 하는 것이다. 그러므로 일리치는 적어도 모든 현대경제의 비군사화 부문에서 그림자노동의 투입량은 임금노동의 투입량을 크게 웃돈다고 한다. 그리고 어떠한 방식으로 가사노동을 화폐가치로 환산하든 간에 그 총가치는 임금노동의 가치를 넘어선다고 한다. 가사노동이라는 무료 봉사 행위는 가족의 상품 의존성을 위한 유일하고도 가장 근본적인 조건이며, 만일 그림자노동을 수면 위로 떠오르게 해서 그림자노동에도 보수가 지급된다면 산업체계는 마비된다. 산업사회는 그림자노동 없이는 기능하지 못한다.[12]

따라서 일리치에 따르면 현대사회에서 여성은 남성보다 더 심한 정도로, 더욱 광범위하게 그리고 남성과는 다른 방식으로 경제에 편입되

---

12 같은 책, 74~75쪽.

었다. 여성들은 임금노동에서 남성과 동등하지 않으며, 임금노동이 출현하기 전에는 존재하지 않았던 종류의 일에 더욱 불평등하게 매이게된 것이다. 모든 산업사회에서 여성은 고용상 차별을 받고 있으며, 직업이 없어도 새로운 종류의 "경제적으로" 필수적인 일을 보수도 없이 하도록 강요당하고 있다. 일리치에 따르면 이것은 좀 더 많은 여성이 전문직에 진출하거나 고위관료, 경영인이 되는 것과 상관없이 여성 전체에게가해지는 일관된 차별이다.[13]

공식적인 고용과 그림자노동에서 여성에게 가해지는 차별은 범세계적이다. 뿐만 아니라 그림자노동은 부자 나라에서 가난한 나라로 수출된다. 예를 들어 슬럼이라는 근대화된 빈곤지역에서 살고 있는 제3세계의 가난한 남녀들은 경제개발로 인해 과거 그들이 자급적으로 살아가던방식을 모두 파괴당했다. 그들은 과거 주변 환경을 통해 시장에 가지 않고도 생활에 필요한 것들을 충족시킬 수 있었지만, 이제 주변 환경은 급격한 개발에 의해 파괴되었고, 그들이 자립적인 삶을 유지하기 위해 사용했던 기술도 거의 잃어버렸다. 이런 상황에서 그들의 가정은 보잘것없는 수입에 의존할 수밖에 없게 되고 일자리마저 부족한 상태에서 상품 의존적인 존재가 되어버렸다. 이들은 토착적 젠더 구분에 의한 경제적 보호망이 전혀 없이 근대적 직업으로부터도 소외되고 과거의 자급(subsistence)으로부터도 소외된다. 말하자면 이들 가난한 나라의 근대화된 빈민들에게 경제개발은 '빈곤의 여성화'와 동일한 결과를 가져온 것이다.[14] 그들은 젠더 구분에 의한 경제적 보호망 없이 원시적 축적의 대

---

13 같은 책, 79쪽.
14 같은 책, 81~83쪽.

상으로 떠밀린 것이다.

결국 여성에 대한 경제적 차별은 산업사회가 시작되면서 나타났고, 그것은 산업사회의 수면 아래 은폐된 거대한 빙산인 그림자노동에 의해 유지된다. 산업사회와 경제성장이 유지되는 한 이 차별은 없어지지 않는다. 젠더를 문질러버린 경제적 섹스의 사회는 필연적으로 섹시스트 사회이다. 전통사회에서는 젠더에 따른 일의 분리와 구분은 있었지만, 이것이 본질적 차별은 아니며, 여성이 경제적으로 남성에게 의존하지 않았다. 그러나 현대에서 여성의 노동은 그림자노동이 되면서, 이것이 금전적으로 평가되지 않고, 따라서 남성의 임금노동에 명목상 의존하게 된다. 이것은 모든 영역이 경제화됨으로써 일어나는 변화이다. 공유재가 자원, 즉 희소한 가치가 됨으로 인해 생겨나는 결핍과 은폐된 노동의 희생자가 여성이라는 것이다. 어머니의 그림자노동이야말로 화폐 유통, 임금, 자본 형성을 위한 잉여가치가 모두 궁극적으로 의존하는 경제활동이라는 것이다. 그리고 산업사회에서 이 비공식 부분이야말로 식민화되었다는 것이다. 달리 말하자면 '호모 에코노미쿠스'라는 패러다임은 남자와 여자가 실제로 존재하는 바에 들어맞지 않는다는 것이다.

그러므로 일리치는 경제성장과 남녀의 경제적 평등이 함께 갈 수 있다는 생각을 포기하라고 한다. 경제가 성장할수록 그림자노동은 증가하고 따라서 대다수 여성의 상황은 더 어려워진다. 평등을 동반한 성장에 대한 꿈은 환상이라는 것이고, 여성에 대한 경제적 억압을 남성 마초들의 탓이라고 돌리는 전략으로는 결코 문제가 해결되지 않으며, 대다수 여성들과 그림자노동을 전가당한 가난한 나라의 빈곤한 사람들에게는 어떠한 변화도 가져다주지 못한다는 것이다.[15]

반면 일리치에 따르면 어떠한 형태든 남녀 사이의 평화는 경제의 팽

창이 아니라 경제의 축소에 달려 있다. 경제의 축소와 함께 적어도 덜 성차별적인 사회가 도래할 가능성을 점쳐볼 수 있을 것이라고 한다. 산업주의적 생산으로부터 자급으로의 이행, 공유재의 회복이 결국 성차별의 축소에 이르는 길이라는 것이고, 결과적으로 그것은 젠더의 회복으로 가는 길이기도 할 것이다. 상품 생산과 상품 의존 둘 다를 포함하는 금전적 연쇄관계를 감소시키는 것이 중요하며, 일리치는 지구상의 가난한 나라와 부자 나라 사이의 균형을 위해서도, 앞으로 벌어질 끔찍한 생태적 위기 상황에 대한 대안으로도 이러한 축소만이 현명한 선택일 것이라고 한다. 금전적 관련성으로부터 점차적으로 플러그를 뽑고 자급을 이루는 것은 이제 생존을 위한 조건이라는 것이다.

4

일리치는 근대 산업사회를 인류학적으로 젠더의 상실과 '경제적 중성자'의 등장, 또는 '경제적 섹스'의 성립 과정으로 묘사하고, 그림자노동이라는 새로운 개념을 통해 '경제적 섹스' 위에 구축된 사회가 필연적으로 성차별적 사회일 수밖에 없음을 입증하고자 했다. 그리고 '경제적 섹스'라는 전제를 문제 삼지 않은 채 경제적 평등, 남녀평등을 추구하는 것이 환상적 목표를 향한 것이라고 비판하고, 대신 '경제의 축소'만이 여성 차별을 포함한 사회경제적 차별을 줄이고 생태계의 지속성을 유지할 수 있는 길이라고 했다.

....

15 같은 책, 79쪽.

당시는 물론이고 오늘날에 들어도 매우 도발적인 일리치의 이러한 주장 근저에 깔려 있는 것은 소위 근대화와 '문명화' 과정의 비용을 무겁게 지고 있는 민중에 대한 일리치의 관심이다. 이것은 남성이든 여성이든 이른바 '근대화된 빈곤' 속에서 힘겹게 살아가던 뉴욕 빈민가와 멕시코, 푸에르토리코의 가난한 민중들과 함께 했던 일리치 자신의 경험의 연속선상에 있는 것이기도 하다. 아마도 거기서 그는 자본주의 산업생산의 흐름 바깥에 존재하는 자급의 경제, 토착적인 삶의 경제의 가능성을 보았을 것이다. 민중에 대한 일리치의 관심이 뿌리내린 지적·경험적 공간은 마르크스주의나 그 어떤 사회과학적 이론에 근거한 평등이념이 아니라, 바로 이러한 민중의 자급적이고 토착적인 삶, 즉 젠더에 뿌리내린 삶이다. 아마도 이 점이 오늘날 진보나 대안운동을 추구하는 많은 사람들과 근본적으로 달라지는 지점일 것이다.

이 책 후반부에서 일리치는 유럽에서 젠더 경계가 소멸해간 역사적 과정을 더듬어간다. 말하자면 젠더로부터 섹스로의 이행이라는 관점에서 쓴 유럽 남녀관계사의 조망도라고 할 수 있다. 물론 시장관계들의 형성, 자본주의의 침투, 화폐화와 상품 의존은 젠더의 폐기를 가속화했다. 그러나 일리치에 따르면 이 이행의 과정은 그보다 훨씬 일찍 12세기 중엽에 준비되었다. 우선 경제적인 측면에서 이 시기부터 유럽에서 부부를 대상으로 과세하기 시작했다. 이전에는 부부가 가정의 중심이 아니라 조상과 집과 토지, 혈연관계를 포함한 전체를 뜻하는 도무스(domus)와 그 수호신들인 라레스(lares)가 가정의 중심이었다. 과세를 할 때도 젠더 구분에 따라 남녀에게 각기 다른 현물이 요구되었다. 그러나 이 시기에 오면 부부가 과세 단위로 되고 생산공동체로서 부부가 지니는 생산성이 주목받기 시작하면서 부부가 유례없이 가정의 중심으로 부각된다. 그러면서 12세기에는 결혼의 새로운 형태가 나타나기 시작했고, 이 대목에서 교회가 중요한 역할을 한다. 교회는 혼인을 성사(聖事)로 선언함으로써 부부의 가치를 고양시켰다.[16]

일리치는 12세기 중엽 교회에서 나타나기 시작한 혼인서약서 안에 표현된 생각, 즉 계약관계에 있는 부부 양측이 각기 동등한 '부분'으로 결합되어 있다는 생각에서 남녀평등에 대한 개념의 기원을 발견한다. 이 시기 교회가 한 쌍의 남녀의 내적 관계를 새롭게 도식화했다는 것이다. 12세기 들어 남자와 여자가 하느님 앞에서 혼인서약을 하기 전에는, 맹세하지 말라는 산상수훈의 명령에 따라 맹세, 즉 서약은 교회에 의해 철저히 금지되었다(실제로 혼배성사는 가톨릭의 일곱 가지 성사 중 가장 늦게 정해졌다). 그런데 이제 사회경제적 변화와 함께 부부가 가정의 중심에 오고 교회가 나서서 하느님을 내세워 부부의 결합을 보증하게 된다. 하느님이 각각 동등한 개인 남녀를 결합하는 접착제가 된 것이다. 그럼으로써 이제 교회는 단순히 지역의 의식 집행자라는 위치로부터 각 가정의 문턱을 넘어 그들의 침대 속, 마음속까지 밀고 들어왔다. 예로부터 마을마다 젠더 구분에 따라 토착적·자생적으로 형성되었던 겸손이나 성실 같은 미덕이, 이제부터 교회의 완전무결한 목회적 서비스 행위의 대상이 된 개인의 양심으로 대체되었다. 1215년 라테라노 공의회에 의해 교회법으로 의무화된 사제 앞에서의 연례적 고해야말로 바로 이 양심이라는 내면적 공간을 확보하는 과정이었다고 한다. 이전에는 제의를 책임졌던 사제가 이제 젠더 부재의 각 개인의 양심의 이야기를 듣는 청죄사가 된 것이다. 또한 교회는 동성애를 기본적인 왜곡으로 정의함으

....

16 같은 책, 128~132쪽.

로써 이성 간의 쌍이 정상이라는 개념을 만들어냈다. 물론 이전에도 동성애적 행위는 존재했지만, 누군가 동성애 행위를 한다고 말하는 것은 누군가는 작가라고 말하는 것과 같은 수준에서 이상하다고 말하는 것이었다. 즉, 동성애자를 좀 이상하다고 여기는 것이나 가령 작가를 좀 이상하다고 여기는 것이나 같은 수준의 이야기라는 것이다. 그러므로 전통사회에서는 대부분 나름의 방식으로 그들을 받아들였지 동성애를 이성애와 대립시켜서 비정상적인 성적 왜곡으로 규정하지는 않았다는 것이다.[17]

일리치에 따르면 이러한 일련의 변화는 인간이 개인과 공동체를 이해하는 데 큰 변화가 일어난 것을 의미한다. 12세기 혼인서약서에 나타나는 두 개인 사이의 결합이라는 개념은 상대방 젠더의 '너'를 개인이라는 추상적 단위로 만듦으로써 '우리'의 구체성이 사라지는 것을 의미한다. 즉, 추상적 개인이 탄생함으로써 공동체가 젠더에 의해 스스로에게 부과했던 공동체의 크기 제한이 사라지고 무한히 확대되는 전 지구적인 '우리'라는 개념이 탄생할 수 있게 된 것이다. 12세기에 일어난 이 변화는 인간 행동에 대한 새로운 종류의 개념화가 탄생하는 인류학적 뿌리였다는 것이다. 바꿀 수 있고, 대체할 수 있는 각 부분들로 이루어진 하나의 '체계'로서 사회와 문화가 탄생하게 된 기원이라는 것이다. 이 변화로부터 생겨난 것은 구체적 현실을 떠난 전 지구적인 '우리'라는 추상적 개념이다. 이로부터 개체적이고 소유적이며 또한 물질적인 생존자라는, 즉 젠더가 부재하는 중성적 경제인이라는 개념이 탄생했다는 것이다. 이제 이러한 전제는 결혼생활에서 학교에 이르는 제도들 가운데 구현되

17　같은 책, 183~195쪽.

어 역사의 주체를 변화시켰다. 이제 역사의 주체는 더 이상 자기 규제적인 여자와 남자가 이루는 애매하고 비대칭적인 결합으로서 젠스(gens)나 라레스(lares)가 아니다. 오히려 주체는 계급, 국가, 회사, 또는 파트너로서의 부부 따위의 위조된 '우리'로 만들어진 이데올로기적 개념으로 변했다.[18]

이러한 맥락에서 일리치는 유럽의 역사를 세 단계로 구분했다. 즉 '젠더' 시대(11세기까지), '젠더 붕괴'의 이행 국면(12~18세기), 그리고 '섹스'에 의한 지배 시기(19세기 이후)이다. 이제 우리가 살고 있는 시대에 이르러서는 인간 자체가 추상적인 시스템의 일부로 이해되고 있다. 오늘날 인간은 평균적 생존을 유지하기 위한 표준적인 욕구를 할당받아 이를 충족시키는 것이 마치 유일한 삶인 것처럼 여기고 있다. 한계가 지어진 공동체 안에서 젠더적 존재로 자립적으로 살아가는 것이 아니라, 모든 것을 관리받아야 하고, 그 결과 모두가 동일한 삶의 방식을 따라야 하게끔 되었다. 즉, 수정란에서부터 벌레밥이 되기까지 관리당하는 것이다. 한마디로 좀비들의 세계가 도래한 것이다.

이렇게 대담한 일리치의 역사 구도가 실증적으로 정확한지 판단할 수 있는 역량은 내게 없다. 그러나 일리치의 이러한 역사적 고찰에서 느껴지는 것은 젠더 사회의 낭만화라든가, 아니면 이제 다시 젠더 사회로 돌아가자는 것이 아니다. 그런 것이 아니라 오히려 잃어버린 선한 것들에 대한 일리치의 비애가 느껴진다. 일리치는 이러한 비애를 품고 우리시대의 신화와 우상을 무너뜨리고 있다. 그는 이 책 첫머리에서 산업사회가 만들어낸 두 가지 신화에 대해서 언급했다. "산업사회는 두 가지

----

18 같은 책, 221쪽.

신화를 창조했다. 하나는 이 사회의 성적 계보에 관한 신화이고, 다른 하나는 평등을 추구하는 운동에 관한 신화이다."[19] 산업사회는 자신에게 필요한 역사를 조작해내는 과정에서, 산업사회의 섹스와 본질적으로 다른 젠더를 성역할의 원시적 형태로, 섹스의 이전 형태로 해석했다. 산업사회는 젠더 부재의 현재와 젠더화된 과거 사이의 연속성을 짜 맞춰서 섹스를 젠더의 계승으로 합법화한 것이다. 그는 이 조작된 계보는 합법적인 조상을 갖고 있지 못한 현실에 떳떳이 대응할 수 없는 섹시스트 사회가 필요로 하는 픽션이라고 했다. 섹스를 젠더 안에 심는 것은 위조라는 것이다. 일리치는 자신이 이 책을 쓴 목적은 역사에 대한 그와 같은 중앙집권적 거짓 시각에 맞서기 위한 것이라고 한다.[20] 그러므로 이 책에서 일리치가 한 작업은 섹스와 젠더 사이의 단절을 주시하고 현재를 과거에서 분리시키는 균열을 밝히는 작업이었고, 산업사회의 위조된 섹스의 계보와 거기 근거한 평등의 신화를 깨부수는 작업이었다.

남성으로서 일리치가 젠더에 대해 말하는 것은 오늘날 페미니스트들을 격분하게 할 수 있다. 젠더 사회를 일리치가 이상화·낭만화했다고 비판할 수도 있을 것이다. 그러나 일리치의 주장에서 여전히 유효한 것, 그리고 그의 주장의 핵심은 젠더 사회보다 '경제적 섹스'의 사회가 훨씬 더 성차별적일 뿐만 아니라 필연적으로 성차별적이라는 것이다. 그러므로 경제성장과 남녀평등을 동시에 추구하는 여성운동의 전제에 대해서 재고해야 한다는 일리치의 주장은 특히 성장의 한계가 더욱 가시화된 현시점에서 경청해야만 한다.

....

19 같은 책, 16쪽.
20 같은 책, 219쪽.

일리치는 이렇게 말한다. "수도자나 시인이 죽음에 관해 명상하다가 현재의 절절한 살아 있음을 감사의 마음으로 향유하듯이, 우리는 젠더의 서글픈 상실과 맞닥뜨리지 않으면 안 된다. 나는 경제적 중성자가 이중의 게토에 처해 있다는 사실을 철저하고 분명하게 인식하고 경제적 섹스가 가져다주는 안락을 거부하는 길로 나아가지 않는 한, 현대를 살아가는 생생한 삶의 기술은 회복될 수 없으리라 본다. 그러한 삶에 대한 꿈을 이루고자 한다면 감상을 배제하고 경악할 만한 진상들을 직시해야 한다."[21]

일리치가 내놓고 말하지는 않았지만, 사실 일리치의 이러한 논의들 밑바탕에는 근원적인 인간적 존재양식으로서 젠더, 즉 "하느님이 그들을 남자와 여자로 창조하셨다"는 성서적 젠더 구분이 깔려 있다고 본다. 성서적 관점에서 보면 모든 것의 평균이라는 의미의 평등이라는 것은 존재하지 않는다. 그것은 인간을 하나의 수학 단위로 환원한 것이고 순전한 관념의 산물이다. 기독교 신앙에 입각해서 보면 인간은 그렇게 창조되지 않았다. 따라서 산업사회가 전제하는 경제적 중성자로서의 인간은 기독교적 인간관에 대한 배반이다. 하느님이 인간을 젠더적 존재로 창조하신 것인지, 아니면 인간 자신이 젠더적 존재로 사회화되었는데 그것을 하느님에게 투사한 것인지 묻는 것은 부질없다. 왜냐하면 신학은 곧 인간학이고, 신앙 안에서 인간학은 곧 신학일 수밖에 없기 때문이다.

---

21 같은 책, 221~222쪽.

복음의 기쁨: 가난한 사람들을 위한 우선적 선택

1

교회는 안팎의 위기에 직면하여 언제나 복음의 본질로 돌아가 가장 근본적인 자리에서 시대가 겪고 있는 악의 맨 얼굴을 드러내고 새로운 희망의 계기를 찾아온 전통이 있다. 가까이는 교황 요한 23세가 소집한 제2차 바티칸 공의회가 그랬다. 그 이전까지 가톨릭교회는 신흥국가인 이탈리아에게 교황령을 빼앗기고 세속 국가들이 가톨릭교회의 활동을 방해할지도 모른다는 두려움에 휩싸여 현대세계가 제기하는 문제들에 대해 방어적으로 대응했다. 그리고 20세기 초 부상하는 공산주의를 파시즘이 제어할 수 있으리라는 잘못된 기대 때문에 나치즘과 무솔리니, 스페인의 프랑코를 묵인하고 동조하기도 했다. 이런 수세적인 입장을 일거에 뒤집은 것이 1962년 시작된 제2차 바티칸 공의회였다. 이 공의회의 사목헌장 「기쁨과 희망」의 제1항은 이렇게 시작한다.

기쁨과 희망, 슬픔과 고뇌, 오늘날 특히 가난한 사람들과 고통당하는 모든 이들의 그것은 바로 그리스도 제자들의 기쁨과 희망, 슬픔과 고뇌입니다. 그 어떤 것도 인간들과 무관한 것은 있을 수 없기에 모든 것이 그리스도 제자들의 마음을 울리고 있습니다.…… 따라서 이 공동체는 전 인류와 그 역사에 참으로 깊이 결합되어 있음을 체험하고 있습니다.

현대세계에서 고통당하는 가난한 사람들의 기쁨과 희망, 슬픔과 고뇌를 자신의 것으로 받아들이면서 교회는 두려움과 수세적 입장에서 벗어나 현대세계의 인류와 그 삶에 개입하게 되었고, 교회 자신의 개혁에 발을 내딛을 수 있었다.

2013년 11월 프란치스코 교황이 발표한 '현대 세계의 복음 선포에 관한 권고'「복음의 기쁨」은 가톨릭교회의 이러한 소중한 전통 위에 서 있다.[1] 잘 알려져 있듯이 프란치스코 교황이 선출되기 전 가톨릭교회는 위기에 직면해 있었다. 미친 듯이 질주해온 신자유주의적 자본주의 세계화는 그 막다른 골목에 이르러 전 세계의 토착민과 자연, 가난한 사람들의 삶을 파괴하고, 전 지구적 생존을 위협하고 있다. 그러나 이들을 향한 교회의 목소리는 잘 전달되지 않았고, 오히려 교회권력의 부패와 타락에 대한 추문이 꼬리를 물었다. 프란치스코 교황의 선출은 이러한 위기 상황을 돌파하고 새로운 공기를 불어넣고자 하는 염원에서 비롯되었을 것이다. 이 문서는 제2차 바티칸 공의회의 「기쁨과 희망」의 언어와 정신을 다시 살려내고 있으며, 오늘날 세계 문제의 핵심과 직접 대면함으로써 교회 자체의 갱신에 이르고자 한다.「복음의 기쁨」은 프란치

---

1 『복음의 기쁨: 현대세계의 복음 선포에 관한 교황 권고』, 한국천주교중앙협의회 옮김 (서울: 한국천주교주교회의, 2014).

스코 교황이 왜 자신이 그 자리에 있는지 알고 있다는 사실을 보여준다.

2

「복음의 기쁨」은 이렇게 시작한다.

복음의 기쁨은 예수님을 만나는 모든 이의 마음과 삶을 가득 채워줍니다. 예수님께서 주시는 구원을 받아들이는 사람들은 죄와 슬픔, 내적 공허와 외로움에서 벗어나게 됩니다. 예수 그리스도와 함께 있는 기쁨이 끊임없이 새로 생겨납니다. 이 권고를 통하여 저는 그리스도인들이 이 기쁨으로 두드러진 새로운 복음화 단계로 들어서도록 격려하면서, 앞으로 여러 해 동안 교회가 걸어갈 새 길을 제시하고자 합니다.

이 문서는 반복해서 "삶에 새로운 시야와 결정적인 방향을 제시하는 한 사건, 한 사람을 만나는 일"(17항)의 중요성을 말하고, 그리스도와 만나고 그리스도를 따르는 삶의 기쁨을 매우 간결하고도 소박한 믿음의 언어로 표현하고 있다. 그래서 처음 이 문서를 읽었을 때 무엇보다도 마음에 와닿았던 것은 사회경제적 메시지가 아니라 오히려 용기와 위로를 주는 그리스도의 '복음의 기쁨'이었다. 가령 "그분께서는 매번 우리를 당신 어깨에 짊어지십니다. 이 무한하고 확고한 사랑으로 우리가 받은 존엄은 그 누구도 빼앗아 갈 수 없습니다. 예수님께서는 결코 실망시키지 않으시고 언제나 우리의 기쁨을 되찾아 주시는 온유함으로, 우리가 고개를 들고 다시 시작할 수 있도록 이끌어주십니다. 예수님의 부활에서 도망가지 맙시다. 무슨 일이 있어도 포기하지 맙시다. 오직 그리스도의 생명만이 우리를 계속 앞으로 나아가도록 이끕니다!"(13항)와 같은 내용이다.

사실 이런 내용은 "할렐루야! 아멘!"을 외치는 개신교 복음주의 설교에서도 들을 수 있다. 그런데 식상했던 그 말이 원래 지녔던 울림을 회복할 수 있었던 것은 아마도 「복음의 기쁨」이라는 이 문서의 주제가 어째서 오늘날 그렇게 많은 사람들이 기쁘게 살 수 없는가라는 질문으로 이어졌기 때문일 것이다. 그리고 다시 그 질문이 이 권면의 핵심적인 내용이라고 할 수 있는 현대세계에 대한 근원적 비판으로 이어졌기 때문이다.

교황은 우리 시대의 문화가 "버리는" 문화라고 선언하고, 이제는 문제가 단순히 착취와 억압 현상이 아니라, 전혀 새로운 어떤 것, 즉 수많은 사람들을 사회 밖으로 배제하는 것이라고 말하고 있다(54항). 이윤을 창출하고자 노동력을 줄여 노동자들을 배제된 이들의 대열에 합류시켜 버림으로써, 경제는 새로운 독이 되고 있다는 것이다. 그러므로 우리는 더 이상 시장의 눈먼 힘과 보이지 않는 손을 신뢰할 수 없다고 한다(165항). 그리고 이러한 맥락에서 "자유시장으로 부추겨진 경제성장이 세상을 더욱 정의롭고 평등하게 만들 것이라고 주장하는 '낙수효과(trickle-down)' 이론"을 비판하며, 그는 이렇게 말한다.

이러한 견해(낙수효과 이론)는 경제권을 쥐고 있는 이들의 선의와, 지배적인 경제제도의 신성시된 운용 방식을 무턱대고 순진하게 믿는 것입니다. 그러는 동안 배제당한 이들은 계속 기다리고 있습니다. 다른 이들을 배제하는 생활양식을 유지하고자, 또는 이기적인 이 이상을 열광적으로

좇고자, 사람들은 무관심의 세계화를 펼쳐왔습니다. _ 54항

그리고 이어서 그는 이제는 너무나 유명해진 질문을 한다. "나이든 노숙자가 길에서 얼어 죽은 것은 기사화되지 않으면서, 주가지수가 조금만 내려가도 기사화되는 것이 말이나 되는 일입니까?"(53항)라고. 배제와 불평등의 경제로 인한 영적 대가는 컸다. 잘 먹고 잘 살자는 문화가 우리를 마비시키고 가난한 이들의 고통스러운 절규 앞에서 함께 아파할 줄 모르게 만들었으며, 그 결과 하느님이 주신 기쁨을 향유할 수 있는 능력을 잃어버린 것이다.

이러한 현실적·영적 위기 앞에서 이 문서는 교회의 전통적 과제인 '선교'의 변모를 촉구한다. 선교는 복음의 핵심, 즉 "돌아가시고 부활하신 예수 그리스도에게서 드러난 하느님 사랑의 아름다움"에서 출발하여 (39항) "우리를 사랑하시고 우리를 구원하시는 하느님께 응답"하는 것이고, "다른 이들 안에서 하느님을 만나고 우리 자신에게서 나와 다른 이들의 선익을 추구"하는 것이다(40항). 그리고 선교는 오늘날 인간 상황의 한계 안에서 이루어져야 하며, 구체적으로 그것은 교회가 "그 누구보다도 가난한 이들과 병든 이들, 자주 멸시당하고 무시당하는 이들, 우리에게 보답할 수 없는 이들에게 다가가야" 한다는 것을 의미한다(49항). 교황은 이렇게 말한다. "결코 가난한 이들을 저버리지 맙시다."

그리하여 교황은 바람직한 교회의 모습에 대해 과거 자신이 부에노스아이레스의 대주교였을 때 했던 말을 반복한다. "자기 안위만을 신경 쓰고 폐쇄적이며 건강하지 못한 교회보다는 거리로 나와 다치고 상처받고 더럽혀진 교회를 저는 더 좋아합니다. 저는 중심이 되려고 노심초사하다가 집착과 절차의 거미줄에 사로잡히고 마는 교회를 원하지 않습니

다.…… 우리가 길을 잃어버리는 것을 두려워하기보다는, 우리에게 거짓 안도감을 주는 조직들 안에, 우리를 가혹한 심판관으로 만드는 규칙들 안에, 그리고 우리를 안심시키는 습관들 안에 갇혀 버리는 것을 두려워하며 움직이기를 바랍니다"(49~50항). 다시 말해 교회가 더 이상 교회 조직 자체의 유지와 존속에 안주해서는 안 되며 현대사회의 절박한 요구에 부응하여 거리로 나가 가난하고 굶주린 사람들의 요구에 응답해야 한다는 것이다. 그런데 교황의 이러한 호소는 단순히 전통적인 자선 활동을 확대하라는 것이 아니다. 과거 라틴아메리카 해방신학이 개인적 자선이 아니라 복음의 요구에 근거한 구조적인 사회변혁을 추구했듯이, 이 문서 역시 그러한 구조적 관점을 확고하게 견지하고 있기 때문이다.

교황은 드러내놓고 사회구조적인 개혁의 필요성을 역설한다. 규제 없는 자본주의는 새로운 형태의 독재라고 정면으로 자본주의를 비판하면서, 교황은 "살인해서는 안 된다"는 계명이 인간 생명의 가치를 지키기 위하여 분명한 선을 그어놓은 것처럼, "배제와 불평등의 경제는 안 된다"고 쓰고 있다(53항). 말하자면 오늘날 자본주의 경제체제는 결국 살인으로 귀결된다는 것을 암묵적으로, 그리고 다음과 같이 확실하게 말한다.

가난의 구조적 원인을 해결해야 할 필요성은 절실합니다.…… 일부 시급한 요구들에만 대응하는 복지계획들은 임시방편일 뿐인 것으로 보아야 합니다. 시장과 금융투기의 절대적 자율성을 거부하고 불평등의 구조적 원인들에 맞서 싸움으로써 가난한 이들의 문제가 근본적으로 해결되지 않는 한, 이 세상의 문제들, 또는 이와 관련된 문제들에 대한 어떠한 해결책도 얻지 못할 것입니다. 불평등은 사회병폐의 뿌리입니다. _ 164항

이렇게 복음의 핵심과 그로부터 요구되는 선교의 변화, 즉 단순히 자선이 아니라 사회 전체의 구조적인 변혁을 위한 교회의 헌신을 역설하는 것은 원래 라틴아메리카 해방신학에서 오랫동안 해온 것이다. 호세 마리오 베르골리오 주교가 교황이 된 후 가장 먼저 한 일 하나가 해방신학의 첫 깃발을 올렸던 85세의 신학자 구스타보 구티에레즈Gustavo Gutiérrez를 페루 리마로부터 로마로 초청하여 함께 미사를 드리고 대화하는 일이었다고 한다.

　　구티에레즈가 1968년 「해방의 신학을 향하여」라는 글을 발표한 후, 라틴 아메리카 주교들이 그해 콜롬비아 메데인에서 열린 회의에서 이 문서를 인정하여 후속 문서들을 계속 발표하면서 20세기 후반 가장 뛰어난 신학운동의 하나인 해방신학이 탄생하게 되었다. 그리고 1979년 멕시코 푸에블라에서 열린 주교회의에서 "가난한 사람들을 위한 우선적 선택(preferential option for the poor)"이라는 로마가톨릭교회의 입장을 확인했다. 이것은 세계 곳곳에 있는 평신도들과 성직자들로 하여금 정치적·경제적 불의에 저항하는 대열에 참여하게 했다. 이후 해방신학은 라틴 아메리카의 독재자들로부터 탄압을 받았을 뿐만 아니라 교황청으로부터도 저지당했는데, 전임 교황이었던 베네딕토 16세가 라칭거 추기경이었던 시절 그 일에 앞장섰던 것도 잘 알려져 있다. 그는 걸출한 해방신학자 레오나르도 보프Leonardo Boff 신부를 침묵시켰을 뿐만 아니라 군부독재하에서 저격당한 로메로 신부의 시복도 좌절시켰다. 그러나 이러한 탄압에도 해방신학과 거기 근거한 기초공동체운동은 라틴아메리카의 수백만 가난한 사람들의 마음을 움직였고, 전 세계로 뻗어 나가 우리나라에서는 민중신학과 민중교회운동, 인도에서는 달릿 신학이 탄생하는 촉매제가 되기도 했다. 오늘날 라틴아메리카 곳곳에서 벌어지고 있는 변화와 희망의 조짐들 역시 과거 해방신학과 기초공동체운동이 뿌린 씨앗과 무관하지 않을 것이다. 당시 해방신학이야말로 전 세계의 민중들이 목말라했던 시대의 목소리였던 것이다.

이제 50여 년이 지나 과거 200여 년간 지속돼온 산업주의 물질문명의 종말을 목전에 두고 있는 지금, 해방신학이 외쳤던 사회경제적 정의와 저항의 목소리는 다시 큰 울림으로 다가온다. 아르헨티나 출신의 프란치스코 교황은 전임 두 교황들과 달리 해방신학의 근본 동기를 부활시키고 있다. 「복음의 기쁨」에서 우리는 "가난한 사람들을 위한 우선적 선택"을 재확인하고, 개인적 영성과 사회변혁의 추구가 신앙의 실천 안에서 조화롭게 통합되어 있는 것을 본다. 이것이야말로 과거 해방신학의 핵심적인 주제들이었다. 메마른 대지가 비를 기다리듯 세계는 이러한 복음의 소식에 목말라했던 것 같다.

3

전 세계 가톨릭교회라는 거대한 보수 조직의 수장으로서 프란치스코 교황은 자신의 이 권고를 실천해 나갈 수 있을까? 취임 후 교황의 행적을 보면 로마제국에 의해 반란범으로 처형당한 사람의 복음을 로마제국의 심장부에 심으려 했던 사도 바울이 떠오른다. 프란치스코 교황은 가난한 사람들의 친구이자 교회의 세속권력화를 비판했던 13세기 성자 프란치스코의 이름을 자신의 이름으로 삼았다. 취임 후 로마 밖 첫 방문지가 지중해 연안 람페두사 불법이주자 수용소였고, 거기서 그는 불법이주자들과 함께 미사를 드리고 안락을 추구하는 문화가 무관심의 세계화를 가져왔고, 수많은 사람들을 익명으로 만들었다고 강론했다. 무너진 건물 더미에 노동자들이 깔려 죽은 방글라데시를 찾아가서는 그들의 노동조건에 대해 노예노동이라고 비판했다. 어떠한 대가를 치르더라도 이윤만을 추구하고자 하는 데서 실업자들이 생겨났고, 자신은 언제나 그들에게로 마음이 간다고 말했다. 하느님은 사람이 세상의 중심이 되기를 원하시는데 돈이라는 우상을 숭배하는 전 지구적 경제질서 안에서 우리는 살아가고 있다고 했다. 바티칸 은행의 개혁을 위한 작업에 이미 착수했고 나아가 교황제까지도 개혁하고자 한다. 어떤 의미에서 그는 교회 전체의 방향을 바꾸려고 하는 것이다.

그동안 낙태나 피임, 동성애 문제에 교회가 과도하게 개입해왔던 방향을 틀어 사회정의, 주변화되고 잊혀진 사람들에게 더욱 집중하겠다고 했다. 교황은 작년 7월에도 동성애자들을 받아들이자는 취지의 발언을 했고, 비행기 안에서 갑작스럽게 가진 기자와의 인터뷰에서는 "만일 동성애자가 선한 의지를 갖고 신을 찾는다면, 내가 어떻게 그를 심판할 수 있겠는가?"라고 말했다. 교황은 스스로 탈중심화를 선호한다고 공표했다. 이를 위해 벌써 그는 전 세계 각 지역을 대표하는 8명의 추기경을 지명해서 자신과 교황청 사이의 완충기구로서 일종의 내각을 구성하고 또 지역별 주교위원회에 힘을 실어주고자 한다.

프란치스코 교황이 지금 보여주고 있는 것은 마르크스주의을 비롯한 사회과학 이론에 근거한 분석이나 이념적 해결 방법이 아니라, 복음의 핵심으로부터 나오는 선교의 열정에서 비롯된 것이고, "가난한 사람들을 위한 우선적 선택"이라는 말로 포괄할 수 있을 것이다. 만일 교회가 쓸 수 있는 자산이 의례와 언어를 통해 상징을 끊임없이 확산하는 데 있다면, 교황은 지금 아주 잘 하고 있는 것이다. 교황이 판을 깔아놓았으니 이제는 세계의 정치가들이 나서야 하지 않을까? 교황 자신도 「복음의 기쁨」에서 이렇게 말하고 있다.

정치는 흔히 폄하되기는 하지만, 공동선을 추구하는 것이므로 매우 숭고한 소명이고 사랑의 가장 고결한 형태입니다.…… 사랑은 '친구나 가족, 소집단에서 맺는 미시적 관계뿐만 아니라 사회, 경제, 정치 차원의 거시적 관계의 원칙이 됩니다.' 저는 주님께서 사회 상황과 국민과 가난한 이들의 삶을 진심으로 걱정하는 정치인들을 더 많이 보내주시도록 기도합니다! 정부와 재계의 지도자들이 주의를 기울여 더 넓은 안목을 가지고 모든 국민이 품위 있는 일을 하고 교육과 의료지원을 받을 수 있도록 노력하는 것이 반드시 필요합니다.…… 저는 초월적인 것에 대한 열린 마음이 정치적·경제적으로 새로운 사고방식을 가져올 수 있다고 굳게 확신합니다. 이 새로운 정치 경제 사고방식은 경제와 사회 공동선 사이에 놓인 분열의 장벽을 무너뜨리는 데에 이바지할 것입니다. _ 166항

지금 교황에게 필요한 것은 지나친 기대는 아닐 것이다. 그 역시 인간이고, 당연히 완전할 수 없기 때문이다. 아르헨티나 군부독재 정권이 '더러운 전쟁'을 벌이고 있었을 때 그는 거기 협력하지 않았지만 적극적으로 저항하지 못했다. 프란치스코 교황에 대한 전기작가 폴 발레리Paul Vallely에 따르면 그는 엄격하고 권위주의적이고 반동적인 인물로 출발해서 50대에 영적 위기를 겪으면서 극적인 변화를 이루었다고 한다. 회심 이후 그는 고위 사제가 입는 예복을 벗어던지고 슬럼가로 가서 몸을 굽히고 직접 오물에 손을 담근다. 베르골리오 주교 시절 그는 해방신학에 대해서 개인적으로 호감을 표시한 적은 있어도 적극적으로 옹호하지는

않았던 것 같다. 그리고 과거 자신이 더욱 적극적으로 행동하지 못한 데 대해 부끄럽게 여긴다고 가까운 사람들에게 고백했다고 한다.

아마도 동성애, 피임 문제 등에 대해서는 진전된 입장이 나타날 것 같지만, 낙태와 여성사제직 문제에 대해서는 교황 자신이 완고한 거부의 뜻을 가지고 있는 것으로 보인다. 물론 여성사제직 문제는 교회가 감당하기 힘들 수 있다. 전통과 문화가 갖는 무게를 간단히 무시할 수 없기 때문이다. 그러나 노예제도가 인간에 대한 차별에 근거해 있고, 복음의 평등원칙에 위배되듯이 여성을 사제직으로부터 배제하는 것은 보편적 평등의 원칙에 위배된다. 교회가 편들어주지 않아도 여성사제직에 대한 요구는 그 자체로서 정당하며, 보편적 진리의 편에 서 있다. 「복음의 기쁨」 역시 논리적으로 본다면 여성사제직을 지지하는 문서이다. 가난한 자들, 약자들을 향해 교회의 문을 열라고 촉구하면서 다른 한편으로 여성들에게 교회의 뒷문을 닫아걸어서는 안 되기 때문이다. 지금 프란치스코 교황에게 필요한 일은 그를 위해 기도하는 일일 것이다. 여성들 역시 지나친 기대로 결과적으로 일을 망치는 편에 서서는 안 되고, 그의 편에 서서 그를 위해 기도하면서 지켜볼 것이다.

4

미국의 정치사상가 셸던 월린Sheldon Wolin은 미국의 이라크 침공이 막 시작됐던 2003년 5월 ≪더 네이션(the Nation)≫지에 기고한 글에서 미국에서 일어나고 있는 체제 변화의 구체적인 모습을 지적했다. 월린에 따르면 미국은 민주주의를 가져오고 전체주의 정권을 무너뜨리기 위해

이라크를 침공했다지만, 그 과정에서 미국의 시스템은 전체주의에 더 가까워지고 민주주의는 약화되고 있다. 기업의 지배 아래 있는 국가권력이 점점 더 강해지고, 의회와 사법기구, 언론 등 국가권력을 통제하는 제도들의 힘이 약해지는 과정이 상당 기간 진행된 결과 기업권력이 지배하게 된 미국을 그는 '전도된 전체주의(inverted totalitarianism)' 사회라고 불렀다.

'전도된 전체주의'란 나치 독일과 같은 20세기 전반 전체주의 사회를 전제로 해서 만들어진 말이다. 그에 따르면, 나치 전체주의가 국가주의적이었다면, 전도된 전체주의는 자본주의적이다. 나치 전체주의에서 대기업이 국가권력에 종속되어 있었다면, 전도된 전체주의에서는 기업권력이 오히려 국가의 정치기구들을 통제한다. 나치 전체주의가 인종주의를 통해 획일화를 추구했다면, 전도된 전체주의는 '비용 효율성(cost efficiency)'이라는 자본주의 이데올로기를 통해 노동자를 수탈 또는 배제하고 사회를 획일화·전체주의화한다. 나치 전체주의가 시민들을 정치적으로 동원했다면, 전도된 전체주의는 과거의 민주화 경험을 어설프게 칭찬하면서 시민들을 탈정치화한다. 나치 전체주의가 대중에게 집단적 힘과 자신감을 불어넣었다면, 전도된 전체주의는 대중을 정치적으로 냉담하게 만들며 무력감을 느끼게 하고 철저히 개인화해서 집단적으로 쓸모없게 만든다. 나치 전체주의가 선거의 장에서 자신들이 원하는 표를 얻기 위해 대중을 끝없이 조작하고 동원했다면, 전도된 전체주의는 대중이 아예 투표하지 않도록 '정치적으로' 탈동원한다.[2]

셸던 월린은 미국을 겨냥해서 이처럼 '전도된 전체주의' 사회이자 '기

---

2   공진성, 『테러』 (서울: 책세상, 2010), 148~151쪽 참조.

업국가(corporate state)'라고 묘사했는데, 그것은 현상적으로 우리 사회의 모습과도 일치한다. 무력한 국회, 권력자에게는 고분고분하지만 약자에게는 위압적인 사법체계, 여당이든 야당이든 부자들과 대기업들에 유리하도록 기존 시스템을 재편하는 데 더 열중하는 정당들, 기업국가에 아첨하는 언론, 자본과 한통속이 된 대학 등이 그렇다. 그 가운데서 가난한 사람들은 자포자기와 정치적 무력감에 빠져 있고, 중산층은 실업에 대한 공포와 경제가 회복되면 다시 부를 확대할 수 있지 않을까 하는 환상적 기대 사이에서 어쩌지 못하고 있다. 이 와중에 터진 지난 세월호 사태는 기업국가 대한민국의 실상을 뼈아프게 보여주었다. 기업권력이 지배하는 '기업하기 좋은 나라', '규제 없는 나라'에서 돈에 대한 맹목적인 추구는 프란치스코 교황이 말하듯이 결국 살인을 부른다. 정치적 무력감에 길들여진 어른들 때문에 너무나 많은 젊은이들이 희생되었다. 기업권력을 섬기면서 국가권력은 엄청나게 비대해졌지만, 국민의 생명 앞에서 국가권력은 무능하기 짝이 없었다.

셸던 월린은 자신의 역작 『정치와 비전: 서구 정치사상에서의 지속과 혁신』 3권 마지막 장에서 "민주주의는 안정적인 체계라기보다는 잠시 나타났다 사라지는 일시적인 현상"[3]이라고 말한다. 이처럼 민주주의가 불가피하게 간헐적으로만 나타난다는 성격을 강조하기 위해 그는 그것을 "탈주적 민주주의(fugitive democracy)"라고 불렀다. 이는 민주주의를 하나의 형식이나 정부 형태가 아니라 "현실에 이의를 제기하고 새로운 가능성을 드러내는 행위의 관점에서 이해해야 한다"[4]는 의미이다. 자유

---

3   셸던 월린, 『정치와 비전: 서구 정치사상에서의 지속과 혁신』 3권, 강정인 외 옮김 (서울: 후마니타스, 2013), 384쪽.

주의적 거대국가의 속박으로부터 벗어난 급진 민주주의적 비전을 제시하고 있는 것이다. 그가 말하는 민주주의는 국가의 정치제도 바깥에 자리하고 있으며, 그는 민주주의를 정치적 자유주의의 결박으로부터 해방시킬 것을 요구한다. 이 점에서도 월린이 제시하는 민주주의는 '탈주적(fugitive)'이라고 할 수 있다. 월린은 '탈주적 민주주의'를 통해 민주주의의 재형성 능력, 국지적이고 특수한 정치 참여 형태를 고무한다. 그는 이처럼 다중의 정치 참여를 격려하는 '탈주적 민주주의'를 국가의 밖과 옆에 활성화해서 국가권력의 전체주의적 경향에 저항할 수 있다고 말한다. 아마도 자유주의적인 대의정치를 포기하자는 데 방점이 있는 것이 아니라, '탈주적 민주주의'의 급진적 상상력만이 기업국가에 포획된 정당정치의 전체주의적 경향에 제동을 걸 수 있다는 뜻일 것이다.

지금 이 나라의 진정한 위험은 엄청나게 비대한 권력을 가지고 있으면서도 제어당하지 않는 국가권력에 있다. 대통령이 세월호 관련 대국민 담화문을 발표한 직후 기자들의 질문도 받지 않은 채 원전 수출과 관련해서 아랍에미리트로 서둘러 출국하는 모습은 이 끔찍한 사태를 당해서도 아무것도 깨닫지 못했다는 사실을 보여준다. 첨단 과학기술로 무장한 기업국가의 힘은 갈수록 거대해지고, 거기 비례해서 그들이 저지를 수 있는 악의 규모 역시 재앙적 수준이 되었는데, 이 땅에 서식하는 생명체들의 장기적이고 평화로운 삶을 실제로 염려하는 제도적 기구는 눈에 띠지 않는다. 진정한 위험은 구속받지 않는 정부와 거기 복잡하게 연루된 먹이사슬에 있고, 민주주의가 가장 살아 있는 곳은 '거리', 곧 '밀양'과 '강정마을'과 '용산'이다. 「복음의 기쁨」은 바로 이 '거리의 민주주

---

4   같은 책, 386쪽.

의', '길 위의 민주주의'를 지지한다.

「복음의 기쁨」을 읽으면서 신기하게도 토머스 머튼Thomas Merton이 쓴 『사막교부금언집』 서문이 자꾸 머릿속에 떠올라서 다시 한 번 읽어보았다. 사막의 교부들은 직전까지만 해도 극한의 탄압을 받던 기독교가 4세기 콘스탄티누스 황제에 의해 공인받고 국가종교의 길로 들어갈 준비를 하고 있을 때, 이집트와 팔레스타인의 사막으로 가서 고독한 삶을 살았던 최초의 은수자들이었다. 이들은 온 세상이 기독교화하기 시작했을 때 역설적으로 세상으로부터 떠나 기존 사회의 주장과 가치관을 받아들이기를 거부했다.

토머스 머튼은 이들이 사막으로 간 것은 소극적인 개인주의적 행동이 아니라 국가에 수동적으로 끌려다니거나 통치받지 않고도, 인습적 가치들에 노예적으로 의존하지 않고도 살아갈 수 있는 방법이 있음을 믿었기 때문이라고 말한다. 머튼에 따르면, 그들이 인간 세상에서 도피한 이유 가운데 하나는, 세상이 다른 이에게 자신의 뜻을 강요하는 강자와 거기에 강요당해 굴복하는 약자로 나뉘어 있다는 데 있었다. 그들이 추구한 사회는 모든 이가 참으로 동등한 사회, 경험과 사랑과 지혜의 카리스마적 권위만이 하느님 아래 유일한 권위로 존재하는 사회였다는 것이다. 그리고 이를 위해 교부들이 가장 먼저 추구한 것은 그리스도 안에서 자신의 참 자아를 발견하는 것이었다. 고독과 노동, 가난과 단식, 애덕과 기도의 삶은 피상적인 옛 자아를 정화하여 참되고 내밀한 자아가 드러나게 했다. 이 참된 자아야말로 신앙인과 그리스도가 점차 '하나의 영'이 되는 자리였다.

머튼은 이렇게 결론적으로 말한다.

노년까지 바위와 모래에서 지낸 단순한 이들이 그렇게 할 수 있었던 것은 다만 그들 자신이 되기 위해서였다. 그들을 자신한테서 갈라놓는 세상을 잊고 '정상적인' 그들 자신이 되기 위해 사막에 왔기 때문이다. 고독을 추구하거나 이 세상을 버리는 데에는, 이것 외에는 다른 정당한 이유가 있을 수 없다. 그러므로 이 세상을 버리는 것은 자신을 구함으로써 세상 구원을 돕는 것이다. 이것이 중요한 최후의 목적이다.[5]

머튼은 사막의 교부들이 남겨준 매우 실제적이고 겸손한 지혜가 오늘날 야만적 기술사회의 정신적·영적 쓰레기로 더럽혀진 우리들에게 절실하게 필요하다고 말한다. 머튼의 말대로 우리 시대는 이런 단순성이 절실히 필요하다. 사막의 교부들이 했던 것과 같은 진정한 체험을 되찾는 것이 필요하다. 중요한 것은 실제로 그런 삶을 사는 것이다.

지금 우리가 이들처럼 고독한 은수자가 될 수는 없을 것이다. 그러나 이들을 이집트의 사막으로 이끌었던 것과 같은 또 하나의 운동이 지금 세상을 위해 필요하다. '세상'으로부터의 자유와 진정한 자아를 추구한다는 점에서는 그들과 같지만, 우리 시대에 그러한 운동은 역설적으로 세상 한가운데서 벌어져야 할 것이다. 우리는 우리의 방식으로, 사멸해가는 세상으로부터 우리 자신을 자유롭게 해야 한다. 우리에게 남은 시간이 많지 않다.

---

5   *The Wisdom of Desert: Sayings from the Desert Fathers of the Fourth Century*, (New York: New Directions Publishing, 1970), pp. 22~23.

역사의 빈 들, 마음의 빈 들

너희는 무엇을 구경하러 광야에 나갔더냐?

바람에 흔들리는 갈대냐? 아니라면 무엇을 보러 나갔더냐?

고운 옷을 입은 사람이냐? 고운 옷을 걸친 자들은 왕궁에 있다.

아니라면 무엇을 보러 나갔더냐? 예언자냐? 그렇다. 내가 너희에게 말한다.

그는 예언자보다 더 중요한 인물이다. _ 마태 11:7-9

1

역사에는 낭비가 많은 것 같다. 우리 근현대사 전체가 온통 그렇게 보인다. 동학혁명이 승리를 눈앞에 두고 좌절했고, 근대국가를 수립하려 애쓰다가 일본에 합병되었다. 해방되었는가 했더니 남북이 분단되어 참혹한 살육전을 벌였고, 4·19를 통해 독재정권을 무너뜨렸는가 했더니 5·16이 일어나 군사독재가 시작되었다. 1980년 민주화의 봄은 12·12와 전두환 정권으로 이어졌고, 87년 항쟁은 군사정권을 무너뜨렸지만 친일세력, 군사독재세력과 결탁해온 오랜 반민족 수구세력을 청산하지 못하고 반쪽자리 민주화로 이어졌다. 아마도 지금 우리 사회가 겪고 있는 극단적인 불평등과 소통 불능의 가치 혼란은 이처럼 우리 근현대사가 왜곡되어온 결과일 것이다.

이스라엘 역사도 우리와 마찬가지였던 것 같다. 강제 부역에 시달리던 히브리 노예들이 극적인 기적을 통해 갈대바다를 가르고 적의 전차부대를 바다 속에 몰살시키면서 통쾌하게 이집트를 탈출했다. 그런데 이들은 해방의 감격을 안고 곧바로 약속의 땅 가나안으로 들어가지 못했다. 이들은 40년 동안 광야를 헤매야 했다. 갈대바다에서 가나안까지는 아무리 오래 걸려도 40일을 넘을 수 없는 거리라고 한다. 그들은 꿈에도 그리던 땅, 조상 대대로 갈구해온 약속의 땅을 눈앞에 두고 40년이란 긴 세월을 빈 들에서 헤매야 했다.

히브리 노예들은 출애굽의 감격적인 체험을 했지만 여전히 노예였다. 갈대바다를 건너고서도 노예근성을 버리지 못했기 때문에 여전히 노예였다. 불평은 노예가 하는 일이다. 광야 전승에서 끊임없이 반복되는 이스라엘의 불평에 대한 이야기들은 그들의 노예근성을 잘 보여준다. 그들은 이집트의 고기가마를 그리워했을 뿐만 아니라 어려운 일이 닥칠 때마다 불평을 토로하며 이집트로 돌아가겠다고 아우성을 쳤다. 그러면 야훼는 이들의 불평을 들어주다가도 걸핏하면 분통을 터뜨리며 그들을 버리겠다고, 다 죽여버리겠다고 호령한다. 그 옛날 야곱이 빈 들에서 하느님과 씨름했듯이, 빈 들은 이스라엘과 하느님의 싸움터였다. 출애굽 사건에서는 적들과 싸웠던 하느님이 광야에서는 자기 백성과 싸운다. 모세라는 탁월한 중재자가 있었기에 망정이지 이스라엘의 불평도 끝이 없고, 야훼의 분노 또한 하늘을 찌를 듯하다. 빈 들에서 하느님과 이스라엘은 정말로 지독하게 싸웠다. 그래서 기나긴 광야 편력을 거치면서 갈대바다의 그 감격적인 체험을 했던 1세대는 모세까지 포함해서 단 한 사람도 가나안에 들어가지 못했다고 했다.

광야 편력에서 이스라엘과 그들의 하느님 야훼의 모습이 있는 그대로 노출된다. 이스라엘의 어리석고 고집스러운 모습이 숨김없이 드러날 뿐만 아니라 그들을 상대하는 하느님 역시 문명사회의 교양 있는 하느님이 아니라 거칠고 참을성이 없다. 역사 현실이 냉엄하듯이 빈 들의 여

정도 냉엄하다. 그러나 빈 들을 거치지 않고 약속의 땅으로 갈 수는 없었다. 빈 들은 하느님이 자기 백성 이스라엘과 싸워 그들의 노예근성을 뿌리 뽑고 그들을 주체적이고 자유로운 인간으로 훈련시키는 곳이었다. 그래서 빈 들은 구원의 역사가 시작되는 자리이기도 했다. 하느님은 이 빈 들의 여정 속에서 이스라엘과 계약을 맺고 구원의 역사를 시작한다.

광야는 어떤 곳인가? 광야는 텅 비어 있는 곳이다. 텅 비어 있기 때문에 모든 것을 새로 시작할 수 있다. 광야는 모든 것을 정화하고 새롭게 형성하는 역사의 빈 들, 마음의 빈 들이다. 성서는 빈 들에 관해 자주 말한다. 누가복음서에 따르면 평화의 왕 예수가 태어났다는 소식도 빈 들에서 밤새워 양떼를 지키던 목자들에게 가장 먼저 전해졌다(2:8-20). 하느님의 구원의 소식은 텅 빈 광야의 어둠 속에서 추위에 떨며 밤새워 남의 양떼나 지키던 희망 없는 사람들에게 가장 먼저 전해졌다. 목자들이 밤새워 양떼를 지키던 빈 들은 갈대바다의 기적을 체험한 이스라엘이 40년간 헤매던 그 빈 들이고, 이스라엘이 한때 진실한 마음으로 하느님을 섬기고 정의와 평화가 넘치는 공동체를 이루기로 순결하게 다짐했던 그 빈 들이었다. 그래서 예언자 호세아는 부패하고 타락한 이스라엘 백성에게 빈 들로 나가자고 호소했다. 빈 들에서 하느님에 대한 옛 사랑을 되찾고, 정의와 평화의 공동체를 다시 시작하자는 것이었다. 때 묻은 삶을 청산하고 광야로 나가서 야훼 하느님과 다시 시작하자는 것이다. 세례 요한은 빈 들에서 하느님나라를 선포하고 이스라엘의 회개를 촉구하는 광야의 소리였다. 예수도 빈 들에서 40일 동안 금식하고 악마의 시험을 받은 뒤에 공적 활동을 시작했다(마태 4:1-11; 마가 1:12-13; 누가 4:1-13).

아마도 동시대 인물들 중에서 청년 예수가 가장 동지적으로 생각했던 사람은 세례 요한이었던 것 같다. 식민지 시대를 살았던 예수에게는 목청 높여 외치는 소리들도 많이 들렸을 것이다. 난세는 영웅을 배출한다. 예수 시대에도 뜻 있는 유대인들이라면 누구나 어떻게 하면 민족적 위기에서 벗어날 수 있을까 고민했다. 이 길만이 살길이라는 주장들도 많았다. 젊은 예수도 이러저러한 주장들을 들으면서 생각과 뜻을 키워 갔을 것이다. 물론 그런 난무하는 주장들의 맨 밑바닥에는 아무 주장도 할 수 없고 신음소리마저 내기 어려웠던 땅의 사람들, 암 하레츠들이 있었다. 이들은 율법과 국가와 민족을 내세우는 의인들로부터는 죄인들로 낙인찍히고, 체제의 수호자들로부터는 흙무지렁이들이라고 비웃음이나 당하는 사람들이었다. 시끌벅적한 주장들이 난무했지만 이들에게는 어둠도 깊고 침묵도 깊었다.

그 가운데 선 예수는 모든 소란스러움을 멀리 하고 침묵 속으로, 광야로 나가서 40일을 보낸다. 힘을 분산시키는 소란스러움 속에서가 아니라 광야의 그 텅 빈 공간에서 이루어지는 내적 통찰의 명징함 속에서, 결단의 그 조용한 움직임 속에서 새로운 일이 시작된다. 이 잔잔하고 고요한 힘이야말로 진정으로 강한 것이다. 모든 시끌벅적한 것들을 제치고 하느님께서 고요하게 이루신 저 사건, 모든 사건들 중에서 가장 조용하게 이루어진 그 사건 역시 빈 들에서 일어났다.

예수가 시험받은 유대 광야는 죽음의 바다인 사해 근처에 있다. 세례 요한이 세례를 베풀고 선포한 곳도 사해 근처에 있는 유대 광야와 요단 강가였다. 요단 강은 헤르몬 산에서 발원하여 갈릴리 호수를 거쳐 사해로 흘러 들어간다. 갈릴리 호수는 수량이 풍부하고 물고기가 아주 많은 생명의 호수이지만 사해는 너무 짜서 아무것도 살 수 없는 죽음의 바다이다. 요단강은 생명의 호수 갈릴리를 거쳐 죽음의 바다인 사해로 흘러

들어간다. 그런데 예수는 갈릴리 마을들로 들어가기 전에 사해 옆에 있는 유대 광야로 들어가서 시험을 받는다. 죽음의 바다 길목 빈 들에서 그는 마지막 남은 번뇌의 씨앗을 소탕한다. 굶주림과 고독 속에서 천국과 지옥 사이를 넘나드는 내면의 고투를 통해 마침내 대자유에 이른다. 도통하게 된다. 나를 잃음으로써 더 큰 나를 얻는 영원한 하느님의 생명의 신비 안에 든다.

예수는 그 빈 들에서 문명의 치장 없는 하느님의 얼굴을 보았을 것이다. 그때 빈 들에서 예수와 함께 한 것은 천사들과 들짐승들이었다. 하느님의 생명의 신비 안에 있는 사람은 도통해서 불어오는 바람에 몸을 실을 수 있고, 해와 달과 교감할 수도 있으며, 새들과 말하고, 벌레들의 소리를 들을 수 있다. 온 우주에 가득 찬 생명의 기운들을 느낄 수 있고, 상처받은 영들의 탄식과 기쁨의 소리를 들을 수 있다. 우리의 생명 속에 파도처럼 와 닿는 생명의 물결을 느낄 수 있다. 이렇게 뭇 생명과 하나가 되고, 공명할 수 있게 되었을 때, 함께 울릴 수 있게 되었을 때, 그때 비로소 예수는 갈릴리 마을들로 들어간다.

2

예수는 난세를 구한다고 목청 높여 외치던 어떠한 집단에도 직접 가담하거나 동조한 것 같지 않다. 민족주의 운동이나 바리새파의 경건주의 계몽운동, 에세네파 은둔주의자들의 소종파 운동에도 예수는 가담하지 않았다. 이 모든 주장들과 거리를 두면서 예수가 자신을 실어 분명하게 동조의 입장을 표명한 것은 세례 요한이었다. 예수는 세례 요한에게서 세례를 받았고, 세례 요한이 옥에 갇힌 후 공생애 활동을 시작한다. 요한에게 세례를 받았다는 것은 그의 활동에 대한 동의와 동참의 표시로 해석할 수 있으며, 세례 요한이 옥에 갇힌 후 활동을 개시했다는 것은 그의 활동을 계승했다는 인상을 준다. 그뿐만 아니라 예수와 세례 요한의 선포는 둘 다 마지막 때가 이르렀으니 회개하고 곧 임할 하느님나라를 준비하라는 호소로서 내용상 별 차이가 없다. 또한 기존 사회의 지배세력을 향한 비난 역시 거의 비슷하다. 바리새파 사람들과 사두개파 사람들을 향해 "독사의 자식들, 회칠한 무덤 같은 이들"이라고 비난한 말은 문자 그대로 같다.

사실 마가가 전하는 예수 이야기를 보면 예수와 세례 요한은 둘 다 악한 통치자들에 의해 살해당한 이스라엘 예언자 전통의 끝에 서 있다. 마가는 예수를 모세와 엘리야 같은 예언자로 그리고 있다. 당시 이스라엘 백성들은 로마와 예루살렘 성전체제가 부과하는 이중삼중의 극심한 세금으로 지칠 대로 지쳐 있었다. 세금을 내기 위해 빚을 진 농민들은 이자 때문에 집과 땅을 빼앗겼고, 아들딸은 노예로 팔려가 가족은 흩어졌다. 농사지을 땅을 빼앗긴 농민들은 절망적인 상황에서 도적떼에 가담하곤 했다. 도적과 의적의 경계는 모호했다. 지난날의 이웃은 원수가 되어 서로가 서로를 비난했고, 출애굽의 해방 경험과 모세 계약으로 시작된 이스라엘의 공동체적 삶은 파괴되었다. 희망이 보이지 않았다.

마가는 이러한 절망적인 상황에서 예루살렘과 로마의 지배자들과 대결하여 이스라엘의 갱신을 위해 노력하는 예언자로 예수를 그리고 있다. 세례 요한 역시 광야의 예언자로 등장하여 새로운 출애굽을 이끌 주의 길을 예비하고 회개의 세례를 베풀며 새로운 모세 계약의 갱신을 위해 백성들을 준비시키는 인물로 묘사된다(1:2-8). 예수가 베풀 성령세례는 새로운 출애굽, 이스라엘과 하느님 사이의 새로운 계약, 즉 이스라엘 백성의 갱신에 더욱 힘을 불어넣을 것이다. 엘리야가 이스라엘의 갱신을 이끌기 전에(1열왕 19:8), 그리고 모세가 계약을 맺기 전에(출애 34:28) 40일 간 준비했듯이, 예수 역시 광야에서 40일 간 시험받았다(마가 1:12-13).

마가복음 3장 13-19절에서 예수는 열두 제자를 뽑고 그들에게 복음을 선포하고 마귀를 쫓아내는 권한과 책임을 부여한다. 이것은 제자들에게 이스라엘 열두 지파의 갱신을 위한 책임을 부여한 것을 의미하며, 오래 전 엘리야가 열두 개의 돌로 제단을 만들었던 일을 떠올린다(1열왕 18:20-40). 또 예수가 그들을 이스라엘의 마을들로 파견하여 자신의 가르침과 귀신들을 쫓아내는 일을 이어가라고 한 것 역시 이스라엘 열두 지파의 갱신과 관련이 있다(마가 6:7-13). 마찬가지로 12년 동안 피를 흘리다가 고침을 받은 여인과 예수가 다시 살린 열두 살 난 소녀 역시 지금 갱신을 경험하고 있는 이스라엘 백성을 상징한다고 볼 수 있다(마가 5:21-43).

마가복음 4장 35절~8장 26절에는 (다른 일화들도 들어 있기는 하지만) 각기 다섯 편의 일화들로 이루어진 두 세트의 이야기가 병행해서 나오는데, 이 이야기들도 자세히 들여다보면 새로운 모세이자 엘리야로서 예수가 이스라엘의 갱신을 이끌어가는 것을 보여준다. 예수는 바다를 잠잠하게 하고(4:35-41), 군대귀신 들린 사람에게서 귀신을 내쫓으며 (5:1-20), 혈우병 걸린 여인을 고쳐주고(5:25-34), 열두 살 난 회당장 야이로의 딸을 살리며(5:21-23; 35-43), 광야에서 많은 무리를 먹인다(6:30-44). 이렇게 다섯 편의 일화가 나온 다음 다시 예수는 바다 위를 건너고 (6:45-52), 수로보니게 여인의 딸에게서 더러운 귀신을 쫓아내며

(7:24-30), 귀먹고 말 더듬는 사람을 고치고(7:31-37), 광야에서 많은 무리를 먹이며(8:1-10), 벳사이다에서 눈먼 이를 고친다(8:22-26). 이렇게 해서 각기 ① 바다와 관련된 예수의 기적적 행위와 ② 광야에서 많은 무리를 먹인 사건, ③ 더러운 귀신을 내쫓는 사건, ④ 치유기적과 ⑤ 또 한 번의 치유기적이 두 차례에 걸쳐 4장 35절~8장 26절에서 이어진다.

병행하는 이 두 세트의 이야기들은 이스라엘의 오랜 전통을 반영한다. 바다를 잠잠하게 하고 또 바다 위를 걷는 것은 새로운 모세 예수가 인도하는 새로운 출애굽을 상징하며, 두 번에 걸쳐 광야에서 많은 무리를 먹인 것은 과거 이스라엘이 광야에서 만나와 메추라기를 먹었던 일을 떠올린다. 특히 마가복음 서두에서 말하듯이 세례 요한의 선포를 따라 백성들이 "주의 길"을 갈 때 하느님이 그들을 먹이신다는 것을 나타낸다. 먹고 남은 부스러기가 열두 광주리였다는 것 역시 열두 제자, 12년 동안 혈우병으로 고생한 여자, 열두 살 난 소녀와 마찬가지로 열두 지파를 상징한다고 볼 수 있다. 음식이 기적적으로 늘어났다는 것은 엘리야와 엘리사가 행한 유사한 기적을 떠올리며(1열왕 17:8-16; 2열왕 4:1-7; 5:42-44), 치유 기적 역시 위대한 갱신의 예언자 엘리야를 떠올린다(1열왕 17:17-24). 변모산 위에서 예수와 함께 모세와 엘리야가 등장하는 것 역시 예수를 새로운 모세, 새로운 엘리야로 나타내기 위한 것이라고 볼 수 있다(마가 9:2-10).

그렇다면 이렇게 새로운 모세, 새로운 엘리야로서 예수가 이스라엘의 계약을 새롭게 갱신한다는 것은 구체적으로 무엇을 의미하는가? 이 일은 세례 요한이 그 나름으로 이미 시작한 일이기도 했고, 실제로는 모세 계약의 원래 모습, 율법의 원래 정신을 회복하는 것이었다. 원래 모세의 율법은 과부와 고아와 나그네를 돌보고 이웃끼리 서로 도우며 사는 농민공동체의 삶에 기반을 두고 있었다. 율법은 농민공동체의 상호 호혜적인 삶의 토대였고, 이스라엘 사람들은 하느님이 모세라는 지도자를 통해 자신들에게 그러한 삶의 토대를 놓아주셨다고 믿었다. 그러나 국가의 수립과 패망, 식민지 경험을 거치면서 고착된 예루살렘 성전체제는 공동체적 삶의 토대였던 율법을 사유화하고, 고통받는 백성들에게 더욱 짐을 지우기 위한 방편으로 삼았다. 예수 당시 예루살렘 성전을 장악했던 대제사장들과 그들을 지원했던 서기관 지식계급은 백성들이 가난과 질병, 고통을 겪는 것은 지도자들의 잘못 때문이 아니라 백성들이 율법을 지키지 않아서라고 했다. 서로 도우며 주체적인 인간으로 살아가게 만드는 것이 아니라, 고통에 대해 자신을 탓하고 스스로를 죄인으로 여기게 만드는 방편으로 율법을 변질시킨 것이다. 예루살렘 성전체제는 수탈하기 쉬운 존재로 백성들을 길들이기 위해 율법을 왜곡 적용하여 그들의 내면을 위축시켰고, 노예의 심성을 가지도록 고무했다.

그런데 중풍병자를 치유하면서 예수는 "너의 죄가 용서받았다!"고 선언한다(마가 2:1-12). 나병환자를 고치고는 제사장에게 가서 깨끗해진 몸을 보이고 모세가 명한 예물을 바쳐 그들에게 증거가 되게 하라고 했다(1:40-45). 이것은 죄의 용서를 선언하고 병자를 고치는 예수의 행위가 성전과 대제사장의 특권에 도전하는 것임을 말해준다. 왜냐하면 그들은 가난한 백성들을 죄인으로 만들어야만 자신들의 존재를 확고히 할 수 있는데, 예수는 죄의 용서를 선언함으로써 '정죄와 속죄'라는 그들의 전문 영역에 도전했기 때문이다. 모세의 율법이 질병에 대해 자기 자신을 탓하는 것으로 악용되는 것에 반대해서 예수는 죄의 굴레에서 벗어나 서로 돕고 살리는 율법의 본래 정신을 회복하고자 했고, 그럼으로써 계약의 갱신과 이스라엘 공동체의 회복을 추구했던 것이다. 세례 요한이 회개의 세례를 베풀어 죄와 벌의 고리를 끊고자 했던 것처럼, 예수는 사람들에게 서로를 용서하고 삶을 위한 새로운 가능성을 열어 개인과 공동체가 삶을 새롭게 시작할 수 있게 했다.

마가는 율법학자, 서기관들과 달리 예수는 백성들의 이익을 위해 권위와 능력을 가지고 말하고 행동했다고 한다(1:21-28). 또한 예수는 가난한 농민들이 자신들의 생산물 중 일부를 바쳐서(고르반) 성전을 지원하게 하고 대신 부모를 공경하라는 보다 근원적인 계명을 어기게 만들었던 "장로들의 전통"을 비판한다(7:1-13). 자신의 귀신축출 행위를 통해 하느님의 통치가 "강한 자"의 통치를 이겼다고 한다(3:22-27). 그리고 예수는 새롭게 된 어머니들과 형제들과 자매들의 공동체에 들어가는 기준은 "하느님의 뜻을 행하는 것"이라고 선언한다(3:31-35). 이스라엘 전통에서 "하느님의 뜻을 행하는 것"은 계약을 지킨다는 것과 동의어이다.

이렇게 마가복음서 전반에 걸쳐 예수는 모세 계약의 갱신과 이스라엘 공동체의 회복을 위해 노력한 것으로 나타나지만, 이것은 특히 예수가 갈릴리에서 활동을 마치고 지배자들과의 최종적인 대결을 위해 예루살렘을 향해 갈 때 한 말씀들, 그리고 체포 직전에 제자들과 함께 했던 마지막 식사, 곧 과월절 식사에서 포도주를 담은 잔에 대해 그가 한 말씀에 잘 나타난다. 예루살렘으로 가는 도상에서 예수는 새로운 계약의 핵심이 무엇인지 추종자들에게 말한다(10:2-12, 13-16, 17-31, 32-45).

과월절 축제는 출애굽과 해방을 기념하는 축제이다. 이 과월절 축제를 지내기 위해 예루살렘으로 들어가면서 예수는 대제사장들과 그들의 대변자들과 계속해서 대결한다. 예루살렘으로 가는 이 여행길에서 예수는 계속 도발적인 행동을 하고 예언자적인 선언을 한다. 그리고 이것은 새로운 출애굽 사건을 연상시킨다. 호산나("구원하라!")라는 백성들의 외침은 과월절 할렐 시편으로부터(113~118편) 온 것이다. 이 시편은 출애굽과 가나안 진입을 찬양하고 있다. 예수의 행동과 말씀은 군중들의 열렬한 지지를 받았고, 이것은 지배자들에게는 심판을 의미한다. 마가는 이 점을 반복해서 말하고 있다(마가 11:12~12:44). 예루살렘 성전에서 장사꾼들을 내쫓으면서 예수는 성전에 대한 예레미야 예언자의 심판을 말한다. 이것은 예수가 장사치들을 내쫓은 것이 하느님의 심판을 나타내는 예언자적 상징 행위임을 말해준다(11:15-17). 백성들을 약탈하고 있는 예루살렘 성전지배자들은 마치 강도떼가 성전에 피신하여 강한 자에게서 안식처를 구하는 것과 같은 행동을 하고 있다. 임박한 성전 파괴에 대한 예레미야의 예언(예레 7:9-11)은 그 점을 말해준다. 포도원 농부들에 대한 비유는 이스라엘을 하느님의 포도원으로 보는 전통적인 상징에서 유래한 것이며(마가 12:1-9; 이사 5장), 예루살렘의 통치자들을 하느님의 포도원을 돌보는 데 실패한 일꾼들에 비유하고, 그들에 대한 하느님의 임박한 심판을 선언하고 있다. 또한 예수는 "과부의 집을 삼킨" 데 대해, 다시 말해 가난한 사람들이 얼마 안 되는 재산으로 성전을 섬기도록 하고 그럼으로써 그들의 생존조차 불가능하게 만든 데 대해 서기관들을 정죄한다(마가 12:38-44). 그리고 드디어 예수는 드러내놓고 예루살렘 성전의 파괴를 예언한다(13:1-2).

체포와 재판, 십자가 처형이라는 최종 국면에 이르러서도 마가는 이스라엘의 갱신이라는 맥락에서 기술하고 있다. 제자들과 함께 한 예수의 마지막 식사는 출애굽 사건을 기념하는 과월절 식사였고, 이때 그는 잔을 들고 "이것은 많은 사람들을 위해 내가 흘린 계약의 피다"라고 말한다. 이것은 분명히 시내산에서 있었던 원래 계약의식의 피를 담은 대접을 암시한다(출애 24장). 말하자면 예수는 출애굽의 해방을 기념하는 과월절 식사를 계약 갱신의 의례로 변형시키고 있는 것이다. 동시에 예수는 자신이 먼저 갈릴리로 갈 것이라고 열둘에게 말한다(마가 14:22-28). 그리고 십자가 처형 뒤 빈 무덤에서 여인들은 갈릴리에서 그를 다시 만나리라는 말씀, 즉 그가 시작한 이스라엘의 갱신이 지속되리라는 말씀을 듣는다. 그러므로 마가복음서의 이야기 전체에 걸쳐 예수는 부패한 통치자들과 예루살렘 성전체제와 대결해서 이스라엘의 갱신을 위한 활동을 하고 있는 것으로 나타난다.

3

세례 요한 역시 이러한 이스라엘 갱신운동의 맥락에 서 있다. 마가는 예수가 이끌 새로운 출애굽, 새로운 계약을 위해 광야에서 예언자적 회개운동을 벌인 인물로 세례 요한을 그리고 있다. 역사적으로 보면 예수가 세례 요한을 계승했지만, 마가는 영원한 하느님의 시간, 하느님의 계시의 자리에서 "주의 길을 예비하고" 그의 길을 "곧게 닦아놓는" 사자로 세례 요한을 묘사하고 있다. 이것을 요한복음에서는 "내 뒤에 한 분이 오시는데 그분은 나보다 앞서신 분이시다"(1:30)라는 세례 요한의 말을 통해 역설적으로 표현하고 있다.

세례 요한은 어떤 인물인가? 그는 낙타 털옷을 입고 메뚜기와 들꿀을 먹으며 들에서 살았던 들사람, 야인이었고, 광야에서 외치는 소리였다. 빈 들에 우뚝 서서 권력자들과 지도층을 질타하고 호령했기 때문에 요한은 그 앞에 서기가 두려운 인물이었다. 또한 그는 도덕적으로나 종교적으로 비범한 인물이었고, 매우 엄격하고 강인한 인물이었기 때문에 남의 들러리나 서는 일을 할 수 없는 사람이었다. 이런 인물은 흔히 자의식이 강하고 비타협적인 법이다. 요한복음서에 따르면 그러면서도 그는 예수를 향해 "그분은 커지셔야 하고 나는 작아져야 한다"라고 말할 수 있는 사람이었다(3:30). "나는 그분의 신발 끈을 풀어드리기에도 합당하지 않다"(1:28)면서 빈 들의 흙처럼 자신을 낮출 수 있었던 사람이다.

예수는 그를 두고 이렇게 말했다. "너희는 무엇을 구경하러 광야에 나갔더냐? 바람에 흔들리는 갈대냐? 아니라면 무엇을 보러 나갔더냐? 고운 옷을 입은 사람이냐? 고운 옷을 걸친 자들은 왕궁에 있다. 아니라면 무엇을 보러 나갔더냐? 예언자냐? 그렇다. 내가 너희에게 말한다. 그는 예언자보다 더 중요한 인물이다"(마태 11:7-9). 그는 들사람, "광야에서 외치는 소리"였다. 사람들을 광야로, 마음의 빈 들로 불러내는 사람이었다. 무엇보다도 광야와 결부된 인물이었다. 그리고 이 광야는 새로운 출애굽을 위해 반드시 거쳐야 할 장소였다.

성서의 위대한 예언자들은 광막한 빈 들로부터 나와서 마을로 진입했다. 출애굽한 히브리인들도 광야 40년을 거쳐 가나안에 진입했고, 예수도 광야 40일의 금식과 단련을 거쳐 갈릴리 마을로 들어갔다. 또한 유대교 안에는 광야로 나가 공동체를 이루고 마지막 때 하느님의 종말론적 개입을 기다리며 마음과 몸을 닦는 전통이 있었다. 초기 기독교도 이 전통을 이어받아 이미 4세기부터 사막에 나가 수도생활을 하는 은자들의 집단이 생겼고, 중세 수도원은 이 전통을 계승했다.

노자는 곡신불사(谷神不死)라고 했다. 계곡의 신은 죽지 않는다. 계곡은 깊이 들어가 있다. 들어가 있기 때문에 비어 있다. 물러나 있다. 계곡이 끊임없이 만물을 생성할 수 있는 것은 그 비어 있음 때문이다. 그래서 노자는 계곡의 신을 현묘한 암컷이라고 했다. 계곡의 신은 그 텅 비어 있음 가운데서 무한한 생명력을 가지고 살아 생성한다. 풀무는 비어 있지만 풀무질을 하게 되면 그 속에서 바람이 끝없이 나온다. 피리 역시 비어 있지만 불면 아름다운 소리가 나온다. 비어 있기 때문에 바람이 나오고, 비어 있기 때문에 소리가 나온다. 수레바퀴도 바퀴 가운데가 비어 있어야 잘 구른다. 비어 있는 피리처럼, 바퀴처럼 나를 비우고 만물의 자연스러운 흐름에 따른다면 영원히 살아 움직이는 보다 큰 생명의 물결에 나를 실을 수 있다.

노자가 말하는 계곡은 성서가 말하는 빈 들이다. 빈 들은 어떤 곳인가? 빈 들은 빈 곳이다. 집착하거나 욕심부릴 만한 것이 아무것도 없는 곳이다. 광야에는 아무것도 없기 때문에 욕심 부릴 것도 없고, 빼앗을 것도, 빼앗길 것도 없다. 인간의 끝없는 탐욕과 허영심이 허망하다는 것을 광야에서처럼 실감할 수 있는 곳은 없을 것이다. 이 때문에 광야는 지배자들이 지배욕과 탐욕을 버리고 인간의 본래적인 모습에로 돌아갈 수 있는 곳이다. 광야는 뒤틀린 역사를 바로잡고 부패한 사회를 정화할 수 있는 곳이다. 새로운 가능성이 열리고 변혁의 힘이 생기는 곳이 광야이다.

빈 들은 또한 빈 마음을 뜻한다. 빈 마음은 집착과 탐욕을 끊고 근심과 걱정에서 벗어난 자유로운 마음이다. 그것은 나와 나를 추구하는 마음의 소란스러움에서 벗어나 하느님을 중심에 모신 마음이다. 회개하는 마음이다. 빈 마음에 메시아가 태어나고, 빈 마음에서 하느님나라가 시작된다. 그래서 예수는 하느님나라가 가까웠으니 회개하라고, 빈 마음이 되라고 선언했다. 우리의 빈 마음에 예수가 오고, 우리의 빈 마음에 그리스도의 새로운 나라가 열린다.

출애굽을 한 이스라엘이 거쳐간 곳도 광야였고, 위기의 예언자들이 이스라엘을 향해 다시 돌아가자고 한 곳도 광야였다. 오늘날 광야는 어디에 있는가? 실존적으로는 마음을 비운 상태이며, 사회적으로는 돈과 권력으로부터 소외된 곳이다. 누구나 자기 마음속에 빈 들을 열어놓아야 한다. 자신을 깨뜨릴 수 있는 곳, 삶을 정화시킬 수 있는 자리가 있어야 한다. 자기반성을 모르는 사람, 마음속에 빈 들이 없는 사람은 하느님을 모르는 사람이다. 사회적으로는 돈과 권력으로부터 소외된 곳이 광야이다. 그곳으로부터 이 사회를 정화하고 변혁할 수 있는 힘과 가능성이 주어진다. 오늘 이 땅의 개혁도 가난한 보통 사람들에게서 시작되어야 하고, 우리 민족의 통일의 길도 특권을 누리지 않는 보통 사람들에게 열려야 한다. 개혁도, 민족의 통일도, 정의로운 사회도 낮은 데서, 밑바닥에서 이루어진다. 왜냐하면 하느님이, 그리스도가 역사와 사회의 빈 들에, 가장 낮은 밑바닥에 계시기 때문이다.

마가는 예수 생애의 마지막 무렵에 일어난 한 일화를 전하고 있다. "예수께서 성전에서 떠나가실 때에, 제자들 가운데서 한 사람이 예수께 말하였다. '선생님, 보십시오. 얼마나 굉장한 돌입니까! 얼마나 굉장한 건물들입니까!' 예수께서 그에게 말씀하셨다. '너는 이 큰 건물들을 보고 있느냐? 여기에 돌 하나도 돌 위에 남지 않고 다 무너질 것이다"(마가 13:1-2). 하느님의 눈으로 보면, 웅장한 예루살렘 성전이 결코 축복의 표징일 수 없다. 개인의 삶에서 질병이 형벌일 수 없고 유복함이 상급일 수 없듯이, 한 시대의 번영과 영광이 실제로는 재난일 수 있고 불행이 하느님이 개입하는 표징일 수 있다. 너나없이 감탄하는 웅장하고 화려한 예루살렘 성전이 예수에게는 폐허로 보였다. 예수는 화려하게 치장한 예루살렘의 벌거벗은 알몸뚱이를 보았고 두려움 없이 본 대로 말했다. 그러므로 이제 우리는 차분한 마음으로 물어야 한다. 지난 40여 년 우리가 이룩한 고속 경제성장의 기적은 하느님의 축복이었는가? 국민소득 2만 달러 시대에 우리는 정말 행복한가? 그리고 가난은 두렵기만 한 것인가?

지금까지 우리 삶을 지배해온 것은 고속 경제성장의 신화였다. 정권은 경제성장의 신화를 전파하고 국민들은 선진국 대열에 서게 되리라는 기대에 부풀어 있었다. 그리고 이것은 생활수준의 향상에 대한 저마다의 장밋빛 꿈으로 구체화되었다. 고속 경제성장의 신화는 경쟁력 확보라는 시대적 좌우명을 담보로 한다. 무한 경제전쟁에서 살아남기 위해 국가경쟁력, 기업경쟁력, 인간경쟁력을 높이는 것이 개인과 집단의 목표이자 과제이다. 이러한 사회에서는 전문화를 통해 경쟁력을 기르고 능력주의 사회의 정상에 올라 물질적인 풍요를 누리는 것이 많은 사람들이 생각하는 이상적인 삶이다. 능력 본위의 경쟁사회는 상품화할 수 있는 능력을 갖춘 사람들을 환영하는 반면 그렇지 못한 사람들을 끊임없이 주변으로 몰아낸다. 우리의 물질적 삶의 수준은 과거와 비교할 수 없을 정도로 풍요로워졌지만, 사람들의 마음은 두려움과 불안이 지배하고 있다. 언제 경쟁에서 밀려날지 모르고, 언제 우리 경제의 거품이 빠질지 모른다는 두려움이 사람들의 마음에 어둡게 드리워 있다.

그동안 우리는 성장경제의 신화를 믿었다. 기독교인들에게도 물질적 안락과 생활수준 향상에 대한 신화가 하느님의 자리를 대신했다. 다른 사람의 등 뒤에서 하느님을 보기보다 끊임없이 다른 사람들을 도구화하고 이용하라고 부추기는 사회에서 결국 남는 것은 무엇인가? 남는 것은 진실한 삶에 대한 냉소주의일 뿐이다. 성장경제의 신화를 믿은 결과 우리는 삶의 진실과 정의, 사랑에 대한 믿음을 잃었다. 생활수준의 향상에 대한 신화는 무엇인가? 인류가 하루에 쓰는 에너지 자원의 양은 지구가 1만 일에 걸쳐 만들어내는 에너지 양에 맞먹는다고 한다. 거대한 산업 문명을 떠받치고 있는 석유라는 값싼 에너지원은 이제 고갈을 눈앞에 두고 있다. 이렇게 가다간 전 지구적 종말에 이르리라는 전망이 세계경제가 침몰하리라는 전망보다 더 확실하다. 우리가 누리고자 하는 삶의 안락함이 자연생태계에 대한 약탈과 살육에 근거했을진대 그것은 범죄적 행위에 다름 아니다. 어떻게 다른 인간과 자연의 형제자매들을 짓밟고 이룩한 경제적 성공이 진정한 성공일 수 있는가? 웅장한 예루살렘 성전이 예수의 눈에는 폐허로 보였다면, 지난 수십 년 진실과 정의를 대가로 지불하고 우리가 걸쳤던 성장경제의 번쩍이는 옷은 실은 남루한 누더기에 불과했다. 이제는 피차의 남루한 모습을 바라보면서 껍데기를 벗은 삶 자체를 소중히 여기고 두려움 없이 가난을 실천할 때다. 이제야말로 빈 들에 서서 거친 모래바람을 맞으며 하느님과 함께 새로 시작해야 한다. 이것이 지금 이 시점에서 우리가 하는 회개가 되고, 하느님의 정의를 실천하는 길이 될 것이다.

그러므로 지금의 위기 상황은 빈 들로 나와서 회개하고 바른 삶을 살라는 하느님의 부르심이라고 할 수 있다. 그리스도는 그 자신이 "길이요, 진리요, 생명이다"(요한 14:6). 어느 시인이 노래했듯이 그리스도는 "희망 찬 사람으로서 그 자신이 희망이 되었고, 길 찾는 사람으로서 그 자신이 새길이 되었다. 참 좋은 사람으로서 그 자신이 이미 좋은 세상이 되었다." 그리고 일상 속에서 우리와 마주하는 사람들, 그리스도는 그 다른 사람들 뒤에 자신이 함께 한다고 말씀하신다. 모든 인간 뒤에 그리스도가 계시다. 그리스도를 통해 하느님이 인간의 일을 자신의 일로 삼으셨다. 그러므로 보잘것없는 한 인간에게 베풀어진 선한 일은 그리스도에게 베풀어진 것이며, 이 점에서 그 일은 영원에 맞닿아 있다. 그리하여 그리스도에 대한 사랑은 이웃사랑으로 이어지며, 이 사랑이 위기를 넘기는 길이다.

빈 들은 문명과 기술, 모든 인위적인 것이 없는 곳이다. 도시와 도시적 감수성을 무력화하면서 대자연의 감수성을 일깨우는 곳이다. 문명의 틀로 재단한 질서의 상징으로서 천상이나 하느님이 아니라, 광활한 대지의 생명력이 나의 혼을 뒤흔드는 곳이다. 그곳은 길들여지지 않은 야성, 원초적 생명력이 숨 쉬는 자리이며, 순수한 생명과 영의 바람, 자유의 바람이 불어오는 곳이다. 인간적인 노력과 몸부림이 그친 자리, 하느님의 뜻과 계획이 시작되는 자리, 하느님의 말씀이 들리는 자리이며, 하느님이 일을 시작하는 자리이다. 야곱이 하느님과 만나 씨름하고 삶을 새로 시작한 곳도 빈 들이었다. 빈 들은 하느님과 만나서 새로 시작하는 곳이다. 종교는 이 '빈 들'로의 회귀를 통한 구원을 약속한다.

경쟁과 갈등이 지배하는 문명의 한복판에서 '살려는 의지'는 곧 근원적인 생명을 파괴하는 맹목성으로 판명난다. 어떻게든 살아보겠다는 욕망의 근저에 삶 자체에 대한 근원적인 적대감이 자리 잡고 있음을 매일매일 확인한다. 본래 기독교는 상식과 예의범절의 종교가 아니다. 사막의 뜨거운 태양과 모래바람 속에서 탄생한 종교이며, 광야의 거친 감수성으로 문명의 포장을 벗기고 생명의 속살을 드러내는 종교이다. 들사람 예수는 들꽃을 보라고 했다. 하느님의 은총과 생명에 맡겨 사는 들꽃처럼 마음의 빈 들로 나가 광야의 모래바람을 맞으며 새로 시작하라고 했다. 빈 들로 달려가는 마음, 이것이 곧 하느님을 향해 열린 마음이며, 하느님을 향해 열린 삶이다.

지은이 소개

박경미

이화여대 기독교학과 대학원에서 성서신학으로 박사학위 취득. 1995년 이후 현재까지 이화여대 기독교학과 교수로 재직하고 있다. 주요 저서로『신약성서, 새로운 삶의 희망을 전하다』,『예수 없이, 예수와 함께』,『마몬의 시대 생명의 논리』,『서구 기독교의 주체적 수용』(공저),『새하늘 새땅 새여성』등이 있으며, 역서로는『갈릴리』,『삶은 기적이다』,『생태학적 치유』,『고린도전서』,『요한복음』,『사도행전』등이 있다.

행복하여라! 하느님나라의 사람들
문명의 전환과 복음의 기쁨

ⓒ 박경미, 2015

지은이 | 박경미
펴낸이 | 김종수
펴낸곳 | 도서출판 한울
편집책임 | 이교혜

초판 1쇄 인쇄 | 2015년 4월 24일
초판 1쇄 발행 | 2015년 5월 11일

주소 | 413-120 경기도 파주시 광인사길 153 한울시소빌딩 3층
전화 | 031-955-0655
팩스 | 031-955-0656
홈페이지 | www.hanulbooks.co.kr
등록번호 | 제406-2003-000051호

Printed in Korea.
ISBN 978-89-460-4996-3 03300(양장)
ISBN 978-89-460-4997-0 03300(반양장)

* 책값은 겉표지에 있습니다.